统计方法与应用专著丛书

高等教育量、质溢价及其贫困的代际传递阻断效应与路径研究

王春枝　杨智勇　聂霞　著

中国商务出版社

·北京·

图书在版编目（CIP）数据

高等教育量、质溢价及其贫困的代际传递阻断效应与
路径研究 / 王春枝，杨智勇，聂霞著 . — 北京 : 中国
商务出版社 ,2024.2

ISBN 978-7-5103-5115-0

Ⅰ . ①高… Ⅱ . ①王… ②杨… ③聂… Ⅲ . ①高等教
育—扶贫—研究—中国 Ⅳ . ① G649.2 ② F126

中国国家版本馆 CIP 数据核字 (2024) 第 036261 号

高等教育量、质溢价及其贫困的代际传递阻断效应与路径研究
GAODENG JIAOYU LIANG、ZHI YIJIA JIQI PINKUN DE DAIJI CHUANDI ZUDUAN XIAOYING YU LUJING YANJIU

王春枝　杨智勇　聂霞　著

出　　版：中国商务出版社	
地　　址：北京市东城区安外东后巷 28 号　　邮　编：100710	
责任部门：教育事业部（010-64255862　cctpswb@163.com）	
策划编辑：刘文捷	
责任编辑：刘　豪	
直销客服：010-64255862	
总 发 行：中国商务出版社发行部（010-64208388　64515150）	
网购零售：中国商务出版社淘宝店（010-64286917）	
网　　址：http://www.cctpress.com	
网　　店：https://shop595663922.taobao.com	
邮　　箱：cctp@cctpress.com	
排　　版：德州华朔广告有限公司	
印　　刷：北京建宏印刷有限公司	

开　　本：787 毫米 × 1092 毫米　1/16

印　　张：12.75　　　　　　　　　　字　数：228 千字

版　　次：2024 年 2 月第 1 版　　　　印　次：2024 年 2 月第 1 次印刷

书　　号：ISBN 978-7-5103-5115-0

定　　价：48.00 元

丛书编委会

主　编　王春枝

副主编　何小燕　米国芳

编　委（按姓氏笔画排序）

王志刚　王金凤　王春枝　永　贵　毕远宏　吕喜明

刘　阳　米国芳　许　岩　孙春花　杨文华　陈志芳

序

党的十八大以来，党中央坚持把教育作为国之大计、党之大计，做出加快教育现代化、建设教育强国的重大决策，推动新时代教育事业取得历史性成就、发生格局性变化。2018年8月，中央文件提出高等教育要发展新工科、新医科、新农科、新文科，把服务高质量发展作为建设教育强国的重要任务。面对社会经济的快速发展和新一轮科技革命，如何深化人才培养模式，提升学生综合素质，培养德智体美劳全面发展的人才是当今高校面对的主要问题。

统计学是认识方法论性质的科学，即通过对社会各领域海量涌现的数据的信息挖掘与处理，于不确定性的万事万物中发现确定性，为人类提供洞见世界的窗口以及认识社会生活独特的视角与智慧。面对数据科学技术对于传统统计学带来的挑战，统计学理论与方法的发展与创新是必然趋势。基于此，本套丛书以经济社会问题为导向意识，坚持理论联系实际，按照"发现问题—分析问题—解决问题"的思路，尝试对现实问题创新性处理与统计方法的实践检验。

本套丛书是统计方法与应用专著丛书，由内蒙古财经大学统计与数学学院统计学学科一线教师编著，他们睿智勤劳，为统计学的教学与科研事业奉献多年，积累了丰富的教学经验，收获了丰硕的科研成果，本套丛书代表了他们近几年的优秀成果，共12册。本套丛书涵盖了数字经济、金融、生态、绿色创新等多个方面的热点问题，应用了多种统计计量模型与方法，视野独特，观点新颖，可以作为财经类院校统计学专业教师、本科生与研究生科学研究与教学案例使用，同时可为青年学者学习统计方法及研究经济社会等问题提供参考。

本套丛书在编写过程中参考与引用了大量国内外同行专家的研究成果，在此深表谢意。同时本套丛书的出版得到内蒙古财经大学的大力资助和中国商务出版社的鼎力支持，在此一并感谢。本套丛书作者基于不同研究方向致力于统计方法与应用创新研究，但受自身学识与视野所限，文中观点与方法难免存在不足，敬请广大读者批评指正。

丛书编委会

2023 年 8 月 10 日

前言

　　我国高等教育发展进入普及化阶段，这是否意味着高等教育综合水平的提升？综合发展水平是对高等教育"量"与"质"发展程度的综合评价，代表着高等教育规模与内涵式发展同步进行，决定了一个国家在世界高等教育发展格局中的地位和作用。系统测度高等教育的"量""质"两个层面的溢价变化情况及其差异的内在机理与影响因素，解析不同层次高等教育在贫困代际传递中的阻断效应与传导路径，是一个值得深入探讨的课题。

　　本研究在梳理我国高等教育主要特征的基础上，首先，基于中国家庭收入项目调查（CHIP）微观数据库，使用倾向得分匹配模型的反事实框架，估算了中国东部、中部及西部地区高等教育"量""质"溢价，深入分析高等教育人力资本增值效果，丰富了人力资本决策理论的研究。此外将扩招政策实施时间作为时间节点，探究扩招政策对三大区域高等教育"量""质"溢价的影响。本研究在分析高等教育溢价时将高等教育划分为高等职业教育、本科教育与研究生教育，以此对不同层次高等教育展开研究。其次，分析了民族地区高等教育获得在数量上、质量上的公平性，对获得高等教育机会的影响因素进行了全面的分析。再次，从整体上把握相对贫困现状与贫困代际传递现状，并从时间维度、城乡之间、子辈不同性别角度与不同地域角度进行对比分析，在此基础上对高等教育阻断贫困代际传递的效应与路径进行了实证分析。最后，提出了促进各个区域高等教育良好发展，实现对人力资本有效培养的政策建议。

本书分工如下：

第1章，王春枝、杨智勇、安若雨；第2章，吴敖日格乐；第3章，聂霞、安若雨；第4章，赵蕾、吴敖日格乐；第5章，常玉涵、安若雨；第6章，彭晓宁、包文瑾、吴敖日格乐。最后由王春枝对全书进行统稿。

本研究受到全国教育科学规划项目（BMA180038）的资助。

由于作者学识、水平有限，书中难免存有疏漏，恳请各位读者批评指正。同时，感谢中国商务出版社编辑为本书出版做出的努力！

作者

2023年10月于呼和浩特

目 录

1 引 言

1.1 研究背景

当前我国的脱贫攻坚战已经取得了全面胜利，创造了消除绝对贫困问题的伟大成就。在此背景下，阻断贫困代际传递成为实现中华民族伟大复兴的重要课题。贫困的代际传递是指贫困现象及致贫因素在家庭内部由父母传递给子女，使得子代成年后重复上一代的贫困境遇。贫困（相对贫困）因素在代际传递无疑不利于我国的整体繁荣，也可能导致社会矛盾，不利于社会稳定。

教育在阻断贫困代际传递的过程中发挥着举足轻重的作用。教育是促进社会公平公正的关键：通过良好、规范、有序的教育可以改变低收入人群的相关条件，增加技能、人力资本等从而促进社会阶层的向上流动，进而改变阶层的封闭传递以及贫困代际传递。由于高等教育机会的分配或获得相对而言更具有个人主动性，受到政策或外界因素的影响较小，在帮助社会弱势群体实现收入增加过程中能起到更大作用。接受高等教育，有利于低收入人群掌握专业知识和技能从而提高劳动生产率，最终拥有把握更好就业机会的能力。获得本科等高等教育学历将更加有利于社会弱势人群提高收入水平，实现消减贫困的作用。值得一提的是，接受高等教育会产生积极的"学二代"效应，即接受高等教育的一代人具有更高的教育预期等有利因素，高学历知识分子的后代往往更容易获得更高的受教育机会。

1.1.1 一些家庭出现"高等教育放弃"

个人或家庭是否接受高等教育会受到很多因素的影响，比如家庭经济状况、父辈的职业状况以及受教育程度、父辈对于子代受教育程度的心理预期。在我国，有的低收入家庭可能因负担不起高等教育的学费而迫使后代尽早就业，从而使得其后代在教育阶段获得的人力资本、文化资本存量较低，导致劳动生产率较低，相对而言获得的收入低，在社会分配中不能获得相对平等地位，于是低收入群体的子女与受高等教育群体的子女渐渐产生了收入差距。

我国高校招生人数一直保持着持续增长的趋势。从1999年开始，中国开启了史无前例的高等教育扩招，这一年我国高等教育扩招超过50万人。2019年，我国高校扩招近130万人，高校扩招使得中国劳动力市场上的高等学历毕业生劳动力供给越来越大，如2021年本科毕业生人数占到了城镇新增总就业人数的60%左右。一方面劳动力素质提高，另一方面如果毕业生不能准确识别就业定位，全部涌入城镇，那么城镇就业形势更加严峻。应届毕业生规模不断扩大，但是城镇新增就业人员数量从2010年就开始了持续7年的下降，毕业生城镇就业市场的供过于求造成了应届毕业生就业难、高等教育溢价下降的困境。

扩招本是一件利国利民的好事，它可以让低收入人群获得公平的高等教育的机会。但是扩招必然使得大量的高等教育毕业生进入就业市场，劳动力总体受教育水平提高，原本稀缺的高等教育学历不再稀缺，于是在岗位需求有限的前提下，竞争加剧，高等教育毕业生为了实现就业不得不选择本不需要高等教育学历的工作，一些低技能工作也随势调高了自己的入职门槛，出现了消耗竞争[1]。

低收入群体不仅会因为家庭经济条件等让子女放弃入学，而且会有一些社会经济因素等产生负向的人力资本投资激励。近年来社会经济发展环境更加复杂、充满了严峻性、不确定性。大批高校毕业生毕业导致了就业市场呈现出供过于求的特征，大学教育是否符合培养社会人才的要求，因师生比下降而引致的教学质量下降是否导致了个人或家庭教育投资无法有效转化为收入溢价？进而是否导致了高等教育收益率下降、起薪持续走低、就业选择减少而出现了接受高等教育意向不显著的情况？接受了高等教育却仍然存在就业难问题，大学毕业生工资收入出现了低于非大学学历人群的现象。如果高等教育溢价持续下降，不仅限制个人的发展潜力，也会对社会的资源配置和人才培养造成困扰[2]。

大学教育溢价在中国各个时期一直存在，大学教育溢价是大学学历劳动力相对高中学历劳动力的工资差异，其大小由大学毕业生的相对供给和市场对大学毕业生的相对需求共同决定[3]。持续的高校扩招一般会加剧大学教育溢价下降趋势，但是高校扩招政策实施后，大学毕业生整体的相对就业状况也有可能变好。一方面可能是因为随着经济社会发展，更多优质的岗位资源可供选择。另一方面可能是我国高等教育质量得到了提高，促进了高技能高素质毕业生数量的增加，由于技能偏向型技术进步存在提高了技能溢价。因此，高等教育应重视质量，普通高等教育的质量在一定程度上影响高技能劳动力的量与质，进而影响技术进步的方向和技能溢价[4]。

1.1.2　区域高等教育发展不平衡

我国高等教育发展进入普及化阶段，这是否意味着高等教育综合水平的提升？

综合发展水平是对高等教育"量"与"质"发展程度的综合评价，代表着高等教育规模与内涵式发展同步进行，决定了一个国家在世界高等教育发展格局中的地位和作用。

在重点高校中，大部分学生来自城市，来自农村的学生数量较少。以北京大学为例，根据刘云杉等人的统计，1978—1998年，北京大学农村学生占比在20% ~ 40%；2000年，在农村学生高考报名人数占比超过50%的情况下，录取的来自农村的学生占18.10%[5]。2018年招收农村地区、少数民族地区学生约占15%。除此之外，2018年，我国各省（自治区、直辖市）"985"高校平均录取率为1.69%，民族八省区（内蒙古、新疆、西藏、广西、云南、贵州、宁夏、青海）的平均录取率为1.34%，低于全国水平。其中仅青海、宁夏超过全国平均水平，分别为3.15%和2.26%，其余省区较低，其中贵州的录取率最低为0.95%，仅列全国第31位。由此看来，高等教育作为社会公共教育体系的高级形式，在人力资本投资及社会发展中发挥着极其重要的作用。个人或家庭投资高等教育是实现收入和社会地位较大幅度提升、进入一级劳动力市场的重要途径[6]。经济水平不同，教师资源、教学设备、教育质量就会存在差异，同时，由于家庭背景差异、城乡差异、地区差异等因素所带来的教育机会不平等问题凸显，进而导致通过教育投资导致人力资本的增值效果也就不同。虽然国家在实施高等教育扩招政策及重点建设政策的同时，各个地区在积极响应，但高等教育的发展对于各个地区劳动者收入的影响程度有多大，从"质"的方面评价高校扩招这一政策是否促进了教育公平，各个地区人力资本增值效果如何，扩招政策效果如何还有待探究。我国民族地区主要集中在北部以及西部等偏远边疆地区，由于地理位置、历史因素等多方面原因，民族地区经济一直处于全国落后的局面，从而造成教育资源匮乏，这一点可从民族地区"双一流"高校的数量中得到体现[7]。

1.1.3 高等教育进入普及化阶段

教育，作为个体打破阶级固化，实现阶级向上流动的重要手段，一向被人们寄予改变命运的希冀。萨缪尔森也在其文章中说道："在走向平等的道路上，没有比教育更伟大的步骤。"[8]不管多强大的国家，都需要源源不断的人才作为其发展的有力支撑，而教育正是这一支撑的根本保障。近代以来，高等教育始终被作为实现中华民族伟大复兴的基础工程。新中国成立以来，党和国家对高等教育发展给予了高度重视。我国两次外生性教育扩张政策（1977年恢复高考和1999年高校扩招）的实施，在满足群众接受更高层次教育的强烈意愿的同时，也加快了劳动市场中个体的人力资本积累速度。不同于改革开放初期效仿、借鉴国外高等院校的办学、教学模式，随着中国特色社会主义理论体系的不断完善，具有中国特色、符合中国国情的高等教育发展理念逐渐兴起，从"985工程""211工程"到"双一流"建设，建设现代化应用型高校的办学理念成为广泛共识。目前我国已经拥有世界上规模最大、覆盖最广泛的高等教育体系。

在知识经济高速发展的时代，知识、信息和技术与经济快速发展息息相关。只有拥有了知识，经济才能够高质量发展。经济成为知识化和技术化的经济，知识变成具有经济价值的知识[9]。高等教育由此产生了重大作用。一方面可以为社会输出大批高质量专业型的知识分子，增加高素质、高技能劳动力的数量及比例。另一方面，高等教育也会产生正向的社会影响，高等教育可以营造良好的社会学习氛围，培养终身教育、终身学习的意识，这有利于创设学习型社会，利于社会的整体创新和发展，对于社会发展具有重大意义。因此，高等教育的普及化作为国家发展的基本保障，具有难以比拟的优先级。

改革开放以来，我国高等教育实现了迅猛发展，取得了鲜明的成绩。20世纪90年代，我国综合国力获得大幅提升，人们越来越意识到知识的重要性，渴望接受高等教育，教育部等相关部门也出台了一系列促进高等教育发展的文件，从国家政策到地方政策，从高等教育教学水平、师资力量引进、财政支持等方方面面大力推动高等教育在数量和质量上的发展。中国教育经费投入不断增加，2020年全国教育经费总投入约为5.30万亿元，其中，国家财政性教育经费约为4.29万亿元，占GDP比例为4.22%。4%是一个标志性数据，它作为国家目标被写入了《中国教育现代化2035》。2017年《关于深化教育体制机制改革的意见》再一次明确："保证国家财政性教育经费支出占国内生产总值比例一般不低于4%。"换句话说，将国家财政性教育经费与GDP进行"软挂钩"，一定程度上保障了教育发展的投入底线。国际上使用高等教育毛入学率这一指标来衡量一个国家高等教育发展的水平，一般认为，高等教育在校人数与适龄人口之比在15%以下为精英阶段，在15%~50%为大众阶段，50%以上为普及化阶段。1978年，中国的高等教育毛入学率为1.55%，此时的高等教育处于精英阶段，1998年提升为9.76%。1999年高校扩招政策实施后，我国接受高等教育的人数迅速增加，中国普通高校招生人数达到159.7万人，比1998年多出51.3万人，扩招幅度达47.32%[10]。从此，我国开启了史无前例的大扩招，招生人数逐年攀升，高等教育毛入学率也快速上升。2002年毛入学率达到15%，高等教育由精英阶段进入大众化阶段，至2019年，高等教育招生人数达到了914.9万人，在校学生总规模达到3 031.5万人，毛入学率达到了51.6%，实现了高等教育的"普及化"，我国越来越多的家庭正在实现大学生的"零突破"，整体人口素质也在逐渐提高。2020年，我国的高等教育毛入学率则进一步提升到54.4%，我国的高等教育迈入普及化阶段[11]。

与此同时，高等教育水平也开始实现"质"的飞跃，20世纪90年代以来，国家对高等教育逐步实施重点建设、重点发展战略。1993年"211工程"高校建设被提出，紧接着1998年提出"985工程"高校建设，致力于培养拔尖人才，产出高水平成果，有力支撑国家建设。截至2016年，全国入选"211工程"的高校共有116所，"985工程"的高校共有39所。2017年，我国印发了《统筹推进世界一流大学和一流学科建设实施办法（暂行）》，启动了"双一流"建设，将"211工程"和"985工程"等重点建设项目统筹为"双一流"建设，至2019年，"双一流"建设高校共有140所。高等教育伴随着扩招政策的实施，同时在数量和质量上发展，越来越多的人不仅可以接受高等教育，还可以接受更高质量的高等教育[12]。

高等教育的普及与发展带来了高素质的人才资源，这无疑带动了社会经济的发展，促进了产业升级，促进劳动力就业市场的进一步改革，保障了对中低收入家庭的反贫困功能。1999年实施的高等教育扩招政策显著地提高了中国经济增长率，在剔除相关因素之后，高等教育扩招政策对中国经济增长率的贡献度达到17%～29%[13]，这一成果充分肯定了中国长时间坚持的高等教育扩招政策。

综上，本研究在高等教育进入普及化阶段、大学生就业压力日益加大、区域高等教育发展不平衡的大背景下，使用倾向得分匹配（PSM）方法探究高等教育"量""质"溢价情况，分析各个地区因学历提升、教育质量不同所带来的收入差异，并且基于相关理论依据及高等教育发展现状，深入分析不同区域高等教育人力资本的增值效果。与此同时，高等教育扩招政策作为推动高等教育发展的有力措施之一，也是值得关注的主要因素。基于以上分析，为我国及地区高等教育的发展提出相关政策建议，从而推动中国高等教育整体的发展。

1.2 研究意义

2020年底，我国决胜脱贫的战略目标任务完成，标志着"十三五"期间制定的党和国家关于脱贫攻坚的一系列重要决策部署的目标已经如期实现，这标志着"后扶贫时代"的到来，也是当前我们面临的新的时代背景。党中央对在后扶贫时代如何巩固脱贫攻坚的伟大成果、如何将教育脱贫与乡村振兴深度融合作出了一系列重要的战略性安排。教育扶贫的内涵也实现了从"扶教育之贫"和"以教育扶贫"的基础性扶持到"防止教育返贫"和"以教育促进乡村振兴"的高阶性支持的转变[14]。因此，未来我国贫困治理工作的重心也自然而然转向进一步深入缓解相对贫困问题从而推动共同富裕目标实现。作为长期相对贫困的极端表征之一，贫困的代际传递现象值得我们持续关注，贫困的代际传递会加剧阶层固化，加剧人民群众的收入的不平等，这对于共同富裕目标的实现是极大的阻碍，也是我们必须克服的。2019年我国政府工作报告中明确指出了贫困代际传递阻断治本之策是"依靠教育"，教育是切断相对贫困恶性循环链条必然的路径之一。

目前我国相对贫困人口集中分布在中西部边远山区和少数民族地区，这些地区可持续脱贫和发展体制机制尚未建立，容易产生贫困代际传递，是贫困治理的重中之重。从某种意义上说，阻断贫困代际传递，不仅关系到民族地区能否实现共同富裕，还直接影响各民族共同繁荣进步的大局。教育一直被认为是促进社会公正的关键：通过有序的教育选择可以促进社会流动进而改变阶层的封闭循环以及贫困的代际传递[15]。相比义务教育等政策的强制义务属性，高等教育的机会获得或分配受到政策干预的程度远远小于普通教育，在阻断贫困的代际传递中具有更大的影响力。然而，民族地区的学生在接受优质高等教育方面面临一些挑战，这一点可以从民族地区"双一流"高校的数量有限中得到体现。同时，随着社会转型中的贫富分化和阶层固化现象的加剧，以及大学生就业难和起薪持续走低问题的日益凸显，一些低收入家庭开始考虑是否要放弃接受高等教育。大学生就业难的压力源自哪里？是否由毕业生数量扩张而降低了相对收益率，缩减了高等教育溢价水平？还是由于教育质量下降导致了个人或家庭教育投资无法有效转化为收入溢价？其传导路径是什么？

本研究先对当前我国教育发展情况进行分析，再对中国高等教育溢价、贫困代际传递统计进行测度与分析，最后探索高等教育的贫困代际传递阻断效应与路径。教育特别是高等教育由于准确契合了人力资本理论的本质要求而被逐渐确认为扶贫开发的重要方式[16]。然而，高等教育与扶贫之间一定不会存在直接的线性关系，高等教育如何影响反贫困，进而如何在贫困的代际传递阻断中发挥作用，其路径与机理是什么？这不仅是一个理论问题，更是一个需要实践验证的问题，具有深刻的理论意义和现实意义。

本研究主要从定量角度对我国民族地区相对贫困及贫困代际传递现状进行对比分析，探寻高等教育对贫困代际传递现象的阻断作用，同时对高等教育代际传递性进行研究，从而发挥代际间高等教育传递特性，保证低收入家庭中两代间接受高等教育的良好循环，长期维持已经脱贫的现状，保证贫困治理工作的持续性。

1.2.1 理论意义

（1）我国1999年实施的高等教育扩招政策距今已经20多年，高等教育扩招政策对高等教育溢价的影响是否仍然与实施之初一样保持着增长的趋势？本研究基于倾向得分匹配（PSM）方法，在消除样本自选择问题的基础上，估算民族地区高等教育"量""质"溢价的决定及其特征，比较分析其地区差异、职业差异、产业差异、劳动力市场差异、教育层次差异。这可以解析各个地区高等教育人力资本增值效果，可以从理论上分析高等教育影响工资收入差异的内在机理，对于发展民族地区的教育经济学具有重要的借鉴意义[17]。基于倾向得分匹配模型的反事实框架，可以匹配出具有相似个人禀赋特征的个体，丰富了测算高等教育溢价的相关理论，同时，本研究测算了高等教育质量溢价，进一步完善了人力资本投资决策理论在高等教育质量方面的研究。通过PSM-DID方法，在解决样本自选择问题的前提下，对我国不同层次高等教育中的教育溢价情况进行演化分析，深层探究高校扩招是否已经达到峰值，对高等教育系统发展理念的进一步拓展具有重要意义。

（2）本研究分析溢价与工资收入的差异，在高等教育溢价理论研究层次更深入一步。在高等教育毕业生普遍就业难、供过于求的就业市场背景下，在解决高等教育溢价下降难题上提供理论参考，进一步完善注重提高高等教育质量方面的研究。本研究通过测算我国不同层次的高等教育溢价的程度变化，深入剖析政策实施的不同进程下高等教育系统存在的问题，为建成中国特色高等教育体系提供理论依据。

（3）本研究利用面板数据模型结合分位数回归方法进行民族地区贫困代际传递的统计测度与分析，丰富了贫困代际传递测度的相关理论，该研究测算了不同子样本的代际收入传递弹性与传递机制效率，研究了不同层次高等教育的地位获得效应、结构化效应、平等化效应、代际流动效应。

基于比较视角，本课题评估和测度不同区域贫困代际传递的状况，并以民族地区为关注重点，对高等教育的"量""质"溢价影响贫困代际传递的过程进行解释，这是当前国内关于高等教育阻断贫困代际传递的研究中鲜少涉及的领域。

1.2.2 现实意义

（1）教育乃国之大计，教育是改善人力资本的基础，我国是重视和发展教育的大国，研究高等教育的发展情况并针对性提出合理化建议可以有助于经济高质量发展。针对不同学历对高等教育溢价的影响程度和效果，为有关部门制定和修改相应的政策提供科学的依据，有助于完善高等教育、经济发展政策制度，为政府制定相应的政策制度提供现实指导[18]。

教育公平是社会公平的重要体现。虽然扩招带来教育机会的增加，然而部分人群在接触优质高等教育时竞争力不足，这其中的公平性问题日益凸显。我国民族地区主要集中在北部以及西部等边疆地区，少数民族人口较多，由于地理位置等自然因素和历史原因，经济发展水平处于全国靠后位置，从而造成教育资源匮乏。努力促进高等教育的均衡发展，直接影响到共同富裕目标的实现，故而本研究对民族地区高等教育进行了研究。

从高等教育层次结构入手，通过研究高等教育的"量""质"溢价情况，可以观测到个体或家庭是否接受高等教育以及由此而产生的收入差异。结合理论解决现实问题，探索扩招政策实施以来不同层次高等教育毕业生"就业难""高等教育溢价下降"的内在原因，为高校毕业生更高质量的就业提供方向指导。通过分析高等教育"量""质"的溢价的决定与特征，可以深入了解高等教育对于个体工资收入差异的贡献程度，为国家制定高等教育发展的相关政策提供有效参考。

高等教育的主要目标是在培养高素质人才的同时实现科技创新，从而推进科学发展。在世界各国竞争日趋激烈的情况下，高等教育与社会经济发展有着紧密关联，我国要发展经济，建设小康社会，实现共同富裕，需要人民的力量，高等教育肩负重任。从宏观层面来看，现在是知识经济的时代，是提升我国自身竞争力和综合国力的关键时期，重视高等教育的发展是国家兴盛的重要途径之一。从微观层面来看，研究高等教育的溢价水平，深化高等教育影响经济高质量发展的程度，从而提高投资效率，节省投资资源，对我国高等教育事业的可持续高质量发展也具有重要意义。我国处于产业结构升级和经济增长方式转变的关键点，这是一个循序渐进的长期过程[19]。

（2）本研究从空间分布、时间趋势等维度，解析不同层次高等教育量、质溢价变化及其差异的内在机理与影响因素，对于发展教育经济学以及工资决定理论具有重要的借鉴意义，为高校毕业生劳动力市场政策设计提供有力的理论指导基础[20]。

本研究对不同地区的高等教育收入量、质溢价进行研究，有利于帮助个体或家庭在继续接受高等教育投资或直接就业两种选择中做出更好的决策。也可以帮助政府在高等教育的财政投入问题上提供一些参考，提高高等教育入学率，进一步实现民族地区人力资本价值的提高，增加高等教育毕业生收入，缩小与东部经济发达地区的收入差距，带动我国整体经济的发展，对民族地区实现共同繁荣具有关键意义。

（3）本研究将评估和测度不同区域贫困代际传递的状况，并对高等教育的量、质溢价影响贫困代际传递的过程进行解释，这将是设计政策干预的前提，同时这一研究将对打破阶层固化和增加社会公平具有重要的现实价值，为减小区域差异、实现共同富裕提供新的政策视角[21]。

本研究对贫困代际传递效应以及高等教育对贫困代际的阻断效应进行测度并分析，有利于发挥高等教育促进社会阶层流动的特性，消除贫困代际传递，从根本上改变家庭贫困传递现状。同时对高等教育代际传递效应进行分析，运用高等教育可在代际间传递的特征，鼓励贫困家庭中的父辈与子辈接受高等教育，不断循环下去，可避免家庭再重蹈贫困代际传递的覆辙，阻断贫困代际传递，维持脱贫现状。这为接下来共同富裕工作提供借鉴意义[22]。

另外，本研究对民族地区各个区域相对贫困现状、贫困代际传递现状以及高等教育接受情况进行差异分析，探究民族地区中存在的贫困代际传递及高等教育资源不平衡等问题，专门对民族地区贫困代际传递效应以及高等教育的阻断效应进行分析，提出针对性的建议，为民族地区贫困治理工作提供政策支持[23-24]。

（4）贫困代际传递的统计测度与分析，利用路径分析测算不同样本代际收入传递弹性与传递机制。代际收入流动性指子代收入对父代收入的依赖程度，适度的代际收入流动性既可以激励人们努力工作和进行人力资本投资，也是社会公正的重要体现[25-26]。

相较于"代际收入流动性究竟有多大"这一问题，更为重要的可能是"导致代际收入流动性的原因是什么"。因为后者不仅是对特定代际收入流动性估值进行"大小"判断的理论基础，更对现实政策制定具有不可忽视的实践意义：如果代际收入传递主要是由智商这一"禀赋"的生物基因遗传引起的，那么公共政策的可操作空间可能较为有限；如果代际收入传递主要是由父代的态度习惯等非智力方面的"禀赋"遗传所导致，那么有助于培养个人良好行为习惯和生活态度的社会政策就可以有所作为；如果代际收入传递主要是由于父代通过寻租直接为子代提供获得较高收入的机会，那么健全的法律制度将有助于提高代际流动性；最后，如果代际收入传递主要是由于高收入父代对子代人力资本的投资能力相对较高，那么完善公共教育制度和对低收入家庭的子代进行教育资助将有助于提高代际流动性[27-28]。

1.3　研究内容

接下来，对本书的研究，从研究对象、总体框架等方面详细介绍，由于本研究各部分的研究方法众多，将在后文对研究方法进行详细介绍。

1.3.1　研究对象

从不同地区的空间分布、时间趋势等维度，以控制不可观测能力异质性的前沿计量方法为工具，本研究利用三个权威微观数据库CHNS、CHIP、CGSS以及调研数据，依据数据筛选条件整理数据，对家庭内父辈与子辈的相关数据进行配对，运用有效配对样本数据对以下内容进行研究。首先，从整体上把握相对贫困现状与贫困代际传递现状，并从时间维度、城乡之间、子辈不同性别角度与不同地域角度进行对比分析。其次，在此基础上，测算高等教育对贫困代际传递的阻断效应，包括父辈或子辈一方最高学历为高等教育层级的情形，以及父辈与子辈同时接受过高等教育的情况。在以上研究过程中，同时对民族地区样本与其他地区样本分别测算。最后，对高等教育代际传递效应进行测算与分析，系统测度高等教育的"量"与"质"两个层面的溢价变化情况及其差异的内在机理与影响因素，解析不同层次高等教育在贫困代际传递中的阻断效应与传导路径，对高等教育在其中的作用机制进行趋势分解，为当前我国政府高度关注的教育、脱贫两大民生问题提供全新的政策视角。

1.3.2　总体框架

依据发现问题—解决问题的科学思路，研究总体上建立在对贫困代际传递现象的深入思考和对相关文献梳理的基础上，从量化角度深刻认识当前民族地区高等教育的"量""质"溢价并将其与贫困代际传递程度相关联，解析不同层次高等教育溢价对贫困代际传递的阻断效应与路径，最终为高等教育内涵式发展、助力共同富裕提供决策参考。本研究的总体框架及研究基本内容分为六个部分。

第一部分为引言。首先分析研究背景、近年的贫困代际传递现象以及产生该现象的原因——大学毕业生就业难而产生"高等教育放弃"和家庭经济条件限制。其次说明研究意义。再次从研究对象、总体框架等谈及本书的各部分研究内容。最后解释各部分所用的具体研究方法,以及研究方法如何具体应用到实证分析中。

第二部分为文献综述与理论基础。通过研究,全面梳理分析与本课题研究相关的文献资料,并对相关理论进行阐述,整理高等教育"量""质"溢价等的相关概念,整理教育经济理论、人力资本理论、明瑟收入方程及劳动力供求理论,作为本研究分析的理论依据。发掘研究空间,细化研究方法、研究内容与重点。

第三部分为高等教育发展现状。对我国高等教育发展的基本情况进行描述统计分析。从高等学校数、在校学生数、层次结构、师资队伍、教育经费等方面,进行省域、时空对比,明确高等教育发展情况,通过对当前我国高等教育发展的历程及演变情况进行梳理,同时与世界发达国家进行高等教育发展现状的对比,更好地了解我国高等教育发展现状,并针对现状选择本研究的重点研究内容。

第四部分为高等教育量、质溢价测度与分析。介绍倾向得分匹配模型的前提假设、估计程序,并根据相关理论、文献综述确定进行倾向得分匹配的变量。对民族地区高等教育"量""质"溢价进行分析。分析民族地区在高等教育"量"溢价上的差异及高等教育"质"溢价上的差异,并比较民族地区各个地区的"量""质"溢价大小,探讨学历和教育质量对收入的影响。基于比较视角,初步评估不同区域、层次、政策下的高等教育溢价水平,定量分析高等教育"量""质"溢价及其演变特征。

第五部分为民族地区高等教育贫困的代际传递阻断效应分析。首先,通过代际相对贫困标准界定,描述整体样本和非贫困样本、贫困样本不同子样本的相对贫困以及贫困代际传递现状。其次,主要通过构建倾向得分匹配模型来分析父辈贫困对子辈陷入贫困陷阱机会的影响程度,判断贫困代际传递效应大小。再次,从宏观角度介绍民族地区高等教育发展现状,从微观角度分析民族地区高等教育代际传递现状并对其效应进行分析,揭示其中存在的问题与不足。

第六部分为结论与政策建议。总结本研究的主要结论、展望与不足,并针对性地根据实证分析提出政策建议。

2 文献综述与理论基础

2.1 概念界定

2.1.1 高等教育

在我国，高等教育（higher education）是指在完成了中等教育学业后，在高等专科学校、职业大学、职业技术大学、高等职业技术学院、应用型大学、研究型大学、学院、有关科研院所和成人高等教育机构等继续接受的专业化、职业化教育，是培养应用技术型人才与科学研究型人才的重要活动，为我国经济社会各方面建设储备了多种类型的高级专门化人才[29]。高等教育又称大学教育。其中，本科生（学士）、硕士研究生、博士研究生培养层次的高等教育设有学位，达到相应的要求即可获得学位证书。

2.1.2 "双一流"建设

"双一流"建设中的两个一流，是指世界一流大学和世界一流学科。"双一流"建设是继"985工程""211工程"后我国在高等教育领域提出的新方略。早在2015年，国务院就筹划并部署实施"双一流"建设方案，推动一批高水平大学和高水平学科步入世界前列。2017年，第一批"世界一流大学和一流学科建设高校及建设学科名单"公布[30]。2019年，教育部发出声明：原"985工程""211工程"院校等建设项目已统筹并入"双一流"建设。截至2022年，全国高校建设名单已不再区分一流大学建设高校和一流学科建设高校，统称为"双一流"建设高校。

2.1.3 教育溢价

教育溢价（education premium）区别于教育投资回报率、教育收益率[31]，它反映了居民刨除性别、所在地、工作经验、社会制度等因素，因其所接受的教育层次的不同所产生的收入差距[32]。在教育溢价对贫困的代际传递阻隔效应的研究中，讨论的是高等教育溢价（college premium）。

2.1.4   高等教育"量"溢价

高等教育肩负着人力资本投资的重任。一般认为，劳动力在接受了高等教育后能够带来更多的未来收入，因此本研究所提及的教育溢价问题全部基于高等教育阶段展开讨论。

目前我国高等教育的毛入学率已达57.8%，在校学生总规模超4 400万人，居世界第一位。随着高等教育的扩招，未来我国接受高等教育的人数将会继续增加。本研究中的"量"，代表的是接受高等教育的个体数量，并借此引出高等教育在"量"这一维度上溢价的概念：接受过大学教育的劳动个体比没有接受过大学教育的劳动个体能够取得更多的收入[33]。

2.1.5   高等教育"质"溢价

高等教育"质"溢价的概念主要是借由不同建设水平的高等学校将带来的不同质量层次的高等教育提出的。本研究中，其溢价表现为，接受了"双一流"建设高校的高等教育个体与未接受该层次院校提供的高等教育的个体之间产生的收入差异。

2.1.6   贫困

自2020年我国全面建成小康社会以来，低于现有贫困标准线的绝对贫困人口已完成脱贫，绝对贫困也已转为相对贫困（relative poverty），故而本研究所研究的贫困现象全部基于相对贫困线筛选得到的相对贫困人口。

2.1.7   贫困的代际传递效应

代际传递效应是指后一代受到前一代（通常是父母）的影响，并在这种影响下形成了和前一代相似的社会特征的现象。作为社会经济学研究的一个方向，贫困的代际传递（intergenerational transmission of poverty）是指贫困现象及致贫因素在家庭内部由父母传递给子女，使得子代成年后重复上一代的贫困境遇。除非外部作用，否则贫困的状态及思想将由上一代继续传给下一代，并循环下去。

2.2　文献综述

通过投资教育增加未来预期收入、提高自身社会地位是人们长久以来关注的话题，也是学者们感兴趣的学术问题。在中国这样一个具有悠久历史的教育大国，"读书改变命运"千百年来仿佛是一种信条，给民众以阶级流动的机会与希望。无论何种民族、何种性别还是身处何地，通过教育获取知识而改变贫穷生活状态、阻断代际间贫困传递的例子数不胜数，也就为针对此现象的研究做好了铺垫。

国内外对教育溢价的研究通常与教育回报率研究不作区分。对教育收益率的定量研究始于西方，研究方法从使用简易的明瑟收入回归方程，发展至包含了控制变量后的明瑟收入方程[34]。部分学者通过添加工具变量来控制可能遗漏的影响因素，还有学者使用Heckman样本选择模型或考虑教育收益异质性的平均处理效应模型（ATE）[20]。

贫困的代际传递这一概念形成于二十世纪五六十年代，由美国社会学家奥斯卡·刘易斯（Oscar Lewis）提出。对贫困代际传递现象的研究是西方反贫理论研究与反贫实践中的一个重要流派，其影响广及全球。以家庭为基本单位，贫困代际传递的影响因素可分为家庭内部因素（家庭组成结构、营养健康、教育与人力资本、女性贫困及就业等）和家庭外部因素（家庭社会关系网、自然地理环境、外部冲击、国籍、种族、宗教文化信仰与心理等）[35]。基于导致贫困在两代人间传递的因素是多种多样的，对其阻断机制也应从多个维度（家庭、社会、国家）研究并逐层击破。

2.2.1　高等教育溢价国内研究回顾

国内现有文献的研究主要包括性别差异、居住地城乡差异、是否贫困和大学扩招政策对教育收益率与教育溢价的影响。

从性别差异上来看，女性由于与男性生理上存在不同，在家庭与社会中扮演的角色通常处于弱势地位。但随着时代的发展，女性独立自主意识觉醒，女性对自身文化教育的追求以及在职业生涯中获得成就的渴望与日俱增[36-51]。学界愈加关注性别差异给个体教育回报率带来的影响。田茂茜和虞克明（2013）[52]为提高回归估计的有效性，使用贝叶斯分位数回归方法，对我国城镇居民教育收益率以及4年、30年经验收益率的性别差异进行了分析，发现影响个体收入差距的首要因素是工作地区，其次才是性别；我国的劳动力市场存在多层分割，工作单位的性质也对个体教育回报产生了影响。方超和黄斌（2019）[53]采取分样本回归的方法讨论男性与女性之间的教育回报率差异，首先基于明瑟收入方程，引入家庭因素、行业因素等作为控制变量，计算了较精准的回报率估计值；然后在此基础上考虑教育对收入的非线性影响，使用条件分位数回归得到不同收入下女性的教育溢价；最后使用倾向得分匹配法探究高校扩招政策对女性教育回报的影响。他们的研究结果显示，大学扩招政策显著提高了女性劳动力的平均受教育程度和教育回报率，教育对高收入、低收入女性群体的增收效应最大。上述两篇文章的研究结论都得出女性在各阶段的教育收益率平均高于接受对应层次教育的男性1～2个百分点。同时，田茂茜等的研究还指出，劳动力个人收入的高低首先与工作地区相关。

从地区差异来看，一方面是省际差异，另一方面是城乡差异。王海港、李实和刘京军（2007）从我国东、中、西三大地域12个省份60多个城市中抽样获取数据，使用了分层线性模型，分别对个人、城市、省际的教育收益进行回归计算，得出了劳动力市场的发育完善确实有利于提高教育收益率以及收益率的地区差异主要来自省内城市间差异的结论，并说明了劳动力市场化程度对各地教育收益率的影响[54]。曹黎娟和颜孝坤（2016）使用拓展的明瑟收入方程和分位数回归方法，利用中国居民家庭健康和营养调查数据库（CHNS）2011年的微观调查数据，得出了城镇居民在不同的教育阶段教育总体收益率都高出农村的结论，并且不论是城镇还是农村，教育收益率均呈现随教育阶段上升而增加的趋势，大专及以上学历的教育回报相比初中、高中和职业学校三类学历的教育回报更高[55]。梁润（2011）在做我国分城乡和性别的教育收益率动态变化的研究中认为，如果使用国外常用的智商或父母受教育年限作代理变量来消除个人能力不同带来的偏误，是不符合国内实际情况的（一方面国内无智商测算，且能力不仅限于智力，另一方面父母受教育程度对个体的影响效果存疑）；如果使用教育政策作工具变量对比个体间差异，则会造成分析结果有倾向性，鉴别不出整体效果；教育收益率在不同收入群体中存在测量偏差[56]。

中国农村及少数民族地区是教育扶贫的重点区域[57-68]。这些地区由于经济落后而缺乏优质的教育资源，劳动力素质的低下又反过来导致经济发展增速缓慢，形成了"马太效应"，因此对这些地区的教育收益研究极具价值[69-70]。黄斌、高蒙蒙和查晨婷（2014）[71]采用工具变量分位数回归方法消除个体受教育年限的内生性问题，认为随着个人收入水平上升，农村地区人口教育收益率呈倒"U"型变化趋势。张永丽和李青原（2018）[72]收集了甘肃省贫困县、贫困村的人口数据，对贫困户与非贫困户的教育收益率进行了对比，指出贫困户的教育收益率低于非贫困户，主要因接受教育可能为其家庭带来负债。孙百才（2009）[73]研究了汉族、藏族、回族之间的教育回报差异，认为少数民族的教育收益要大于汉族，鼓励少数民族地区加大教育投入。杨荣海和张洪（2012）[74]指出，民族差异对云南地区的教育收益率没有显著影响，该地区教育收益率整体低于国内其他地区。

随着高等教育扩招，截至2021年全国高等教育毛入学率已达57.8%，中国高等教育已进入普及化时代[75-77]。扩招政策是否对个体教育回报产生了影响？研究生教育的溢价有什么不同？方超和黄斌（2020）[78]使用CHIP2013数据做出了假设，认为2007年到2013年期间大学扩招政策并未降低我国城镇劳动力的大学教育溢价，倾向得分匹配法得到的对大学教育年收益率的估计值要高于分教育层级回归，说明反事实选择偏差造成了大学教育收益率的低估。马光荣、纪洋和徐建炜（2017）[79]发现不同年龄段劳动力的教育溢价受到高校扩招的影响存在差异，并分析与预测了高校扩招对总教育溢价的长期影响。李锋亮、吴帆和肖为群（2022）[80]使用明瑟收入方程和倾向得分匹配法比较了不同学科、不同性别和不同阶段（硕士、博士）的研究生教育收益率，研究表明，现阶段存在"逃离工科"现象，许多工科学生选择跨专业修读研究生学位；研究生阶段女性教育收益率低于男性；博士研究生教育收益率低于硕士研究生。

2.2.2 贫困代际传递效应国内研究回顾

国内对贫困代际传递效应的研究主要从传递的成因、传递特征和传递的影响因素三方面展开[81-94]。

在对贫困代际传递成因及运行机制的研究中，贫困文化论、功能贫困论、能力贫困论、环境成因论被认为是最有影响力的几大理论。李昕（2011）[95]指出贫困代际传递的恶性循环是贫困户为了规避风险，"活下去"的无奈之举；人力资本、社会资本对阻断贫困的代际传递起到重要作用。刘冠秋（2017）[96]等选取了典型的山区贫困县为案例，揭示了导致贫困代际间传递的多方面原因，包括人力资本低下、自然资本制约、物质资本匮乏、社会资本稀缺、金融资本缺失。陈杰、詹鹏和韦艳利（2021）[97]利用CHIP1995—2018年的数据，在相对贫困标准下，考察了我国农村不同队列相对贫困的代际传递水平，并进一步利用Bowles-Gintis分解法探讨了代际收入传递机制。该研究发现，教育的作用更多的是帮助非相对贫困群体阻断其子代返贫，而对于相对贫困群体，教育的作用并不显著。

在对贫困代际传递特征的研究中，李晓明（2005）[98]认为我国边远山区少数民族农民贫困代际传递的基本特征包括传递路径的双向性、传递过程的长期性、传递内容的广泛性、传递方式的隐蔽性、传递成因的复杂性、传递结果的负面性和传递消解的艰巨性，凸显了在扶贫工作中解决代际传递这一问题的棘手程度。刘冠秋（2017）[96]等就传递成因梳理了包括低收入、贫困文化、低端职业、低教育程度、不良健康状况传递等贫困代际传递的特征。

对贫困代际传递影响因素的实证研究集中在对家庭内部因素（尤以家庭收入为主）分析上，鲜有与家庭外部因素相关的动态分析。林闽钢和张瑞利（2012）[99]提出除了从家庭收入的代际传递角度分析，还要综合考虑其他家庭社会因素。该研究选用CHNS数据，对农村贫困家庭的代际传递进行了测算与分析，并将其与农村非贫困家庭进行比较，实证结果表明不论是收入还是受教育程度、婚姻状况、就业机会，农村贫困家庭的代际传递效应明显。张立冬（2013）[100]利用CHNS调查数据，对1988—2008年中国农村贫困代际传递问题进行了分时段讨论，认为中国农村存在显著的贫困代际传递现象，但2003年之后，贫困的代际传递现象有所减少，尤其体现在绝对贫困的层面上；进入21世纪后相对贫困的代际传递现象更加严重。此外，该研究指出教育和非农就业对破除贫困代际传递效应的积极作用。张望（2016）[101]从一个家庭占有和使用自然资本、物质资本、人力资本和社会资本的能力以及抵御风险的能力视角分析对家庭贫困代际传递的影响，发现不论是家庭内部资本还是外部资本，均与家庭贫困呈负相关关系；家庭占有与使用的各项"能力"是贫困代际传递的内在决定因素，提升各项能力可有效降低贫困代际间传递的可能性。马文武、杨少垒和韩文龙（2018）[102]运用CHNS调查数据，将静态分析与动态分析相结合，对城乡居民家庭贫困代际传递及动态趋势进行了研究。实证结果表明：贫困代际传递机会在农村显著大于城市，且城乡差异明显；个体就业行业差异影响其贫困发生机会，父辈行业差异对子代贫困影响不显著，女性贫困发生机会高于男性；我国贫困水平下降但贫困代际传递机会上升；农村贫困机会大于城市，且这种差距从20世纪90年代起逐步拉大[103]。

2.2.3　高等教育阻断贫困代际传递国内研究综述

国内有关高等教育阻断贫困代际传递的研究，一方面考虑接受高等教育是否直接使贫困家庭子代的收入有所改善，另一方面考虑接受高等教育的子代是否能够通过向社会上层流动改变家庭未来生活状况[104-116]。目前对于居民家庭所处阶层的调查数据主观性较强，"上层"和"下层"的界定较模糊。

从理论研究上看，马新（2009）[117]从教育公平的角度来阐释其对阻断贫困代际传递的作用。由于教育不公平会强化贫困代际传递，尤其精英教育与教育产业化的产生会加剧教育不公平，因此提出应完善国家对公民的教育公平政策，保障社会弱势群体的受教育权利，弱化因教育不公平引致的贫困代际传递[118-123]。李晓延（2017）[124]强调要重视职业教育与信念教育。向延平（2018）[125]从理论上对教育贫困代际传递与阻断的机制进行分析，提出了"四力"模型，指出实现教育脱贫须多方协调、共同努力。

近年来国内有关教育阻断贫困代际传递问题的实证研究逐渐增多[126-130]。赵红霞、高培培（2017）[131]使用CHIP2013数据，运用双对数代际收入回归模型分析子代受教育水平对中国农村存在相对贫困代际传递的家庭的影响，研究结果发现提升子代的受教育程度可增加其收入，同时采用教育转换矩阵法分析发现农村贫困家庭的教育代际流动呈现下行趋势，子代很少接受高等教育，高中教育对代际收入流动影响最大。张琦和史志乐（2017）[132]从家庭教育与贫困陷阱的角度构建了代际交叠模型，从家庭代际传递的角度分析教育投资与脱贫的关系，家庭人力资本投资越高，收入越高，反之贫困家庭教育投资不足就会陷入贫困陷阱，导致家庭收入偏低，形成恶性循环，产生贫困代际传递。因此家庭较高的人力资本投资为阻断贫困代际传递提供可能，可鼓励贫困家庭教育投资、提高家庭增收能力等，实现教育扶贫。蒋翠珍、罗传勇和余来文（2020）[133]一方面为避免被解释变量不服从正态分布而违反回归假设，另一方面考虑影响效应的不均等性，使用Box-Cox分位数回归修正模型，分析了贫困代际传递对高校毕业生就业流动的影响，并验证了教育和健康资本对阻断贫困代际传递的正向推进作用。实证结果表明，贫困的代际传递抑制了子代的就业流动，他们至多接受近距离的"离乡"；而高水平人力资本有助于毕业生远距离就业流动，调节效应系数呈现"先降后增"态势，这进一步证明，人力资本的积累有效削减了代际贫困对中远距离就业流动的阻碍作用。段义德（2020）[134]同样选用CHIP2013数据，并参照国内其他学者研究，将我国义务教育法的实施政策作为工具变量，构建两阶段工具变量模型，估计教育阻断相对贫困代际传递的效应。实证结果表明，我国农村相对贫困代际传递仍然严重，约三分之一的相对贫困发生了代际传递；每增加一年正规教育，可将相对贫困代际传递概率降低约15%。进一步，段义德、郭丛斌（2021）[135]继续选用CHIP2013数据，指出高等教育显著促进了相对贫困家庭子代非农就业，通过职业层次提升的方式降低相对贫困发生概率，借此阻断相对贫困在代际间的传递。

也有学者对我国现行的高等教育学费及奖助制度，尤其是研究生阶段教育的高学费、高奖学金现象进行批判，认为这种制度存在不合理之处，会导致需要接受该层次教育的相对贫困家庭子代产生放弃教育的想法，不利于扩大教育资源覆盖面[136-138]。尹建锋和徐文婷（2017）[139]提出设置高等教育公平底线的依据最终应体现在是否能够阻断贫困代际传递，必须设置合理限度，即代际间所传递的贫困标准应小于高等教育的外部正效应价值，同时因地制宜地制定高等教育发展策略，为学生提供合适的高等教育机会，此外贫困补助等政策性差异补偿的实施可防止因贫困辍学。

2.3　理论基础

2.3.1　人力资本理论

18世纪，亚当·斯密（Adam Smith）在其经典经济学著作《国富论》中写道，人在接受教育、进入学校、做学徒、实践中后天习得的有用的才能，将成为其自身的固定资产，且不论对于个人还是他所属的社会，都是一种财富，是值得人们去投入的[140]。

美国劳动经济学家雅各布·明瑟（Jacob Mincer）1958年发表的文章"Investment in Human Capital and Personal Income Distribution"中指出，劳动者的人力资本投资活动分为在学校中所受的教育和在工作中所获得的经验，这两个因素决定了劳动者之间的收入差距[141]。1960年，在题为"On-the-Job Training：Costs，Returns，and Some Implications"的文章中，明瑟提到了接受在职培训所带来的收益问题，表示很难在劳动者有非理性职业选择行为时对回报率有准确的估计[142]。明瑟的研究中最为突出的贡献之一，便是他所构建的明瑟收入方程（Mincer Income Equation），至今仍然是各国劳动经济学家研究收入问题的基础以及估算教育回报率时的常用办法。

西奥多·舒尔茨（Theodore W.Schultz）是公认的现代人力资本理论的创立者与奠基人。20世纪60年代，舒尔茨发表了一系列与人力资本相关的学术研究论文和著作，其中，1960年舒尔茨以美国经济协会会长的身份发表了题为"Investment in Human Capital"的演讲，通过列举两个实例：接受了不同教育层次与技能培训后的劳动力的收入，与其他无技能、未接受教育的劳动力的收入有着极大差异；第二次世界大战中战败的国家（如德国、日本）以出乎意料的速度完成了经济的恢复与增长，能够收获如此成效主要得益于这些国家所拥有的雄厚的高素质的劳动力资源，并非依赖于当时的经济学理论所公认的经济增长来源——实物资本。在该演讲中，舒尔茨阐明了对人的投资，即对人力资本的积累，为社会经济的迅速发展奠定了坚实基础。它是经济增长的力量源泉，是促进人类发展的重要原因之一。此外，舒尔茨还在斯密的观点基础上指出，医疗健康保健、在职培训、正规的初等中等和高等教育、成人继续教育、就业迁徙是对人力资本投资的五大渠道，而接受学校教育是对人力资本的最大投资方式。舒尔茨的定量研究结果表明，以教育投入为主的人力资本投资的回报率远高于对实物资本的投资回报率；发展中国家更应当注重对人力资本的投资[143]。

加里·贝克尔（Gary S. Becker）同样在20世纪60年代开始对人力资本进行研究，并给出了一系列独到的见解。1964年，在其著作 *Human Capital* 中，贝克尔以研究未来预期收入为切入点，将人力资本投资定义为个体为追求更多货币收益，即为提高收入而进行的对自身的技能培训与文化提升活动[144]。在这一时期，贝克尔的研究指出，人力资本的含义不只是知识与技能，还包含个体的健康、寿命和时间；人力资本是一种具有私人属性的、有人格的资本，如何利用该资本是由个人决定的，其使用受到工作种类和工作性质的影响；人力资本的生产效率取决于拥有者的个人努力程度，给予一定的刺激能够提高效率，这是实物资本不具备的特质；人力资本的价值由各项支出构成，其成本要包含"放弃收入"，如在接受培训或学校教育期间无法参与商业和劳动而失去的收入；人力资本可通过后天获得，并影响今后的生产效率和收益，因此实物资本投资的收益分析方法对人力资本投资同样适用。在此时期，贝克尔最重要的贡献在于将人力资本理论的研究在微观层面上展开讨论，并给出了人力资本投资的均衡条件："投资的边际成本当前价值与未来收益当前价值相等。"[145]

明瑟、舒尔茨、贝克尔对现代人力资本理论的提出与推广奠定了坚实的理论基础。到20世纪80年代，在已有理论的基础上，罗伯特·卢卡斯（Robert E.Lucas）提出了专业化人力资本积累增长模型，保罗·罗默（Paul M.Romer）提出了内生经济增长模型，这为在知识经济时代分析人力资本对全社会产生的经济效益带来了便利。

简言之，本研究基于人力资本理论，探讨是否接受高等教育以及接受不同质量的高等教育投资后，对个体收入的影响，并尝试解释这种收入上的变化是否对贫困的代际间传递具有阻断效应。

2.3.2 教育经济理论

教育的价值是多维的。人们首先关注的是其文化价值，然后是它的社会价值、政治价值，直到教育与经济社会生产结合后，教育的经济功能与价值才被广泛关注与讨论。

教育经济学作为一门学科创建于20世纪20年代。苏联著名经济学家、统计学家斯特鲁米林在1924年发表的论文《国民教育的经济意义》中，使用计量经济方法系统地研究了年龄、工龄与受教育程度对劳动者掌握劳动技能的影响，并在文章中指出了教育程度与劳动技能掌握的正相关性[146]。这被认为是世界上第一篇教育经济学论文，并为教育经济理论的发展打开了新的局面。

1935年，美国学者约翰·沃尔什（Walsh, J.R.）在其论文"Capital Concept Applied to Man"中认为，大学教育和其他专业化教育才具备资本的特点，这类教育需要牺牲一定的时间成本和机会成本，在偿还代价后会给个体带来经济收益[147]。

舒尔茨和贝克尔在教育经济领域作出的贡献全部基于他们在人力资本理论上的研究。舒尔茨从宏观的角度提出：对教育的投资提升了劳动质量，人的劳动是一种"教育装备"的结果，教育装备率越高，劳动的生产效率也就越高，进而增强了劳动力创造收入的本领。贝克尔则从微观层面进行分析，并用真实数据进行实证研究，论证了接受不同层次教育带来的收益差异。他认为，劳动者通过接受教育提升了自身的能力，以此提高生产效率，增加了收入。

进入20世纪70年代，由于西方国家的经济危机，教育投资并未收获其应有的收益，导致部分学者认为人力资本理论"失灵"，催生出了新的教育经济理论。影响较大的代表理论有筛选假设理论（也称信号理论）、劳动力市场划分理论和社会化理论：（1）筛选假设理论（Screening Hypothesis）由迈克尔·司彭斯（Michael Spence）与罗伯特·索罗（Robert M. Solow）创立。1972年司彭斯发表文章"Job Market Signaling"，论述了教育与生产力间接相关，但可以作为一种生产力信号，释放给就业市场，以便雇主对不同生产率的求职人员进行识别和分类，安排到相应的岗位。简单地讲，该理论认为个人受教育程度及其所获学历、学位只是经历了一种筛选机制，高学历劳动者的高收入只是一种补偿。这种筛选假设看似是对人力资本理论的否定，实则是对它的补充，反映的是教育能够促进人力资源的合理配置。

（2）劳动力市场分割理论（Labour Market Segmentation Theory）最初是20世纪60年代由彼得·多林格（Peter B. Doeringer）和迈克尔·派尔雷（Michael J. Piore）提出的。该理论认为人力资本理论关于教育水平与工资收入关系的分析假设前提错误，个体受教育水平与收入正相关的结论考虑不周，没有考虑劳动力市场的内部结构[148]。他们将劳动力市场的内部结构划分为稳定且待遇丰厚的以大公司为主导的主要劳动力市场和不稳定且条件低下的小企业主导的次要劳动力市场两类，并认为两个市场间具有相对封闭性，几乎很少有人员流动。而个体所受教育水平的差异作为其中一种影响因素，决定了其进入的劳动力市场环境与担任的职位。这一理论反映的是教育对就业分配的价值，并认为处于不同的劳动力市场其教育回报率是存在差异的。对于相对更优质的劳动力市场，受教育水平与个人收入正相关，反之个人受教育水平对其收入的影响甚微。它并不否认教育的作用，只是将制度等因素作为内生变量纳入了考虑。（3）社会化理论（Socialization Theory）首次出现于由萨缪尔·鲍尔斯（Samuel Bowles）和赫伯特·金蒂斯（Herbert Gintis）于1976年合著的书稿 *Schooling in Capitalist America*。他们认为，教育的经济价值源于其社会功能，第一要务是通过各种教育手段培养和训练学生，使其成为合格的社会化劳动力，而不在于提高劳动力的知识技能[149-153]。

作为支撑本研究的理论之一，教育经济理论突出表现了两方面内容：受教育程度可以作为筛选高素质求职者的标准，并且能够解释个体学历优势和接受高质量教育的优势，进而凸显高质量高等教育的重要性；根据受教育程度的不同来区分个体教育投资的收益情况[154-163]。这是测算高等教育"量""质"溢价时需关注的重点内容。

2.3.3　明瑟收入方程的基本理论

在估计和衡量个人教育回报率时常用两种方法。一种是成本—收益法：教育投资成本分为个人成本与社会成本，相应的教育投资收益也分为个人收益与社会收益。使用该方法需要对调查对象的情况实时追踪以获取准确的数据，数据可获取性低。另一种方法就是明瑟于1958年提出的明瑟收入方程，这种回归方法不需要对成本作单独研究，主要是通过个体受教育程度来揭示收益情况。明瑟收入方程是大多数学者研究教育回报率的主要方法之一，此方法应用简单的回归模型，易于理解，数据可获得性强。

最初的明瑟收入方程中，只考虑到了两种人力资本积累方式对个人收入的影响，一种是从学校获得的知识，另一种是在工作中可能积累到的经验和技能（考虑可能失业的情况）。选取受教育年限 s 作为学校教育的代理变量，工作年限 exp 作为经验技能的代理变量。由于达到一定工作年限后，经验和技能不再持续增加，收入的增速也就放缓，且因劳动者年龄增长可能导致的劳动生产率下降会使其收入相对下降。因此明瑟引入了工作年限的平方项来表述这种非线性趋势。基本的明瑟收入方程为：

$$\ln w = \beta_0 + \beta_1 s + \beta_2 exp + \beta_3 exp^2 + \mu \qquad (2-1)$$

其中，$\ln w$ 代表收入的对数；s 代表受教育年限；exp 表示工作的年限；exp^2 也就是工作年限的平方；μ 是误差项，代表除教育程度和工作经验外其他一切对工资与收入有影响的因素；β_1、β_2、β_3 是各个自变量的回归系数。β_1 意味着不考虑教育成本，且在工作经验相同的情况下，个体通过每多接受一年学校教育所获得的人力资本（个人收入）的回报率，这一系数也被称为明瑟收益率；β_2、β_3 是劳动者在工作中积累的经验所获得的个人回报率。

基本的明瑟收入方程的前提是，除学校教育和工作经验外，性别、工种、劳动力市场、行业等对个人收入都不产生影响。然而这种假设在现实情况中很难成立，用这种简单回归得到的结果并不是纯粹的教育溢价。基于此，部分学者对明瑟收入方程进行了拓展，通过加入一些与收入相关的控制变量，得到了扩展的明瑟收入方程：

$$\ln w = \beta_0 + \beta_1 s + \beta_2 exp + \beta_3 exp^2 + \sum_{i=1}^{n} \lambda_i K_i + \mu \qquad (2-2)$$

式（2-2）中，K_i 代表加入的控制变量，一般包括性别、劳动力市场区别、工作类型、工作行业等变量。除了控制一些可观测变量，还有部分不可观测的变量被遗漏，会产生遗漏偏误问题，如个人能力。能力因素是影响收入的重要因素之一，但能力因素属于不可观测因素，处理方法主要包括三种：（1）使用代理变量，如父母受教育年限、个体智商或某国际标准测试的成绩；（2）使用工具变量，如教育政策（大学扩招）等通过改变个体受教育水平来影响个人能力进而使得收入产生差异的外生变量；（3）使用双胞胎样本，以此消除被调查个体能力之间的差异。由于双胞胎样本的难获取、弱工具变量导致的新问题难以解决，多数学者使用了父母的受教育程度作为个体能力的代理变量。将代理变量纳入方程后得到：

$$\ln w = \beta_0 + \beta_1 s + \beta_2 exp + \beta_3 exp^2 + \sum_{i=1}^{n} \lambda_i K_i + \eta_1 fs + \eta_2 ms + \mu \qquad (2-3)$$

其中，fs 代表被调查个体父亲的受教育程度，ms 代表其母亲受教育程度，η_1、

η_2分别表示父母亲受教育程度的系数。模型中存在的另一个问题就是对系数β_1含义的解读：将s替换为学历的哑变量，则此时β_1表示的是拥有不同学历人群的教育溢价；如果s替换为教育质量的哑变量，则β_1刻画的是接受不同质量高等教育的个体收入溢价。

进一步，为避免样本选择性偏误（Sample Selection Bias）带来的内生性问题，保证随机性，可采用Heckman两步法。一阶段使用全样本构建 *Probit* 模型用来估计个体入样概率，并根据模型为每一个样本计算逆米尔斯比率 *imr*（Inverse Mills Ratio）。这个比率的作用是为每一个样本计算出一个用于修正样本选择偏误的值。二阶段使用原来的回归模型，将 *imr* 作控制变量来估计回归系数，该比率的显著性和系数表明模型是否存在严重的样本选择偏误问题以及偏误的方向。

本研究中应考虑的内生问题是自选择偏误（Self-Selection Bias），使用倾向得分匹配法（PSM）可以弥补明瑟收入方程过于简单的回归估计的缺点，并解决这种偏误带来的内生问题。

2.3.4 社会流动理论

社会流动是社会学研究的一个重要领域。社会流动会导致社会结构发生变动，多数人的流动方向反映了整个社会的变迁方向。西方社会学研究的是探索什么人、在什么环境下，具备哪些条件才能完成自身的社会地位变化（这些研究通常对向上流动的机会感兴趣）。存在更多向上流动机会的社会更富有活力，是社会进步的表现。

美国社会学家索罗金（Pitirim A. Sorokin）于1927年在其著作 *Social Mobility* 中首次提出了社会流动理论[164]。社会流动（Social Mobility）描述的是个人或群体在社会中的地位变化，即从某一社会阶层到另一社会阶层之间的流动。

社会流动的类型可以根据流动方向分为水平流动与垂直流动。水平流动是指个体在同一个层级内部的流动；垂直流动是指个体在不同社会层级间流动。垂直向上的流动代表阶级上升，属于个人进步。但实现向上流动的机会是不均等的，受到个人家庭背景、受教育程度、所从事职业等先天或后天因素的影响。根据流动范围，社会流动可被划分为代际间流动与代内流动。代内流动是指个体一生职业生涯中的社会地位变化；代际流动表现的是子女与父母之间的社会地位变化，如果子女与父母处于同一社会阶层则表明代际流动弱，会产生如贫困的代际间传递的问题，导致阶层固化。根据流动原因可以分为结构式流动和自由流动。结构式流动反映了由于生产技术进步或社会制度变迁而引起的大规模社会流动；自由流动是在全社会阶层结构并无变化的情况下，完全出于个人特殊原因所选择的社会阶层流动。根据流动方式，可以分为由追求者自身努力获得公开竞争社会地位的竞争性流动和由已经处于较高社会地位的人根据某种标准授予的赞助性流动。

1967年，邓肯（Dudley Duncan）和布劳（Peter M. Blau）在合著书籍 *The American Occupational Structure* 中指出，个人的教育水平是影响社会阶层流动的关键因素。通常我们认为接受高等教育能够带来阶级提升的机会，促进各阶层间人员流动，改变贫困家庭后代的现状，以避免阶级固化。本研究基于社会流动理论，分析高等教育对贫困代际传递的阻断作用。

3　高等教育发展现状

3.1 我国高等教育总体规模

自改革开放以来，中国的经济开始快速发展，各行各业都在转型升级，急需各类人才，而中国高等教育行业则担起了培养人才的重任。百年大计，教育为本，教育事业是一个国家的大事。

从宏观角度来看，经过近些年的发展，中国高等教育已经有了不错的基础并且在稳步前进。中国高等教育在经过大规模扩招以后，已进入了一个比较稳定和更加有序的发展阶段，这对于高等教育的协调健康发展是非常有利的。中国高等教育在校学生总规模达到3 699万人，占世界高等教育总规模的五分之一，规模位居世界第一[165]。

按照《中国教育现代化2035》和《加快推进教育现代化实施方案（2018—2022年）》的部署，我国高等教育规模继续稳步发展，高等教育结构逐步优化，普通高校教师学历层次继续提高，办学条件得到进一步改善[166]。这也是为了推动基本公共教育均衡发展，深化职业教育产教融合，提升高校创新人才培养能力，增强教育改革发展活力，加快实现教育现代化。

表3-1显示的是我国不同高等教育层次拥有资质的办学机构数目的变化情况。由于政策实施具有一定的时滞性，因此本研究认为1996—2005年数据变化趋势更加具有代表性。从全国整体来看，1999年实施的高等教育扩招政策使得全国具有高等教育资质的机构数目出现显著上升，增加最为明显的是高职（专科）院校的数目，由2000年的442所增加到2001年的628所，增长率达到42.08%。从不同层次高等教育的机构分布来看，具有研究生培养资质的机构数目随着扩招政策的实施出现较为明显的波动趋势，由2001年之前数目高于本科及高职（专科）院校到如今远低于本科及高职（专科）院校的数目，这与我国高等教育由原先粗放型的扩张逐渐转型为高质量发展的理念有着密不可分的联系。

表3-1 1995—2020年中国高等教育机构数

单位：所

年份	研究生培养机构数	本科院校数	高职（专科）院校数	年份	研究生培养机构数	本科院校数	高职（专科）院校数
1995	740	616	352	2008	796	1 079	1 184
1996	740	608	342	2009	796	1 090	1 215
1997	735	603	337	2010	797	1 112	1 246
1998	736	591	431	2011	755	1 129	1 280
1999	775	597	474	2012	811	1 145	1 297
2000	738	599	442	2013	830	1 170	1 321
2001	733	597	628	2014	788	1 202	1 327
2002	728	629	767	2015	792	1 219	1 341
2003	720	644	908	2016	793	1 237	1 359
2004	769	684	1 047	2017	815	1 243	1 388
2005	766	701	1 091	2018	815	1 245	1 418
2006	767	720	1 147	2019	828	1 265	1 423
2007	795	740	1 168	2020	827	1 270	1 468

数据来源：《中国统计年鉴》《全国教育事业发展统计公报》。

图3-1呈现的是1995—2020年高等教育机构数的变化趋势，通过图3-1能够更加清晰地看出高等教育扩招政策的实施对于本科及高职（专科）院校的影响相对具有研究生培养资质的机构更加显著。高职（专科）院校的数目相对本科及研究生培养机构而言，保持了较为稳定的增长态势，近年来随着职业技能人才需求的不断增加，高职（专科）教育院校开始被更多人所选择，这也带来了高职（专科）院校数目的再次增长。而本科院校爆发式增长则出现在2007—2009年，这一阶段正是国际金融危机爆发的时段，世界经济出现不同程度的下行趋势，就业压力激增让更多人选择通过接受高等教育积累人力资本以应对严峻的就业形势。同样，研究生培养机构数目的显著增加则出现在2011—2013年，随着国内应对通胀初见成效，劳动力成本上升的问题逐渐暴露出来，首当其冲的就是劳动密集型产业，在此背景下国家发展战略指导经济增长方式逐渐由劳动密集型转向技术密集型，求职者需要具备更加专业的技术能力，此时本科教育扩招已经拥有较为显著的规模，本科文凭从稀缺逐渐变为求职刚需，接受更高层次的研究生教育成为经济转型下获得更好工作机会的不二选择。

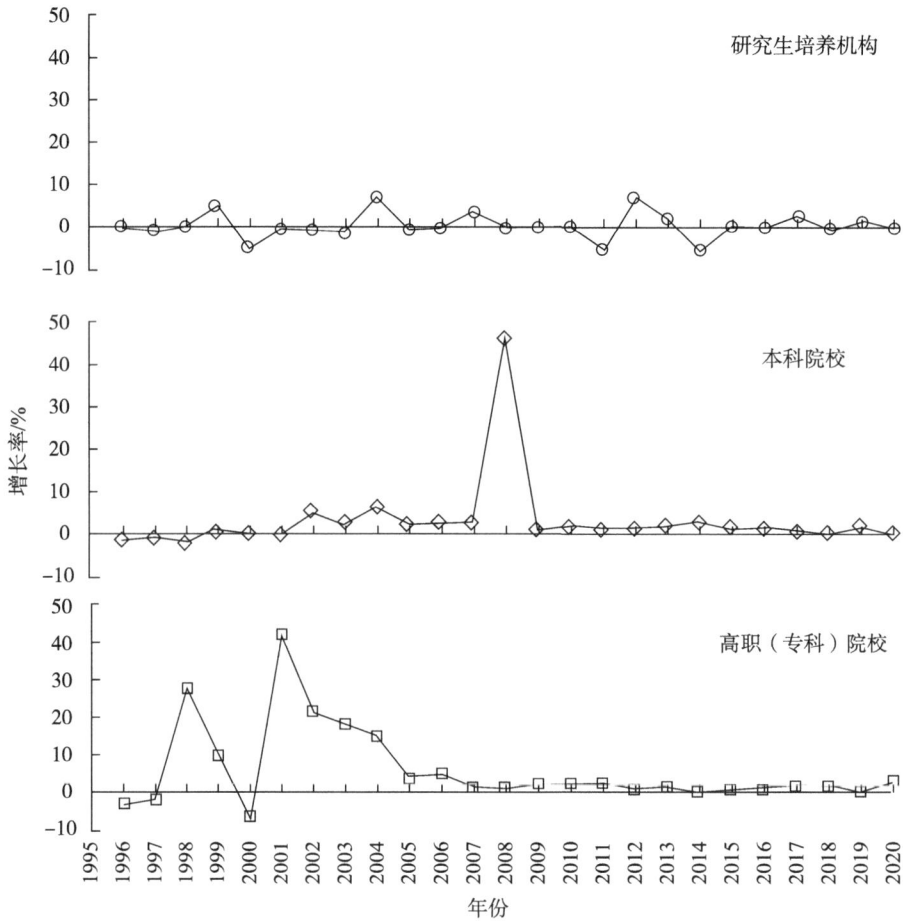

图 3-1　高等教育机构数增长趋势

表 3-2 为 1995—2020 年中国高等教育招生人数的变化，可以看到伴随高等教育扩招政策的落实，高等教育招生人数呈现稳定的上升趋势[167]，研究生招生人数由政策实施之初的 16.52 万人逐步增加到如今的 110.66 万人，高职（专科）招生人数则从 2001 年起逐渐增加，在 2020 年达到 524.34 万人，招生数量远超过本科及研究生招生人数。

表 3-2　1995—2020 年中国高等教育招生人数

单位：万人

年份	研究生	本科	高职（专科）	年份	研究生	本科	高职（专科）
1995	5.11	44.78	47.81	1997	6.37	57.97	42.07
1996	5.94	50.53	46.05	1998	7.25	76.71	28.92

年份	研究生	本科	高职（专科）	年份	研究生	本科	高职（专科）
1999	9.22	93.67	61.19	2010	53.82	351.26	310.50
2000	12.85	116.02	104.59	2011	56.02	356.64	324.90
2001	16.52	138.18	130.10	2012	58.97	374.06	314.80
2002	20.26	158.79	161.70	2013	61.14	381.43	318.40
2003	26.89	182.53	199.60	2014	62.13	383.42	338.00
2004	32.63	209.92	237.40	2015	64.51	389.42	348.40
2005	36.48	236.36	268.10	2016	66.71	405.40	343.20
2006	39.79	253.09	293.00	2017	80.61	410.75	350.70
2007	41.86	282.10	283.80	2018	85.80	422.16	368.83
2008	44.64	297.06	310.60	2019	91.65	431.29	483.61
2009	51.10	326.11	313.40	2020	110.66	443.12	524.34

数据来源：《中国统计年鉴》《全国教育事业发展统计公报》。

表3-3是1995—2020年中国高等教育所培养人才数目的情况。可以看到，高等教育扩招政策实施后，高职（专科）、本科以及研究生毕业人数均在2003年出现大幅上升。高职（专科）毕业生人数达到947 894人，是2002年毕业人数的近三倍，同样本科及研究生毕业生在2003年也分别增加了近30万人，表明1999年高等教育扩招确实令更多人拥有了接受高等教育的机会，显著扩大了高等教育人才培养的规模。而相比高职（专科）与本科阶段的人才培养规模，研究生阶段人才培养规模的增加要更加缓慢，一方面由于研究生教育本身为精英教育，准入门槛较高，体量较高职（专科）、本科更小；另一方面研究方向更加专业，需要的培养时间从3年到5年不等，导致研究生人才培养并不能像高职（专科）以及本科那样大量扩张。

表3-3　1995—2020年中国高等教育毕业生人数

单位：万人

年份	高职（专科）	本科	研究生	年份	高职（专科）	本科	研究生
1995	47.99	32.55	3.19	2002	27.70	65.58	8.08
1996	49.14	34.72	3.97	2003	94.79	92.96	11.11
1997	44.74	38.16	4.65	2004	119.49	119.63	15.08
1998	21.52	59.62	4.71	2005	160.22	146.58	18.97
1999	21.01	62.30	5.47	2006	204.80	172.67	25.59
2000	17.90	49.56	5.88	2007	248.20	199.59	31.18
2001	19.30	56.78	6.78	2008	286.27	225.68	34.48

续　表

年份	高职（专科）	本科	研究生	年份	高职（专科）	本科	研究生
2009	285.57	245.54	37.13	2015	322.29	358.59	55.15
2010	316.37	259.05	38.36	2016	329.81	374.37	56.39
2011	328.53	279.62	43.00	2017	351.64	384.18	57.80
2012	320.89	303.85	48.65	2018	366.47	386.84	60.44
2013	318.75	319.97	51.36	2019	363.81	394.72	63.97
2014	317.99	341.38	53.59	2020	376.69	420.51	72.86

数据来源：《中国统计年鉴》《全国教育事业发展统计公报》。

图3-2更加直观展示了1995—2020年中国高等教育招生规模的变化趋势。可以看出高等教育扩招政策在落地的前5年在研究生及高职（专科）上影响较为明显。研究生招生数在2000年出现39.37%的大幅增加，而高职（专科）招生人数在1999年则更是出现了111.58%的激增，与之相比本科招生人数仅增长14.95%。随着扩招政策的深入落实，高职（专科）和本科招生人数逐渐趋于平稳，而研究生招生数则呈现较大的波动趋势，波峰分别出现在2009年、2018年及2020年，与高等教育扩招政策实施前的1996年相比，高职（专科）招生人数同比增长12.1个百分点，研究生招生数同比增长4.5%，而本科招生数目则同比下降10个百分点。随着"加快构建现代职业教育体系，培养更多高素质技术技能人才"的重要指示落到实处，高职（专科）招生人数出现大幅提升。综合当年国际国内经济发展环境来看，研究生招生人数的剧烈波动与经济发展压力之间存在密切联系。伴随着国际经济下行压力和人口红利的逐渐消失，越来越多人在面对进入劳动力市场与继续积累自身人力资本的选择时，选择通过接受更高等级的教育来提高自身人力资本竞争力，旨在获得更好的工作机会和更优厚的劳动报酬。由于高等教育扩招政策使得高等教育逐渐普及化，本科文凭相较政策实施之初已经并非稀有物，因此研究生教育则成为受更多人青睐的人力资本积累方式。

图3-3为中国高等教育毕业人数的变化趋势，与图3-2相对应。从图3-3可以看出高职（专科）的毕业人数在2002年出现大幅增加，同比增长高达242.20%，同时本科及研究生毕业人数也出现40%左右的增长，与高职（专科）、本科不同的是，研究生的大范围扩招开始于2003年，因此在2006年研究生毕业人数又出现了一次较为显著的增加。总体来看，2000—2020年本科、研究生教育毕业人数变化趋势呈现出较大波动，而高职（专科）在经历了扩招初期的爆发式增长后，保持了近20年几乎零增长的发展态势。

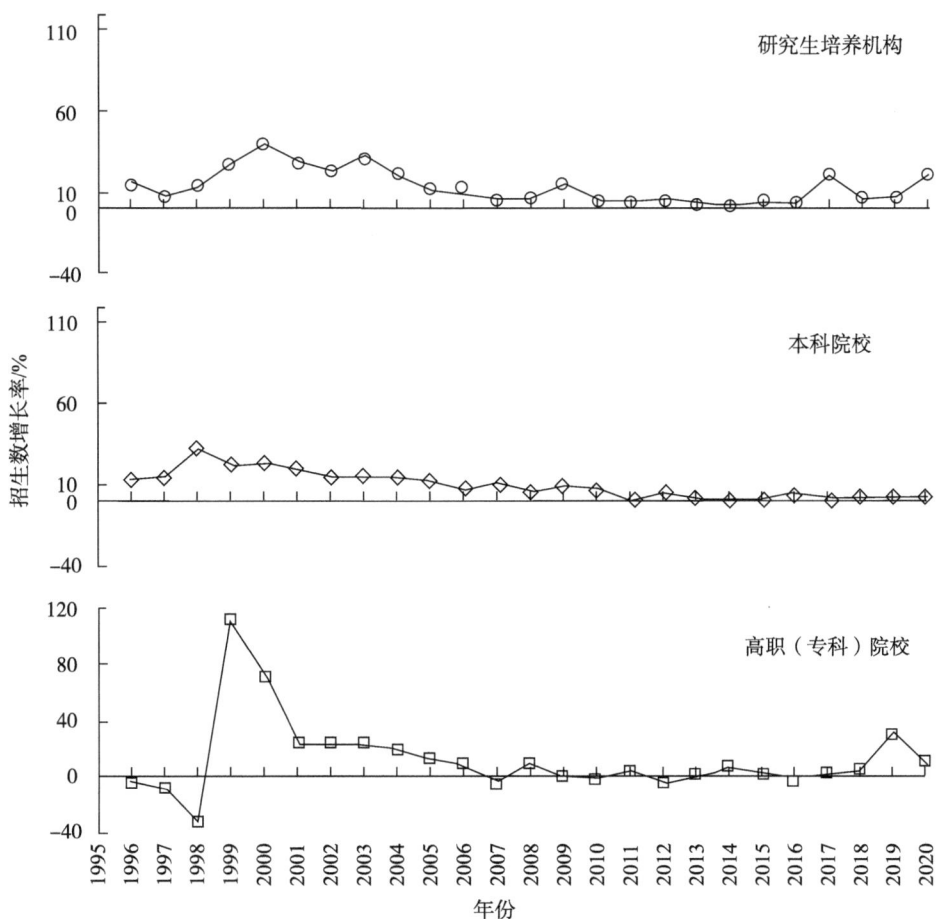

图 3-2　1995—2020 年中国高等教育招生人数变化趋势

　　一方面高等教育扩招政策提高了我国接受高等教育的人员比例，另一方面也表现出国家对于高等教育事业发展的重视。表3-4为中国1997—2011年高等教育国家财政性教育经费变化情况，从表3-4可以看出自1999年高校扩招政策实施后，国家对于普通高等学校的财政性教育经费投入呈现逐年递增的趋势[168]。1997年我国普通高等学校国家财政性教育经费仅为305.75亿元，到2001年经过高等教育扩招后国家财政性教育经费达到632.80亿元。经过短短四年时间，上涨300多亿元，而到2011年底，我国普通高等学校国家财政性教育经费达到4 023.50亿元，是高等教育实施扩招的1999年教育经费投入的近10倍，国家财政性教育经费投入的显著增加，从侧面反映出我国对于高等教育事业发展的重视以及贯彻落实科教兴国政策的决心。

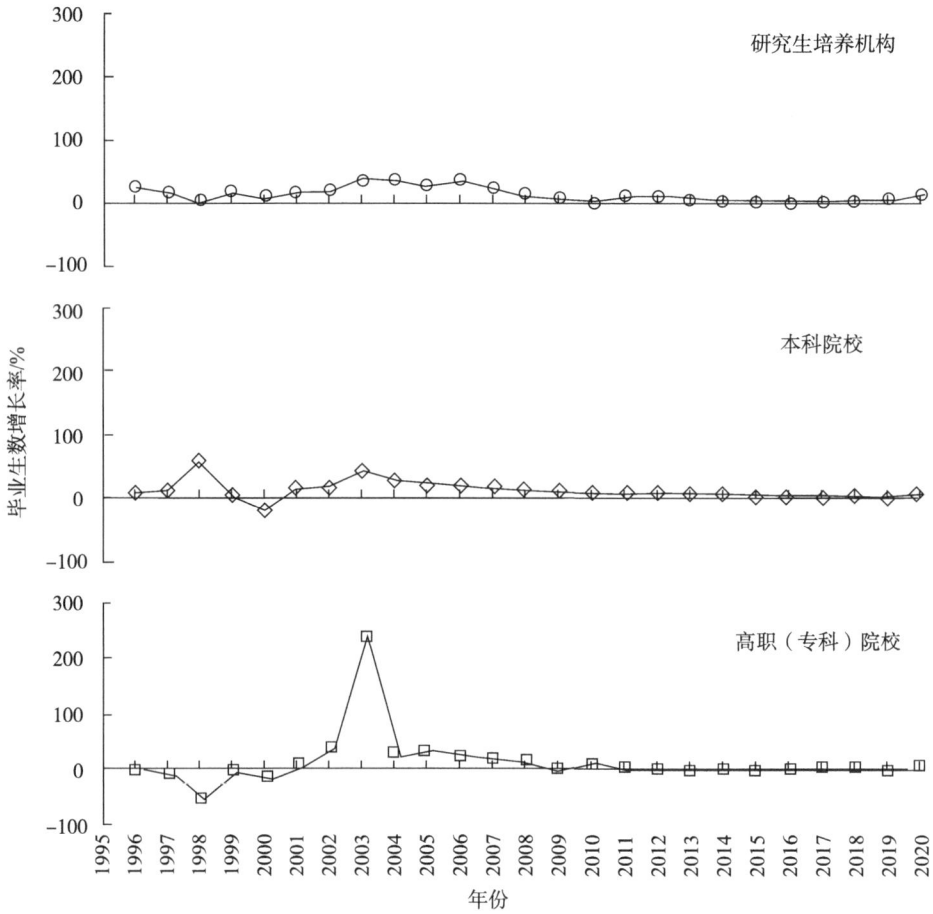

图 3-3　1995—2020 年中国高等教育毕业生人数变化趋势

表 3-4　1997—2011 年中国高等教育国家财政性教育经费

单位：亿元

年份	普通高等学校国家财政性教育经费
1997	305.75
1998	356.75
1999	443.16
2000	531.19
2001	632.80
2002	752.15
2003	840.58
2004	969.79
2005	1 090.84

年份	普通高等学校国家财政性教育经费
2006	1 344.58
2007	1 598.32
2008	2 003.51
2009	2 264.51
2010	2 901.80
2011	4 023.50

数据来源:《中国统计年鉴》《全国教育事业发展统计公报》。

3.1.1 高等学校规模

20多年来,教育普及水平不断提高,国民受教育机会进一步扩大,受教育程度进一步提升[169]。根据教育部官网公布的《全国高等学校名单》,截至2022年5月31日,全国高等学校共计3 013所(未包含港澳台地区高等学校),其中:普通高等学校2 759所,含本科院校1 270所、高职(专科)院校1 489所;成人高等学校254所[170]。民办普通高等学校数量前五名的省域是广东省、四川省、江苏省、河南省、湖北省;公办普通高等学校数量前五名的省域是河南省、江苏省、山东省、广东省、湖南省;公办普通高等学校和民办普通高等学校数量前三名的省域是广东省、河南省、江苏省。各级教育普及程度达到或超过中高收入国家平均水平,其中义务教育普及程度达到世界高收入国家平均水平,高等教育实现了从大众化到普及化的历史性跨越[171]。

图3-4显示,2000年之前高等学校数量并无太多变化,自2000年以后,高考扩招计划开始,普通高等学校数量开始逐年上升;可以看出,2001—2008年是我国普通高校数量增长的高速阶段,年平均增长率维持在7.7%,尤其是2008年,我国的普通高校数量增加355所,以18.6%的增长率达到近20年的峰值。2008年以后我国普通高校进入平稳增长期,大约以每年2%的增长率稳定增长[172]。招生数量也随之增多,如图3-5所示。

自1999年《面向21世纪教育振兴行动计划》的发布,越来越多的人有机会进入大学接受高等教育。1998年高等学校招生数为108.36万人,到了1999年,直接上升到了154.87万人,2000年更是直接上涨到220.6万人,大学生数量剧增,越来越多的人抓住机会来提升自己。

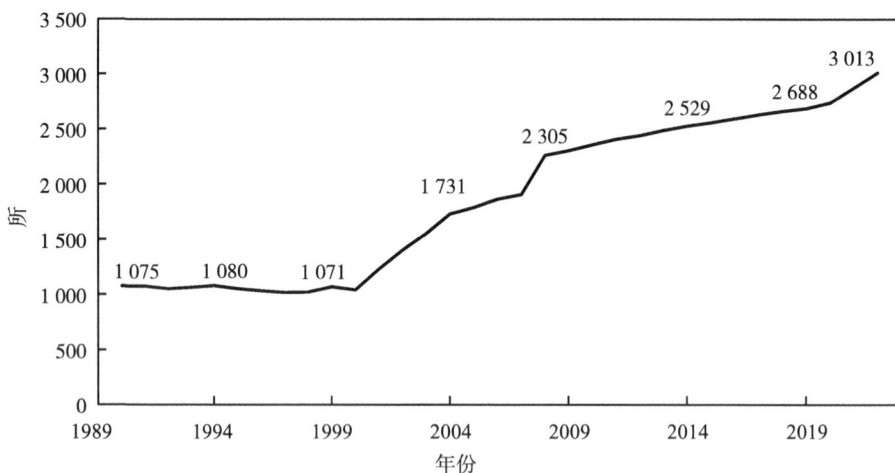

图 3-4　1989—2020 年中国普通高等学校数

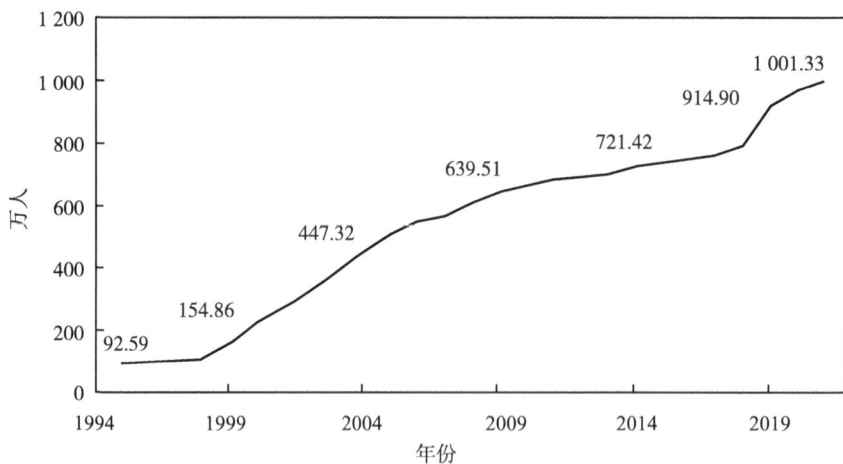

图 3-5　1994—2020 年中国普通高等学校招生数

1994—2021 年中国普通高等学校本、专科招生数变化情况如图3-6所示。

从图3-6可以看出，我国普通高校全日制在校生总体规模在这20年以来也是得到了大幅提升。我国本科院校招生数从2005年的236.36万人增加到2021年的444.60万人，增幅达88%；与此同时，我国专科院校招生规模从2005年的268.10万人增加到2021年的552.58万人，总人数超过了本科院校。由此可见，越来越多的人接受到了高等教育，国民整体教育水平得到了提升。

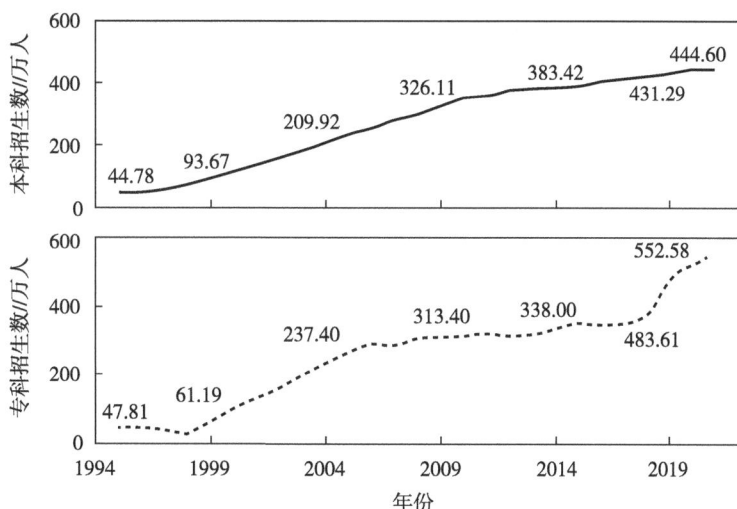

图 3-6　1994—2021 年中国普通高等学校本、专科招生数

此外我国高等院校的在校生数也明显提升。与1999年相比在校学生人数增长了约8.55倍。其中，本科在校生数量由424.37万人增长至1 893.11万人，增长约3.46倍；专科在校生数量由294.69万人增长至1 590.10万人，增长约4.40倍；研究生在校生数量由39.24万人增长至313.96万人，增长超7.0倍。截至2021年，我国普通高等教育的在校本专科人数约3 496.13万人，在校博硕士人数约313.96万人，近20年我国在校生规模的快速发展，也让我国的高等教育成功地由高等教育精英化向高等教育大众化（2003年）和高等教育普及化（2019年）突破。

值得关注的是，为落实《国家职业教育改革实施方案》（职教20条），2019年4月30日，经国务院常务会议讨论通过《高职扩招专项工作实施方案》，我国自2019年开始每年高职院校大规模扩招100万人，专科在校生规模大幅增长，同时我国研究生的招生规模增长也明显加快。

生师比是指在册学生数与各级各类教育中在编教师数之比。生师比反映了各级各类教育教师数量及其效益，是衡量广义办学条件及其效益的重要指标之一，也是进行教育国际比较和区域比较的重要指标之一。

由图3-7和图3-8可以看出，随着我国普通高校本专科招生规模的扩大，专任教师总数也呈现增长的趋势，尤其是2001—2005年、2018—2020年增长较快。截至2021年底，我国普通高校拥有专任教师188.52万人，根据本专科在校生计算的生师比已达到18.55，达到教育部文件《普通高等学校基本办学条件指标（试行）》中关于高校生师比18∶1的合格要求。

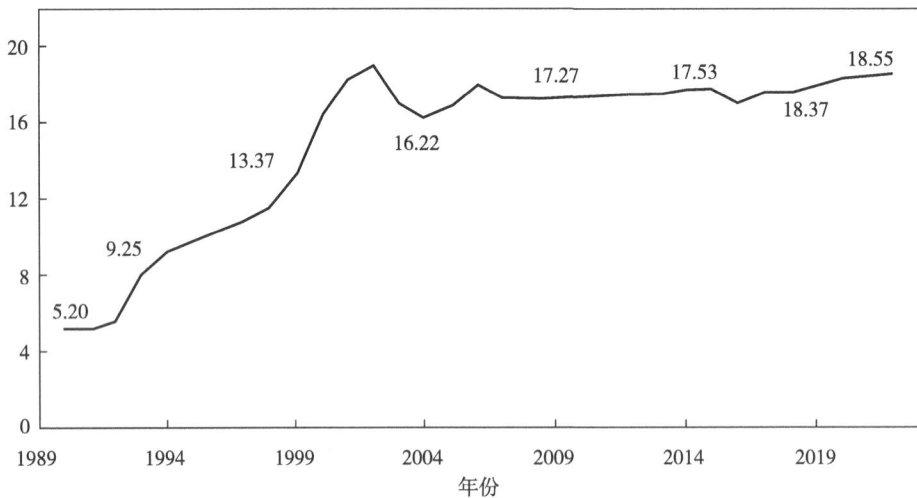

图 3-7　1989—2021 年中国普通高等学校生师比

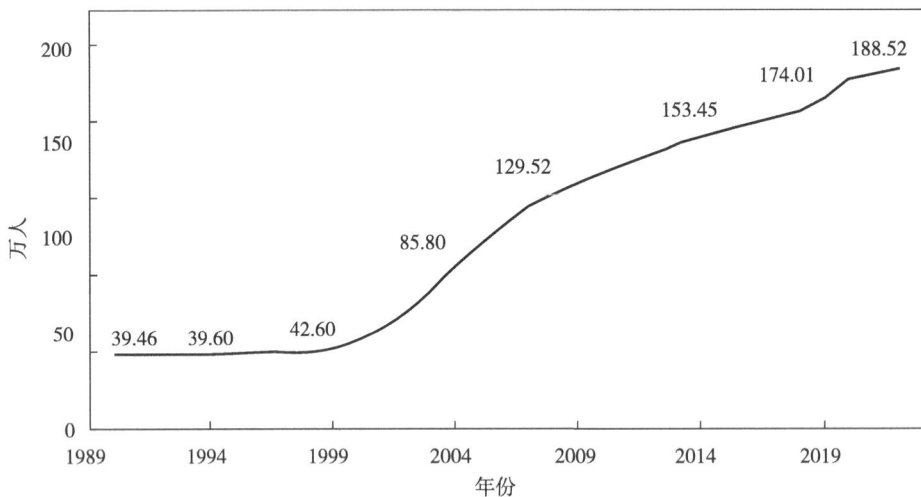

图 3-8　1989—2021 年中国普通高等学校专任教师数

　　总的来看，近20年来我国高等教育取得了快速的发展，高等院校数量、在校大学生规模和教师队伍总量均有了较大的提升。从普通高校地域分布特征上看，东北地区人均拥有的高校资源较多，但以"双一流"高校为代表的优质教育资源多集中在我国东部经济发达地区，中部地区是我国高等教育的低洼区。经过20年的发展，我国普通高校按本专科在校生计算的生师比已达到18.55，整体上师资队伍还存在结构性缺失问题，建议各级教育主管部门及相关高校加大专任教师的引进和培养力度，以满足教育教学和提高人才培养质量的需要。

　　高等教育机构数目在很大程度上能够反映地区高等教育发展情况及机构分布情

况。表3-5显示了1997—2020年中国各省域高等教育机构数量的情况，数据显示1999年高等教育扩招政策实施后，我国有不少省域高校数量不增反降，其中北京减少数量最多，减少6所。这一现象出现的原因与高等教育扩招带来的高校结构改革密不可分。从2005年开始，我国各省域高等教育机构数量开始出现较大差距，表现为东南沿海以及中部地区高等教育机构数量增量明显高于西北地区。根据1997—2020年我国各省域高等教育机构数量的增幅来看，作为高等教育机构质量及数量较高的北京、上海增幅分别为41.54%和61.54%，并未出现爆炸式的急剧增长。海南、宁夏两个省域尽管增幅超过300%，但由于基础数量较小，其高等教育机构数量仍然与其他省域存在较大差距。

表3-5　1997—2020年中国各省域高等教育机构数量

单位：所

省域	1997年	1999年	2000年	2005年	2010年	2015年	2020年	1997—2020年增幅/%
北京	65	64	58	77	87	91	92	41.54
天津	20	21	21	42	55	55	56	180.00
河北	46	48	51	86	110	118	125	171.74
山西	24	23	24	59	73	79	85	254.17
内蒙古	18	19	18	33	44	53	54	200.00
辽宁	62	64	64	76	112	116	114	83.87
吉林	40	40	34	44	56	58	64	60.00
黑龙江	37	39	35	62	79	81	80	116.22
上海	39	41	37	58	67	67	63	61.54
江苏	65	72	69	114	150	162	167	156.92
浙江	35	36	35	68	101	105	109	211.43
安徽	34	37	42	81	111	119	120	252.94
福建	30	30	28	53	84	88	89	196.67
江西	31	34	32	67	85	97	105	238.71
山东	48	52	47	99	132	143	152	216.67
河南	50	56	52	83	107	129	151	202.00
湖北	54	57	54	85	120	126	129	138.89
湖南	46	51	52	93	117	124	128	178.26
广东	42	50	52	102	131	143	154	266.67
广西	26	29	30	51	70	71	82	215.38
海南	5	5	5	15	17	17	21	320.00
重庆	22	23	22	35	53	64	68	209.09
四川	43	43	42	68	92	109	132	206.98

省域	1997年	1999年	2000年	2005年	2010年	2015年	2020年	1997—2020年增幅/%
贵州	20	20	23	34	47	59	75	275.00
云南	26	24	24	44	61	69	82	215.38
陕西	43	43	39	72	90	92	96	123.26
甘肃	17	18	18	33	40	45	50	194.12
青海	6	6	7	11	9	12	12	100.00
宁夏	5	5	6	13	15	18	20	300.00
新疆	18	17	16	30	37	44	56	211.11
西藏	4	4	4	4	6	6	7	75.00

数据来源：《中国统计年鉴》、《中国教育统计年鉴》、各省域统计年鉴。

图3-9、图3-10为1997年和2020年中国各省域高等教育机构数量的统计图。1997年我国高等教育机构数量最多的为北京和江苏，其数目为65所。而西藏、青海、宁夏以及海南省高等教育机构并未超过10所。从2020年我国各省域高等教育机构数量的统计图上看，我国总体高等教育机构数量出现了明显的增长，江苏省已经达到167所。我国高等教育机构数量超过100的有12个，主要集中在中东部地区。而西藏、青海、宁夏以及海南高等教育机构并未超过30所，与其他地区相比差距较大，并且仅西藏高等教育机构未超过10所，我国高等教育机构数量均有不同程度的增加。从两张图的对比中可以看出我国高等教育机构数量在1997—2020年发生大幅增加。其中内蒙古、新疆、西藏三个偏远少数民族地区高等教育机构分别由1997年的18所、18所、4所增加至54所、56所、7所，地区高等教育态势良好。1997—2020年，西藏、青海两个省域高等教育机构数量增长分别仅为3所和6所，远低于其他各省域的增长数。同时，河南、江苏、山东、广东四个省域的高等教育机构增加超过100所。

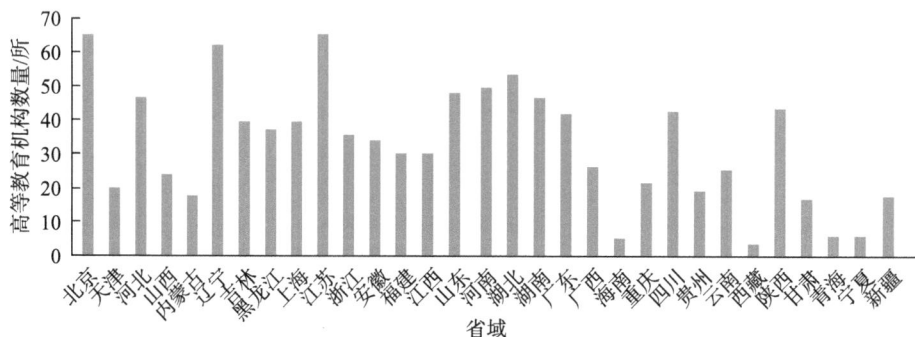

图3-9　1997年中国各省域高等教育机构数量区域统计图

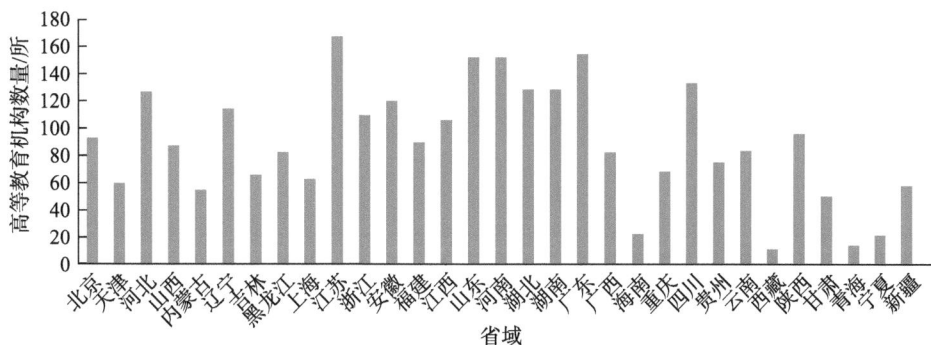

图 3-10　2020 年中国各省域高等教育机构数量区域统计图

3.1.2　教育水平

从 2010 年以来，教育系统全面贯彻党的教育方针，落实立德树人根本任务，坚持五育并举，促进学生全面发展，以教育质量的稳步提升助力人人出彩、人人成才[173]。义务教育音体美劳等课程建设明显加强。2021 年全国义务教育阶段体育、艺术和劳动技术课程教师分别达到 67.4 万人、83.0 万人和 10.9 万人，全国 95% 的学校能保障学生在校每天一小时体育锻炼时间，近 87% 的学生在中小学接受了艺术教育。建立 96 个全国中小学劳动教育实验区，示范带动各地中小学蓬勃开展劳动教育，实现每周不少于 1 课时要求[174]。

2021 年，劳动年龄人口平均受教育年限达 10.9 年，比 2012 年增加 1.0 年。其中，受过高等教育的比例为 24.9%，比 2012 年提高 10.3 个百分点。全国拥有大学文化程度的人口超过 2.18 亿，国民素质不断提升，为经济高质量发展提供了强大智力支撑，为民族复兴注入了强劲动力[175]。

基础教育大班额问题有效破解。2021 年义务教育大班额基本消除，十年来，小学大班额比例从 14.0% 降至 0.7%，初中从 28.3% 降至 0.7%；普通高中大班额比例大幅下降，从 47.8% 降至 4.8%，下降了 43 个百分点，助推教育教学质量提升，促进学生身心健康发展[176]。

现代职业教育体系建设明显加快。《职业教育法》首次修订，明确类型教育定位，深化产教融合、校企合作。高职（专科）三年扩招 413.3 万人，2021 年高职（专科）招生 552.6 万人，是十年前的 1.8 倍[177]。全国职业学校开设 1 300 余个专业和 12 余万个专业点，基本覆盖了国民经济各领域。

高层次创新人才自主培养能力显著提升。2021 年全国共有在学研究生 333.2 万人，比2012年增加了近一倍，其中，在学博士研究生50.9万人[178]；"双一流"建设高校在学研究生195.4万人，占全国58.7%。聚焦国家重大战略需求，"强基计划"累计招收1.8万余人，基础学科拔尖人才培养计划累计吸引1万余名优秀学生投身基础学科。

3.1.3　国家教育经费支持

自改革开放以来，教育与党和国家事业发展同频共振，教育服务国家战略和区域发展的能力显著增强，日益成为支撑、引领经济社会发展的关键力量。源源不断为社会培养和输送人才。中高职学校（不含技工学校）十年累计培养毕业生7 900多万人，为现代制造业、战略性新兴产业和现代服务业供给了70%以上的新增从业人员；高等学校（未包含成人高校）十年累计培养了高素质专业人才7 700多万人，持续为国家重大战略实施和经济社会发展提供强大智力支撑，形成了布局清晰、层次合理的高校科技创新体系，取得了一批标志性的重大科技成果。

推动高校哲学社会科学繁荣发展。支持设立教育部哲学社会科学各类研究项目3.6万余项，布局建设教育部人文社科重点研究基地151个、教育部哲学社会科学实验室30个，高校科学研究优秀成果奖（人文社会科学）共评选出获奖成果3 277项。高校牵头建设了38%的国家高端智库，承担了90%以上的国家社会科学基金项目。

教育部直属高校成为脱贫攻坚和乡村振兴的重要生力军。各校累计投入和引进帮扶资金44.4亿元，帮助引进企业663个，引入企业实际投资额151.6亿元。累计培训教师11.64万人次。累计培训基层干部和技术人员77.8万人，帮助制定规划类项目1 352项，落地实施科研项目1 949项。

十年来，党和国家高度重视教育，始终把教育摆在优先发展的战略地位，优先规划、优先投入、优先配置资源，教育成为全社会最关心、最支持的事业之一。

国家财政性教育经费投入占GDP的比例，连续十年保持在4%以上，教育成为财政一般公共预算第一大支出。

教育经费的投入程度从根本上决定了教育发展的水平高低，不仅会影响教育基础设施建设，还在很大程度上影响着教育质量的上限。表3-6是1996—2019年中国各省域的国家财政性教育经费的拨付情况，数据显示我国高等教育经费投入呈现逐年增加的趋势，并且总体来看，近年来经济较发达的东南沿海省域国家财政性经费高于其余省域，结合我国高等教育机构分布来看，东南沿海地区拥有较内陆地区更为雄厚的高等教育资源，高等教育机构数目显著较高，因此其财政性教育经费较其他地区更为充足。根据表中数据来看，1996年国家财政性教育经费排名前10的主要集中在中部以及东南沿海地区。其中1996年广东、江苏、山东以及四川国家财政性教育经费超过100亿元。同时也看到1996年海南、宁夏、青海以及西藏四个省域，国家财政性教育经费未超过20亿元，拨付偏远地区的经费远低于中东部地区。另外有近一半的省域，国家财政经费并未超过50亿元，各省域国家财政性教育经费差距较大。2019年国家财政性教育经费排名前三的省域与1996年相同，为广东、江苏和山东，最高的为广东，达到3 715.58亿元，比同年西藏高出3 431.97亿元，差距较大。截至2019年，宁夏、青海、西藏以及海南四个省域的国家政策性经费仍未超过500亿元，与其他省域存在较大差距。同时根据各省域1996—2019年国家财政性教育经费的涨幅来看，西藏、贵州、青海、江西、重庆、宁夏、海南、浙江、甘肃、广东的排在涨幅的前10位。少数民族自治区以及西南、西北偏远省域的国家财政性拨款出现了明显的涨幅，其中西藏最为明显。但是，尽管西藏的涨幅最高，但2019年国家财政性拨款仍然与其他省域相差较大。

表3-6 1996—2019年中国各省域高等教育国家财政性教育经费

单位：亿元

省域	1996年	1999年	2000年	2005年	2010年	2015年	2019年	1996—2019年增幅/%
北京	80.71	135.10	169.83	335.76	513.66	981.08	1 279.15	1 484.84
天津	26.79	37.80	43.10	89.56	227.08	477.51	518.85	1 836.58
河北	71.04	97.93	106.94	212.69	564.75	1 073.30	1 640.35	2 208.97
山西	38.85	49.47	54.77	128.92	352.95	723.36	809.09	1 982.49
内蒙古	32.95	42.49	44.60	99.77	358.48	632.47	722.91	2 094.19
辽宁	71.78	92.57	102.67	205.97	483.47	710.18	843.22	1 074.67
吉林	45.66	61.40	64.75	112.68	274.71	502.26	557.28	1 120.50
黑龙江	56.69	78.91	83.59	150.89	318.32	607.81	697.88	1 131.01
上海	82.18	121.13	143.67	275.06	440.74	826.42	1 148.22	1 297.15
江苏	124.58	169.72	182.15	366.07	923.46	1 819.09	2 480.57	1 891.11
浙江	69.45	111.19	127.97	323.79	733.66	1 292.23	2 035.37	2 830.82
安徽	51.71	70.34	72.28	157.51	448.83	957.27	1 348.02	2 506.80
福建	53.43	73.55	84.21	154.12	391.34	810.02	1 075.85	1 913.71
江西	34.73	43.98	48.67	97.96	317.53	814.64	1 210.01	3 383.56
山东	112.38	148.28	169.17	299.18	802.97	1 734.70	2 336.97	1 979.55
河南	88.93	103.89	115.06	235.74	680.03	1 367.86	2 067.82	2 225.14
湖北	62.99	87.38	96.90	168.12	383.82	903.55	1 269.27	1 915.01
湖南	63.66	80.07	85.77	166.92	458.50	954.08	1 350.81	2 021.78

续　表

省域	1996年	1999年	2000年	2005年	2010年	2015年	2019年	1996—2019年增幅/%
广东	139.12	186.83	215.78	469.22	1 044.02	2 261.14	3 715.58	2 570.70
广西	46.54	57.65	63.01	120.90	399.08	846.77	1 184.05	2 444.15
海南	11.64	14.29	14.63	31.42	113.32	233.76	349.22	2 900.52
重庆	27.79	38.70	44.05	95.65	289.32	640.10	913.90	3 188.06
四川	103.24	96.71	108.34	205.55	681.65	1 336.22	1 824.65	1 667.39
贵州	22.18	34.83	41.13	103.14	313.92	803.92	1 158.51	5 124.27
云南	56.23	75.54	82.76	153.69	448.05	903.96	1 268.12	2 155.25
西藏	5.01	7.41	7.71	28.82	64.16	189.30	283.61	5 560.55
陕西	40.79	60.59	66.82	127.61	376.67	775.42	996.03	2 341.91
甘肃	26.05	38.52	42.50	84.75	264.86	551.86	721.20	2 668.19
青海	6.76	9.28	11.02	24.65	98.59	190.62	266.24	3 837.91
宁夏	6.87	10.22	11.57	27.72	84.38	169.65	215.17	3 030.52
新疆	38.74	51.40	57.17	107.26	325.66	650.82	937.33	2 319.57

数据来源：《中国统计年鉴》《中国教育统计年鉴》、各省域统计年鉴。

通过人均高等教育国家财政性教育经费的变化能够更直观地体现我国在高等教育上的投入。表3-7为各省域人均高等教育国家财政性教育经费，从表中发现，我国各省域人均高等教育国家财政性教育经费自1996年呈现逐年增长的态势。其中2010—2015年，各省域人均高等教育国家财政性教育经费增加最为显著。另外，根据各省域人均经费的排名来看，与总体经费不同，西藏在2019年人均经费达到7 856.24元，位列全国第一。同时青海、贵州、甘肃以及宁夏的人均经费也出现了较为明显的上涨，更加清晰地反映出我国在高等教育发展过程中，为减少省域间差异所做出的努力。

表3-7　1996—2019年中国各省域人均高等教育国家财政性教育经费

单位：元/人

省域	1996年	1999年	2000年	2005年	2010年	2015年	2019年
北京	640.87	1 074.64	1 245.43	2 183.06	2 618.17	4 483.90	5 840.85
天津	282.56	394.00	430.49	859.03	1 747.70	3 318.32	3 746.18
河北	109.57	148.06	160.23	310.46	785.07	1 461.26	2 202.70
山西	124.96	154.43	168.68	384.23	987.53	2 055.57	2 313.67
内蒙古	142.81	179.88	188.04	415.19	1 450.04	2 592.08	2 993.43
辽宁	174.40	221.94	245.38	487.96	1 105.10	1 637.12	1 971.51

省域	1996年	1999年	2000年	2005年	2010年	2015年	2019年
吉林	174.94	231.04	241.46	414.88	1 000.17	1 922.16	2 276.47
黑龙江	152.07	208.10	219.58	395.01	830.37	1 722.34	2 144.04
上海	566.39	773.00	893.14	1 455.17	1 914.04	3 362.17	4 628.06
江苏	175.22	235.29	248.59	482.41	1 173.49	2 187.72	2 929.00
浙江	157.37	248.45	273.45	648.76	1 347.02	2 159.11	3 192.73
安徽	86.81	116.24	118.62	257.36	753.49	1 592.52	2 212.77
福建	163.83	221.80	246.97	433.23	1 059.67	2 033.19	2 600.56
江西	84.61	103.94	117.30	227.23	711.60	1 816.36	2 679.38
山东	128.61	166.92	188.00	323.51	837.49	1 758.26	2 312.45
河南	96.96	110.67	121.27	251.32	723.01	1 410.02	2 088.49
湖北	108.14	147.15	171.62	294.43	670.08	1 544.54	2 141.50
湖南	99.04	122.58	130.71	263.86	697.87	1 442.30	2 034.36
广东	183.79	227.35	249.46	510.35	999.93	1 936.24	2 975.08
广西	101.42	122.31	132.62	259.43	865.68	1 760.07	2 376.66
海南	158.53	187.56	185.42	379.52	1 304.75	2 473.60	3 509.70
重庆	96.67	135.31	154.61	341.84	1 002.98	2 085.00	2 866.70
四川	90.32	113.11	130.08	250.31	847.30	1 630.34	2 184.95
贵州	62.37	93.88	109.52	276.52	902.33	2 168.06	3 010.67
云南	139.13	180.18	195.16	345.33	973.68	1 938.57	2 690.12
西藏	205.59	290.02	298.95	1 028.22	2 133.67	5 736.35	7 856.24
陕西	115.13	167.46	183.38	345.80	1 008.42	2 016.17	2 525.44
甘肃	105.61	151.50	168.97	333.00	1 034.62	2 187.32	2 874.43
青海	138.46	182.02	213.22	453.88	1 749.73	3 303.59	4 512.58
宁夏	131.87	188.17	208.79	464.98	1 333.10	2 480.26	3 001.02
新疆	229.32	289.59	309.13	533.52	1 490.37	2 728.80	3 662.86

数据来源：《中国统计年鉴》《中国教育统计年鉴》、各省域统计年鉴。

　　图3-11、图3-12为中国1996年和2019年各省人均高等教育国家财政性教育经费的统计图。图3-11为1996年中国各省域的人均高等教育国家财政性教育经费，可以看到1996年除上海（566.39元/人）、北京（640.87元/人）外，其他地区的教育经费相差并不大。图3-12则为2019年中国各省域人均高等教育国家财政性教育经费情况，此时从图中可以看出，西藏明显高于其余各省域，同时偏远、民族

地区的人均经费也出现了较为明显的上涨，青海、江西、重庆、贵州、海南等地区高等教育经费与1996年相比增加更为显著。从图3-11、图3-12的对比可以看出：1996—2019年我国少数民族地区、东南沿海地区及北京、上海相较中部省域经费较为充足，不同地区人均高等教育经费差距增大。

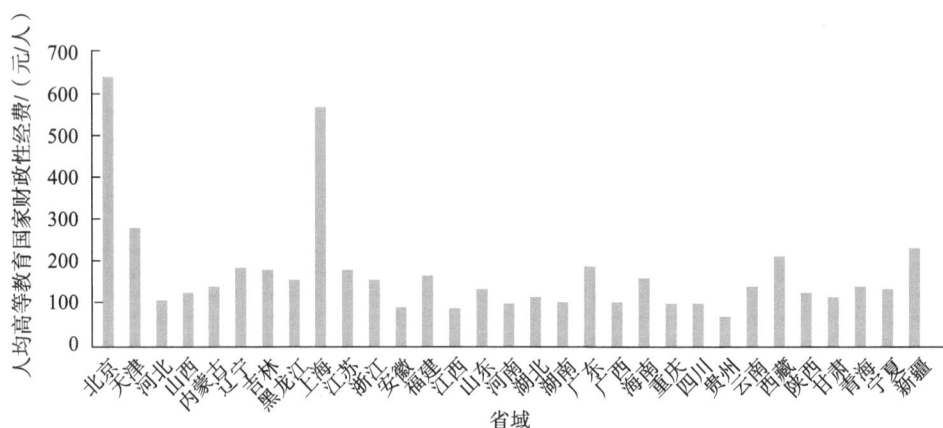

图 3-11　1996 年中国人均高等教育国家财政性教育经费区域统计图

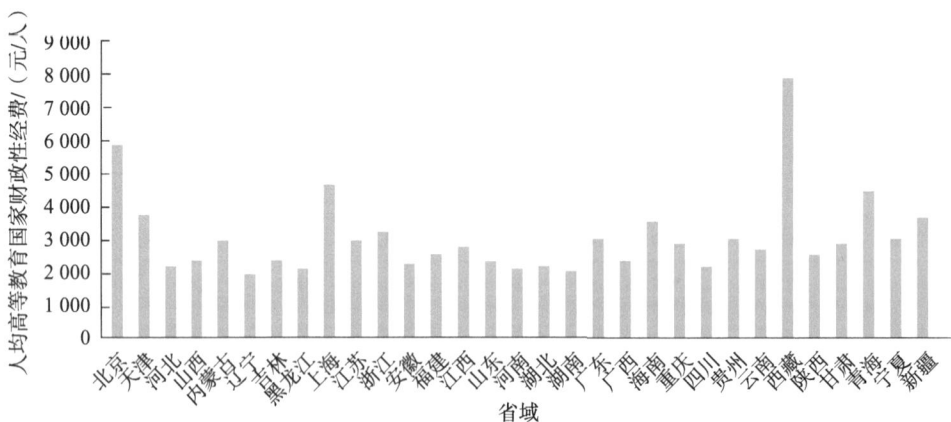

图 3-12　2019 年中国人均高等教育国家财政性教育经费区域统计图

3.1.4　师资力量

教师资源是高等教育发展必不可少的一部分，表3-8为中国各省域高等教育专任教师数。从表中数据可以看到，1997年我国中东部地区高等教育专任教师数明显高于其他地区，其中北京、江苏、湖北在1997年专任教师数就已经超过了2.5万人，大部分省域的专任教师数不足10 000人，其中西藏自治区的专任教师数目不足1 000

人，师资力量十分贫乏。2020年，我国高等教育专任教师数出现了明显增长，其中山东、河南、江苏以及广东四个教育大省的高等教育专任教师增长数已经超过了10万人，总人数也均超过12万人，其中河南增长最为显著，与1997年相比，实现高等教育专任教师数目的翻六番的跨越式增长。但是西藏、青海、宁夏三个地区的专任教师数仍未超过10 000人，甚至西藏地区不足2 000人，偏远民族地区的师资力量与其他地区相比仍然不够充足。

表3-8　1997—2020年中国各省域高等教育专任教师数

单位：万人

省域	1997年	1998年	1999年	2000年	2005年	2010年	2015年	2020年
北京	3.65	3.66	3.52	3.49	4.88	5.92	6.87	7.41
天津	0.96	0.95	0.96	1.01	2.17	2.81	3.11	3.42
河北	1.67	1.66	1.73	1.94	4.27	6.08	6.94	8.54
山西	0.87	0.88	0.95	1.05	2.79	3.65	4.04	4.36
内蒙古	0.68	0.73	0.77	0.89	1.62	2.33	2.55	2.80
辽宁	2.31	2.34	2.52	2.75	4.40	5.74	6.52	6.40
吉林	1.56	1.55	1.52	1.75	2.81	3.40	3.92	4.14
黑龙江	1.57	1.55	1.58	1.62	3.51	4.42	4.68	4.89
上海	2.01	2.01	2.01	2.05	3.16	3.92	4.16	4.77
江苏	2.79	2.87	3.05	3.31	6.73	10.20	10.72	12.60
浙江	1.16	1.18	1.31	1.61	3.84	5.10	5.95	7.04
安徽	1.16	1.16	1.24	1.51	3.24	4.93	5.81	6.56
福建	0.86	0.83	0.89	0.98	2.44	3.77	4.48	5.20
江西	0.98	0.96	1.01	1.04	3.86	4.90	5.73	6.53
山东	2.04	2.06	2.13	2.48	6.46	9.14	10.47	12.50
河南	1.65	1.70	1.88	2.02	4.63	7.75	9.80	13.34
湖北	2.58	2.61	2.79	3.04	5.90	7.47	8.34	8.88
湖南	1.59	1.65	1.80	2.03	4.53	5.96	6.66	7.96
广东	1.69	1.71	1.85	2.04	5.43	7.86	9.89	12.24
广西	0.76	0.80	0.87	0.93	1.96	3.17	3.86	5.34
海南	0.14	0.14	0.14	0.16	0.46	0.78	0.90	1.19
重庆	0.94	0.95	1.00	1.04	2.02	3.11	3.99	4.92
四川	1.68	1.72	1.79	1.84	4.49	6.50	8.44	9.54

续　表

省域	1997年	1998年	1999年	2000年	2005年	2010年	2015年	2020年
贵州	0.57	0.59	0.61	0.72	1.44	2.04	3.05	3.94
云南	0.77	0.81	0.83	0.92	1.68	2.65	3.69	4.34
西藏	0.08	0.08	0.08	0.08	0.12	0.22	0.26	0.27
陕西	1.93	1.93	1.98	2.07	4.29	5.83	6.65	7.34
甘肃	0.64	0.65	0.69	0.72	1.48	2.08	2.61	3.10
青海	0.16	0.17	0.17	0.21	0.31	0.37	0.41	0.49
宁夏	0.18	0.17	0.18	0.19	0.41	0.59	0.80	0.91
新疆	0.78	0.76	0.75	0.79	1.27	1.65	1.94	2.39

数据来源：《中国统计年鉴》、《中国教育统计年鉴》、各省域统计年鉴。

教师规模不断扩大。2021年全国各级各类学校共有专任教师1 844.4万人，比2012年增长26.2%。长期以来教师数量不足问题得到有效缓解。推进师范生公费教育，在部属师范大学示范带动下，全国28个省域实行地方院校师范生公费教育，每年约5万名高校毕业生到乡村中小学任教。"国培计划"实施以来，中央财政投入超过200亿元，培训教师校长超过1 800万人次。"特岗计划"累计招聘103万名教师，覆盖中西部22个地区、1 000多个县、3万多所乡村学校，有力支撑了中西部农村地区教育。

教师素质显著提升。2021年学前教育、特殊教育专任教师中受过专业教育的比例均超过85%，比2012年分别提高24.2和39.1个百分点。小学、初中专任教师本科以上学历占比分别为70.3%、90.1%，比2012年分别提高37.7和18.4个百分点。普通高中专任教师研究生学历占比从2012年的5.0%提高至2021年的12.4%。职业教育专业课教师中"双师型"教师占比超过50%，普通、职业高校专任教师中研究生学位教师占比77.5%，比2012年提高15.1个百分点；高校硕士研究生导师、博士研究生导师分别为42.4万人、13.2万人，比2012年分别增长19.5万人和6.3万人。

图3-13、图3-14为中国各省域高等教育专任教师数的统计图。从图3-13中可以明显看出四川、广东、河南、山东、江苏专任教师数居全国前列。中东部地区及沿海省域师资力量较为雄厚，与高等教育机构数目的分布情况类似，依托高校可以吸引、培养大批优秀的高等教育师资力量。图3-14为2020年各省域高等教育师资力量的统计，与1997年相比并未出现显著的变化，但可以更加清晰地看到不同省域高等教育的师资力量出现了明显的差距。四川、广东、河南、山东、江苏的师资力

量显著高于其余省域。

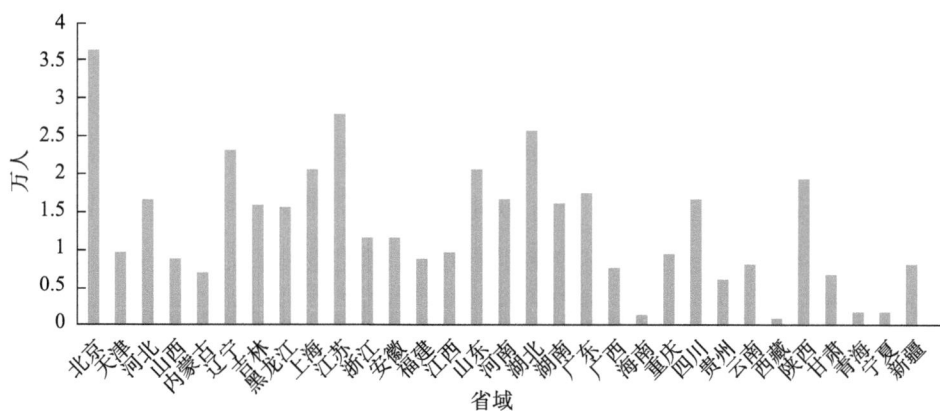

图 3-13　1997 年中国各省域高等教育专任教师数区域统计图

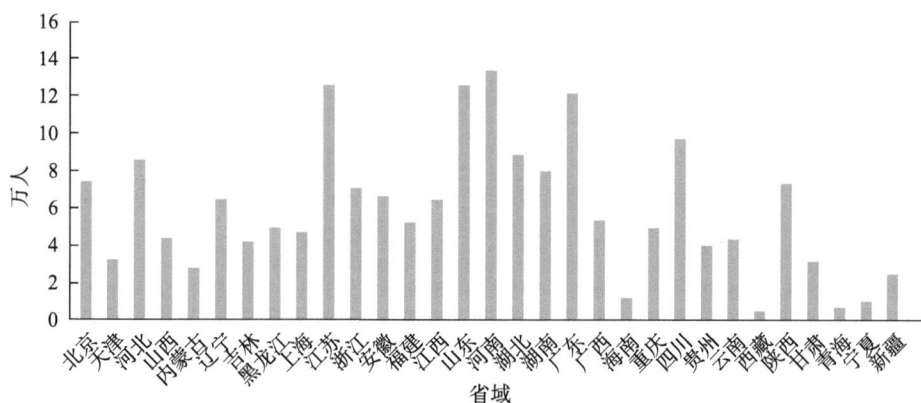

图 3-14　2020 年中国各省域高等教育专任教师数区域统计图

3.1.5　高等教育发展主要指标的国际比较

作为人才培养的核心途径，高等教育已经成为各国提高自身国际竞争力的关键发力点。随着数字技术的蓬勃发展，具有专业知识、专业技能、创新能力的人才作为国家发展的新兴"资本"得到各方面的重视，其中以日本、美国最为突出。此外，伴随经济发展速度持续加快，我国与其他国家之间在高等教育上以留学、交换学习等方式为主的交流也日渐频繁。为进一步明确我国高等教育在发展上与发达国家存在的差距，本研究选择日本、韩国、美国等我国在高等教育交流上较为频繁的国家进行对比研究，从高等教育毛入学率、高等教育专科层次人数占比两方面进行描述。

3.1.5.1 高等教育毛入学率

表3-9显示的是1998—2017年中国、日本、韩国、法国、意大利、美国、澳大利亚以及世界平均水平的高等教育毛入学率，从数据可以得出，1998年我国高等教育的毛入学率仅有5.98%，这一数值不到世界平均水平的一半，甚至不足韩国、澳大利亚、美国的10%。1999年扩招政策实施以来，我国高等教育毛入学率保持每年近2个百分点的增长速率。尽管到2014年，我国高等教育的毛入学率已经超过国际平均水平4.45个百分点，与1998年的5.98%相比增长了33.41个百分点，达到39.39%，但与日韩美等发达国家还具有相当大的差距。更值得注意的是，韩国高等教育毛入学率自2008年以来几乎均保持在95%以上，可以说基本实现高等教育的全民化，而澳大利亚则在2015年实现了119.69%[①]的高等教育毛入学率。

表3-9　1998—2017年多国高等教育毛入学率

单位：%

年份	中国	日本	韩国	法国	意大利	美国	澳大利亚	世界平均水平
1998	5.98	45.11	68.04	53.72	48.19	70.63	68.47	17.23
1999	6.51	46.63	73.90	54.14	48.26	72.16	67.29	18.32
2000	7.72	48.74	78.44	54.43	49.35	68.14	67.04	19.00
2001	9.95	49.91	82.47	54.37	52.28	68.98	67.01	20.06
2002	12.79	50.71	86.49	53.38	54.95	79.33	75.75	21.60
2003	15.64	51.84	89.26	54.82	58.15	81.31	73.39	22.74
2004	17.91	53.58	91.02	55.22	61.81	81.46	71.70	23.56
2005	19.34	54.97	90.30	55.44	64.09	82.08	72.29	24.25
2006	20.50	57.11	90.46	55.48	65.77	82.05	71.48	25.00
2007	20.84	57.82	92.58	54.82	66.59	83.03	72.52	25.85
2008	20.94	57.64	95.26	54.52	66.44	85.01	72.92	26.87
2009	22.52	57.68	97.97	54.94	66.81	88.58	76.77	27.92
2010	23.95	58.08	99.66	57.13	66.20	94.23	80.92	29.29
2011	24.87	59.92	99.52	58.03	66.18	96.32	83.47	31.00
2012	27.18	61.46	97.21	59.99	65.03	94.84	85.41	32.15
2013	30.16	62.41	95.35	62.15	63.46	88.81	86.55	32.73
2014	39.39	63.36	94.21	64.39	63.10	86.66	90.31	34.94

[①] 由于高等教育毛入学率是指高等教育在学人数与适龄人口之比。适龄人口是指在18～22岁这个年龄段的人口数，但是在现实中，高等教育在校生的年龄可能并不完全都在这个区间里，由于各种各样的原因，出现低龄或超龄的高校在读生，因此毛入学率就会出现超过100%的情况。

续　表

年份	中国	日本	韩国	法国	意大利	美国	澳大利亚	世界平均水平
2015	45.35	63.24	93.26	62.77	62.87	88.89	119.69	36.80
2016	48.44	63.58	93.78	64.44	63.02	88.84	121.86	37.39
2017	51.01	63.58	94.35	65.63	61.93	88.17	113.14	37.86

数据来源:《中国统计年鉴》《中国教育统计年鉴》、联合国教科文组织网站。

3.1.5.2　高等教育专科层次人数占比

根据萨伊定律的描述,市场供给为市场需求创造了条件,供给效率能够在一定程度上影响市场需求[179]。唯有高等教育供给能够实现满足学生与行业企业的需求,高等教育的供给才是有效率的[180]。随着我国综合国力的不断提升,一系列立足人才培养目标的战略逐步实施,市场对人才的需求更加明确,此时更需要通过对美国、日本及其他发达国家的高等教育人才培养模式进行对比研究,为我国高等教育的发展提供宝贵经验。中华人民共和国人力资源和社会保障部发布的2021年第三季度"最缺工"的100个职业排行显示,我国对于技术技能型蓝领岗位的需求相比去年同期增加近60%,而职业教育是培养技术技能人才、促进就业创业创新、提高中国制造和服务业水平的重要基础[181],因此本研究选取的国家高等教育专科层次人数占高等教育人数的比例,从表3-10中的数据看出,与高等教育毛入学率情况相反,我国的高等教育专科层次人数比例显著高于其他几个国家,尤其是意大利在2016年其专科层次人数占比仅为0.46%,低于同期其他国家。中国的高等教育专科层次人数一直保持超过高等教育总人数的40%,从侧面反映出我国高等教育人才队伍中本科及研究生的占比相对较低。伴随国家双循环政策、职业教育改革目标的进一步明确,市场需求和劳动就业紧密结合,与本科生、研究生相比更具有实践经验,专业技术的专科人才需求逐渐增加,预计我国高等教育专科人数比例还会出现进一步扩大。

表3-10　1999—2016年多国高等教育专科层次人数比例

单位:%

年份	中国	日本	韩国	法国	意大利	美国	澳大利亚
1999	50.50	28.08	40.29	23.80	1.68	19.96	24.02
2000	47.49	26.79	40.76	24.29	1.52	20.94	22.62
2001	45.08	25.56	41.05	24.65	2.41	21.68	21.69
2002	44.71	24.72	41.04	24.78	1.23	22.49	18.81

年份	中国	日本	韩国	法国	意大利	美国	澳大利亚
2003	48.48	24.46	40.04	24.02	1.09	23.31	17.79
2004	48.99	24.39	39.16	23.85	1.10	21.15	16.39
2005	46.99	24.31	38.13	24.02	1.07	21.05	15.95
2006	46.38	23.69	36.96	24.33	0.69	20.99	15.29
2007	45.35	22.88	35.51	24.77	0.52	20.98	15.65
2008	44.56	21.94	24.09	25.05	0.39	23.81	15.99
2009	44.51	20.73	23.64	25.42	0.31	22.13	16.63
2010	44.32	19.81	23.47	25.04	0.25	22.10	17.52
2011	42.79	19.71	24.21	24.99	0.24	22.11	18.44
2012	41.33	19.80	24.03	25.11	0.22	22.19	18.21
2013	40.78	19.82	23.50	21.59	0.13	37.20	16.16
2014	42.79	20.03	23.12	21.09	0.28	37.23	16.05
2015	42.64	20.08	22.82	20.44	0.36	37.26	33.86
2016	42.51	19.99	22.50	20.03	0.46	37.30	32.19

数据来源:《中国统计年鉴》、《中国教育统计年鉴》、联合国教科文组织网站。

3.2　高等教育公平性测度与分析

教育公平是社会公平的重要基础,高等教育承担着为新时代输送人才的重要使命,民族地区高等教育是否公平不仅影响着民族地区所培养出人才的质量,还关系到我国各族人民团结、社会稳定。本节主要从高等教育获得在数量上公平性的视角进行分析,具体针对教育不公平测度的研究中,有不少文章从入学率、教育资源配置等视角进行了探讨,测度方法也拓展到了变异系数、泰尔指数(Theil Index)、洛伦兹曲线(Lorenz Curve)、基尼系数(Gini Coefficient)等。我们根据需要将通过泰尔指数对民族地区的高等教育进行公平性测度的研究,之所以选择这一指标,主要是因为其有可分解的优良特性。

3.2.1　方法说明

泰尔指数最早由 Theil 提出,他根据信息理论广义熵指数(Generalized Entropy

Index）的特例，导出了一个通过比值差异、对数差异测度不公平性的指数，它不仅能够测度样本观测值的差异，还能在很大程度上克服奇异值的影响，该指数起初是用于衡量收入不平等程度的一个指标，之后有学者将其扩展至教育领域，用于衡量教育投入不平等程度，指数越大，差距越大，反之越小。

从广义熵指数的定义入手，得出下式：

$$GE(\alpha) = \frac{1}{\alpha^2 - \alpha}\left[\frac{1}{n}\sum_{i=1}^{n}\left(\frac{y_i}{\overline{y}}\right)^{\alpha} - 1\right], \quad \overline{y} = \frac{y_1 + y_2 + \cdots + y_n}{n} \tag{3-1}$$

其样本观测值为 $(y_1, y_2, \cdots, y_n)$。当 $a \to 1$ 时，根据洛必达法则可以导出泰尔指数的最基本形式：

$$T = \frac{1}{n}\sum_{i=1}^{n}\frac{y_i}{\overline{y}}\ln\left(\frac{y_i}{\overline{y}}\right) \tag{3-2}$$

若将样本观测值分成 k 组，各组观测值个数分别为 $n_1, n_2, \cdots, n_k$，它们的和即为样本容量 n，第 i 组观测值就记为 $\{y_{ij}\}$，$j=1, 2, \cdots, n_i$，那么式（3-2）可以表示为：

$$T = \frac{1}{n}\sum_{i=1}^{k}\sum_{j=1}^{n_i}\frac{y_{ij}}{\overline{y}}\ln\left(\frac{y_{ij}}{\overline{y}}\right) \tag{3-3}$$

特别地，按观测值等值分组时（不妨用该组均值表示），则有：

$$T = \frac{1}{n}\sum_{i=1}^{k}\frac{n_i\overline{y_i}}{\overline{y}}\ln\left(\frac{\overline{y_i}}{\overline{y}}\right) = \sum_{i=1}^{k}\frac{y_i}{y}\ln\left(\frac{y_i}{y}\Big/\frac{n_i}{n}\right) \tag{3-4}$$

其中 y_i 表示第 i 组观测值的和，y 表示全体样本观测值的和。该计算公式适用于仅给出组均值或单一观测值（也称为该组特征值）的情形，通过恒等式变形，式（3-3）还可以按组别进行层级分解：

$$\begin{aligned}
T &= \frac{1}{n}\sum_{i=1}^{k}\sum_{j=1}^{n_i}\frac{y_{ij}}{\overline{y}}\ln\left(\frac{y_{ij}}{\overline{y}}\right) = \frac{1}{n}\sum_{i=1}^{k}\sum_{j=1}^{n_i}\frac{y_{ij}}{\overline{y}}\ln\left(\frac{y_{ij}}{y_i}\times\frac{\overline{y_i}}{\overline{y}}\right) \\
&= \frac{1}{n}\sum_{i=1}^{k}\sum_{j=1}^{n_i}\frac{y_{ij}}{\overline{y}}\ln\left(\frac{\overline{y_i}}{\overline{y}}\right) + \frac{1}{n}\sum_{i=1}^{k}\sum_{j=1}^{n_i}\frac{y_{ij}}{\overline{y}}\ln\left(\frac{y_{ij}}{y_i}\right) \\
&= \sum_{i=1}^{k}\frac{n_i\overline{y_i}}{ny}\ln\left(\frac{\overline{y_i}}{\overline{y}}\right) + \sum_{i=1}^{k}\frac{n_i\overline{y_i}}{ny}\left[\frac{1}{n_i}\sum_{j=1}^{n_i}\frac{y_{ij}}{y_i}\ln\left(\frac{y_{ij}}{\overline{y}}\right)\right] \\
&= \sum_{i=1}^{k}\frac{y_i}{y}\ln\left(\frac{y_i}{y}\Big/\frac{n_i}{n}\right) + \sum_{i=1}^{k}\frac{y_i}{y}\left[\frac{1}{n_i}\sum_{j=1}^{n_i}\frac{y_{ij}}{y_i}\ln\left(\frac{y_{ij}}{\overline{y}}\right)\right] \\
&= T_b + T_w
\end{aligned} \tag{3-5}$$

式（3-5）分为两部分，第一部分为组间差异 T_b，第二部分为组内差异 T_w，进一步还可以计算第 k 组组内差异的贡献率 D_k 和组间差异的贡献率 D_b：

$$T_w = \sum_{i=1}^{k} T_k \qquad\qquad (3-6)$$

$$D_k = \frac{T_k}{T} \qquad\qquad (3-7)$$

$$D_b = \frac{T_W}{T} \qquad\qquad (3-8)$$

以全国差异为例，它可以分解为区域内差异与区域间差异两部分，如民族地区与其他地区，这里数据是由省域数据构成的，如果有比较基础的数据如城市、镇、乡村，那么可以将区域内差异分解为城市、镇、乡村内差异以及它们之间的差异，如果有更为细化的数据能在以上基础将性别拆分开，则可以进一步将城市、镇、乡村内差异分解为性别内差异和性别间差异。

3.2.2 基于高等教育获得视角的公平性测度与分析

我们将用专科及以上人口数来反映高等教育获得的公平性问题。数据来源于1998年、2003年、2008年、2013年、2018年《中国人口统计年鉴》中各地区分性别以及各地区城市、镇、乡村分性别受教育程度人口统计表，包含除港澳台地区的31个省（自治区、直辖市）。仅取5年的数据既可避免繁杂的计算，又可以通过适当的时间间隔了解总体的变化趋势。这5年都是通过抽样调查得到的数据，本研究先将相关数据按地区、性别分城市、镇、乡村设为186个组，以各地区城市、镇、乡的男性、女性专科及以上人数为特征值，以各地区城市、镇、乡村的男性、女性被调查人数为组人数，利用式（3-4）就可以计算出按地区、性别、城市、镇、乡村分组的专科及以上人数分布的泰尔指数。结果如表3-11所示，1997年、2002年、2007年、2012年、和2017年高等教育获得分布的泰尔指数分别为0.950、0.726、0.654、0.476、0.353，说明1997—2017年我国高等教育获得的公平性在不断提升。

虽然随着高等教育的扩招，总体受高等教育的机会增加，但可能仍然无法改变高等教育获得人口分布在性别、区域、城乡上的不公平状况[182]，甚至可能出现由于各地区经济发展状况不平衡而导致的差异进一步加剧，使得局部的高等教育获得不平等程度加深[183]。为了了解不公平产生的原因，接下来对高等教育获得的泰尔指数进行层级分解。有多种分解方式可供选择，如将186个组分为男性、女性两个大组，每个大组各93组数据。根据式（3-5）可以分别算出右边第一部分的组间差异、第二部分的两个大组内差异，参见表3-11。

表3-11　高等教育获得分性别差异的泰尔指数分解

分组	1997年		2002年		2007年		2012年		2017年	
	指数构成	贡献率/%	指数构成	贡献率/%	指数构成	贡献率/%	指数构成	贡献率/%	指数构成	贡献率/%
男性	0.561	59.09	0.399	54.96	0.341	52.08	0.263	55.15	0.184	51.95
女性	0.356	37.51	0.313	43.13	0.308	47.10	0.213	44.60	0.170	48.00
内差	0.918	96.61	0.712	98.09	0.649	99.18	0.475	99.75	0.353	99.95
间差	0.032	3.41	0.014	1.91	0.005	0.82	0.001	0.25	0.000	0.05
T	0.950	100.00	0.726	100.00	0.654	100.00	0.476	100.00	0.353	100.00

　　从计算结果来看，1997年、2002年、2007年、2012年、2017年的组内（性别）差异贡献率都在96%以上，是泰尔指数变化的主要原因，只是组内差异既包含31个省、自治区、直辖市之间的差异，也包含城市、镇、乡村之间的差异，无法进行区分。组间差异即性别间的差异在走弱，与组内差异一起影响泰尔指数的总体走势。对组内差异进一步分析我们发现，不论是男性还是女性，内部差异均呈现下降趋势，男性的差异贡献率虽有所波动，但20年间呈现减小的趋势，而女性则相反，2017年男性贡献率为51.95%，女性贡献率为48%，而1997年，男性与女性的贡献率分别为59.09%和37.51%。

　　我们还可以将186组数据按照城市、镇、乡村分成3个大组，每大组62组数据。泰尔指数中的组内差异、组间差异计算结果见表3-12。可以发现，组间差异（城市、镇、乡村）始终是导致高等教育获得分布不平等的主要因素，除2012年贡献率为79.92%外，其他年份的贡献率都在87%以上，2007年甚至达到了91.07%，整体来看，20年间城市、镇、乡村差异所导致的高等教育获得机会不平等并没有随着高等教育的扩招有明显的改善。组内差异的贡献率则相对较小，组内差异中城市地区的差异较强，其次是镇，最小的是乡村。

表3-12　高等教育获得分城市、镇、乡村差异的泰尔指数分解

分组	1997年		2002年		2007年		2012年		2017年	
	指数构成	贡献率/%	指数构成	贡献率/%	指数构成	贡献率/%	指数构成	贡献率/%	指数构成	贡献率/%
城市	0.075	7.94	0.043	5.96	0.031	4.69	0.063	13.22	0.022	6.35
镇	0.022	2.33	0.027	3.68	0.014	2.20	0.023	4.81	0.017	4.68
乡村	0.014	1.46	0.020	2.77	0.013	2.05	0.010	2.05	0.007	1.97
内差	0.111	11.72	0.090	12.41	0.058	8.93	0.096	20.08	0.046	13.00

续　表

分组	1997年		2002年		2007年		2012年		2017年	
	指数构成	贡献率/%	指数构成	贡献率/%	指数构成	贡献率/%	指数构成	贡献率/%	指数构成	贡献率/%
间差	0.838	88.28	0.636	87.59	0.595	91.07	0.381	79.92	0.307	87.00
T	0.950	100.00	0.726	100.00	0.654	100.00	0.476	100.00	0.353	100.00

为了深入了解民族地区高等教育机会获得的公平性，特将186组数据按照民族地区与其他地区分成两个大组，其中民族地区共48组数据，其他地区共138组数据，结果如表3-13所示。可以发现1997年、2002年、2007年、2012年、2017年的组内差异贡献都在99%以上，是泰尔指数变化的主要原因，但是组内差异既包含了地区的差异，也包含了城乡以及性别的差异，无法进行区分。组间差异即民族地区与其他地区间的差异在1997—2017年呈现出"U"型变化，在2002年有一个明显的降低，但差异在增大。每年民族地区差异总是小于其他地区，并且随着高等教育的扩招，总体上民族地区的差异贡献率是下降的。

表3-13　高等教育获得分区域差异的泰尔指数分解

分组	1997年		2002年		2007年		2012年		2017年	
	指数构成	贡献率/%	指数构成	贡献率/%	指数构成	贡献率/%	指数构成	贡献率/%	指数构成	贡献率/%
民族地区	0.134	14.09	0.114	15.66	0.090	13.79	0.052	10.96	0.045	12.70
其他地区	0.812	85.46	0.611	84.15	0.559	85.43	0.420	88.25	0.305	86.42
内差	0.945	99.54	0.725	99.81	0.649	99.22	0.473	99.21	0.350	99.12
间差	0.004	0.47	0.001	0.19	0.005	0.78	0.004	0.79	0.003	0.88
T	0.950	100.00	0.726	100.00	0.654	100.00	0.476	100.00	0.353	100.00

以上对我国高等教育获得泰尔指数通过三种方式进行了分解，但是不难看出，当按性别进行分解时，组内差异同时含有地区间、城乡间的差异；当按城市、镇、乡村进行分解时，组内差异同时包含地区、性别间的差异；当按照区域进行分解时，组内差异则同时包含地区、城乡以及性别之间的差异，不便于泰尔指数变化因素的分析，且按地区分解又过于繁杂，故紧扣本章的研究主题，先按照地区分解，分为民族地区与其他地区，在按地区分解的基础上按城市、镇、乡村进行分解，最后再按性别进行分解，这样可以将区域因素、城乡因素以及性别因素都予以考虑，就不会出现以上信息交叉的问题了。计算公式只要在式（3-5）的基础上略作拓展

即可。将1997年、2002年、2007年、2012年以及2017年民族地区高等教育获得泰尔指数按城乡和性别嵌套分解结果列于表3-14内。

由表3-14可以看到，泰尔指数的嵌套分解为我们提供了非常详尽的信息。在按区域分解的讨论中，已经指出1997年、2002年、2007年、2012年、2017年高等教育获得差异泰尔指数主要是由于组内差异造成的，虽然其他地区的组内差异对泰尔指数的贡献远高于民族地区，然而造成组内差异的原因较为复杂，不容易区分，而且民族地区与其他地区相比，省区个数较少，且经济发展状况以及教育发展情况更为接近，另外从指数构成上看，数值在不断减小，公平性在不断提升，因此民族地区组内差异产生的原因成为我们关注的焦点。

在原有的分析中，男性的贡献率在减小而女性的贡献率在增加，两者越来越接近，并且从指数构成上均在减小，从表3-14可以进一步看出，民族地区城市中，不论是男性还是女性，贡献率都呈"U"型分布，从指数构成上看，数值在减小，整体上民族地区城市性别间高等教育获得机会的差异在减小；民族地区镇中，不论是男性还是女性，从贡献率上看都在增加，并且女性贡献率从2002年开始大于男性，但从指数构成上看，20年间民族地区镇性别间的高等教育获得的不平等性并没有明显的变化；对于民族地区乡村的学生，从指数构成上看变化并不明显，但是从贡献率上看，1997年、2002年、2007年以及2012年女性大于男性，女性对民族地区乡村高等教育获得不平等的影响程度大于男性，而2017年则相反。

在原有的分析中城市、镇、乡村间的差异始终是导致高等教育获得分布不平等的主要因素，组内差异的贡献率则相对较小，组内差异中城市的差异较强，其次是镇，最小的是乡村。对于民族地区城市来说，从指数构成上看1997年、2002年、2007年、2012年和2017年的数值分别为0.011、0.007、0.001、0.000以及0.002，这说明高等教育获得不平等程度有减弱的趋势；1997年、2002年、2007年、2012年和2017年民族地区镇的泰尔指数分别为0.002、0.003、0.002、0.003以及0.004，从数值构成上可以看出该地区高等教育获得不平等有加重的趋势；对于民族地区乡村的学生来说，获得高等教育机会的平等性在增加。1997年和2002年，民族地区高等教育获得不平等程度由大到小分别是城市、乡村、镇，2007年为乡村、镇、城市，2012年为镇、乡村、城市，2017年则为镇、城市、乡村。组内差异（城市、镇、乡村）贡献率呈"U"型变化，但从指数上看，差异在减小。

表3-14 民族地区高等教育获得分布差异泰尔指数的城乡、性别嵌套分解

分组		1997年			2002年			2007年			2012年			2017年		
		指数构成	贡献率/%	贡献率/%	指数构成	贡献率/%	贡献率/%	指数构成	贡献率/%	贡献率/%	指数构成	贡献率/%	贡献率/%	指数构成	贡献率/%	贡献率/%
民族地区	城市 男性	0.005	3.62	0.51	0.003	2.41	0.38	0.001	0.69	0.10	0.000	0.46	0.04	0.001	1.99	0.25
	女性	0.005	3.82	0.54	0.004	3.13	0.49	0.001	0.67	0.09	0.000	0.48	0.05	0.001	1.80	0.23
	间差	0.001	0.91	0.13	0.000	0.23	0.04	0.000	0.18	0.03	0.000	-0.08	0.01	0.000	0.03	0.00
	小计	0.011	8.35	1.18	0.007	5.77	0.90	0.001	1.55	0.21	0.000	0.86	0.09	0.002	3.82	0.49
	镇 男性	0.000	0.26	0.04	0.001	0.93	0.15	0.001	0.72	0.10	0.001	2.26	0.25	0.002	4.17	0.53
	女性	0.000	0.25	0.03	0.001	0.94	0.15	0.001	0.83	0.11	0.001	2.29	0.25	0.002	4.58	0.58
	间差	0.001	0.77	0.11	0.000	0.40	0.06	0.000	0.36	0.05	0.000	0.32	0.03	0.000	0.00	0.00
	小计	0.002	1.28	0.18	0.003	2.28	0.36	0.002	1.91	0.26	0.003	4.87	0.53	0.004	8.75	1.11
	乡村 男性	0.001	0.83	0.12	0.001	1.08	0.17	0.001	0.83	0.11	0.001	1.33	0.15	0.000	0.71	0.09
	女性	0.002	1.34	0.19	0.002	1.33	0.21	0.001	1.19	0.16	0.001	1.41	0.15	0.000	0.55	0.07
	间差	0.001	0.44	0.06	0.000	0.31	0.05	0.000	0.11	0.01	0.000	0.22	0.02	0.000	0.00	0.00
	小计	0.003	2.61	0.37	0.003	2.72	0.43	0.002	2.13	0.29	0.002	2.96	0.32	0.001	1.25	0.16
	组内合计	0.016	12.24	1.72	0.012	10.77	1.69	0.005	5.59	0.77	0.005	8.69	0.95	0.006	13.82	1.76
	组间合计	0.117	87.76	12.36	0.101	89.23	13.97	0.085	94.41	13.00	0.048	91.31	10.00	0.039	86.18	10.96
	合计	0.134	100.00	14.08	0.114	100.00	15.66	0.090	100.00	13.77	0.052	100.00	10.95	0.045	100.00	12.72
其他地区		0.812		85.44	0.611		84.16	0.559		85.44	0.421		88.18	0.305		86.39
组内合计		0.946		99.52	0.724		99.82	0.649		99.22	0.473		99.13	0.350		99.11
组间合计		0.005		0.48	0.001		0.18	0.005		0.78	0.004		0.87	0.003		0.89
泰尔指数		0.950		100.00	0.726		100.00	0.654		100.00	0.477		100.00	0.353		100.00

注：各年份第一列贡献率为各成分相对于民族地区泰尔指数的贡献率，第二列为各成分相对于全国泰尔指数的贡献率。

3.2.3 基于教育经费支出视角的公平性测度与分析

高等教育经费是高等教育均衡发展的重要物质基础，教育经费按照来源可将其分为中央教育经费支出与地方教育经费支出，前者为中央属高校提供教育经费，而地方属高校教育经费则由地方政府负责。由于民族地区中央属高校数量稀少，2002年以后宁夏、新疆两个地区有中央属高等学校，为了研究民族地区高等教育经费支出的公平性，本节将教育经费支出的范围同时包含中央教育经费支出与地方教育经费支出。

在对高等教育经费支出的泰尔指数进行计算时，将我国除港澳台地区的31个省（自治区、直辖市）分别作为组单元，高等教育经费支出额作为特征值，对泰尔指数按照民族地区、其他地区进行分解，可以得到表3-15的结果。

表3-15 高等教育经费分区域差异的泰尔指数分解

分组	1997年		2002年		2007年		2012年		2017年	
	指数构成	贡献率/%	指数构成	贡献率/%	指数构成	贡献率/%	指数构成	贡献率/%	指数构成	贡献率/%
民族地区	0.002	4.37	0.001	2.45	0.001	1.06	0.002	3.50	0.002	3.57
其他地区	0.035	88.66	0.051	88.85	0.065	91.27	0.041	93.18	0.060	95.10
组内	0.036	93.03	0.053	91.30	0.066	92.33	0.043	96.67	0.063	98.66
组间	0.003	6.97	0.005	8.70	0.006	7.67	0.001	3.33	0.001	1.34
T	0.039	100.00	0.058	100.00	0.072	100.00	0.044	100.00	0.063	100.00

数据来源：1998年、2003年、2008年、2013年、2018年《中国教育经费统计年鉴》。

1997年、2002年和2007年泰尔指数呈增长趋势，分别为0.039、0.058和0.072，2012年减小到0.044，在2017年又增加到0.063，整体上看，我国普通高等教育经费支出的省间分配公平性有了改善。区域内部（组内）差异是造成总体差异的主要原因，1997年、2002年和2007年组内差异分别占总差异的93.03%、91.30%和92.33%，2012年和2017年则占到了总差异的96%以上。对于民族地区来说，从指数构成上看几乎没有变化，从贡献率上来看，民族地区内部的差异贡献率也很小，1997年、2002年、2007年、2012年和2017年呈"U"型变化，分别为4.37%、2.45%、1.06%、3.50%和3.57%，说明民族地区内部各省区的高等教育经费投入情况较为相似，与其他地区间差异相比非常小。

3.3 高等教育承载力测度与分析

3.3.1 指标体系构建

高等教育资源承载力水平评价指标体系的构建是用于评价各个省域的高等教育资源承载力水平以及不同省域进行横向比较[184]。明确所选取的指标具有科学、客观和可度量的特质，才能使测度的指数真实地反映出该省域的高等教育资源承载力水平，并且对比出不同省域间高等教育资源承载力水平发展的差距。因此，本章在选取评价指标时在基于可获得性原则的基础上，还遵循科学性、全面性、层次性和可比性四个原则。

高等教育资源承载力的影响因素涉及政治、经济、文化、人口等多个方面，是典型的多指标决策与评价问题。在结合高等教育资源承载力的内涵与此前学者研究成果的基础上，本研究认为，对于高等教育资源承载力的研究，不仅要对高等教育直接投入的办学资源进行评价，原始的基础性资源以及衍生资源对我国高等教育资源配置的作用也应展现出来。因此，本研究结合相关研究中高等教育资源承载力最值得关注的三个方面，按照高等教育资源承载力的分类，从基础性资源承载力、常规性资源承载力、发展性资源承载力三个维度，构建包含教育、经济、社会指标的综合评价体系。

3.3.1.1 基础性资源指标

基础性资源是指那些对高等教育的产生、生存以及发展具有前期决定性作用的资源，是开展各类高等教育活动不可或缺的基础性要素。本研究主要从人口基础和经济基础两个方面对高等教育资源承载力的基础性资源进行衡量。人口基础具体表现为对可能升级成为高等教育学历的潜在人群储备情况以及促使高等教育规模扩大的师资力量的统计；经济基础表现为社会对高等教育发展产生影响的各类经济投入和居民消费水平的描述。因此，本研究选取普通高中在校生人数、中等职业教育在校生人数、普通高中专任教师数量、中等职业教育专任教师数量四个指标对人口基础资源进行统计；选取国家财政性教育经费、社会捐赠经费、其他教育经费、民办学校中举办者投入、全国居民人均生产总值五个指标对经济基础资源进行统计。

3.3.1.2 常规性资源指标

高等学校是高等教育活动的核心主体，高等教育的常规性资源是为实现高等学校人才培养、科学研究、社会服务各项基本职能而存在的各类资源，即以高等学校为承载主体，直接为高等教育发展利用的人力、物力、财力等资源要素总和，其核心构成包括高等教育资源的人力资源、财力资源、物力资源[185]。人力资源即高等学校可支配的与高等学校资源配置相关的人力及附着其上的人力资本的总和，包括高等院校的学生团体和师资队伍等各类人力资源[186]；物力资源即以实物形态存在的与高等学校资源配置相关的各类资源的总称，如办公用房面积、图书资料数等；财力资源即与高校资源配置相关的各类教育财产资源的总称，如高等学校教育经费支出、高等学校固定资产总值等；其中包括受教育者与教育者两个层面的人力资源是常规性资源的核心部分。

3.3.1.3 发展性资源指标

高等教育持续发展的过程中可能会衍生出一些新的高等教育资源，并且这些资源会持续作用于高等教育系统的发展演进过程中，为高等教育发展所利用，我们将这些资源统称为高等教育的发展性资源，它们在一定程度上可以看作高等教育主体性资源和高等教育基础性资源的利用效率体现。资源基础理论表明，发展性资源决定了竞争者的差异性，因此，发展性教育资源对于高等教育资源承载力也具有重要影响。其核心主要是指高等教育资源的"软实力"和"品牌效益"，具体包括成果资源和品牌资源。成果资源即高等学校通过一定时期的积累所获得和产出的各类成果要素的总和；品牌资源即高等学校在办学发展过程中所形成的品牌效应。

中国高等教育资源承载力综合评价体系包含的具体指标如表3–16所示。

表3–16　中国高等教育资源承载力综合评价体系表

目标层	功能层		指标层	变量符号
高等教育资源承载力水平	基础性资源	人口基础	普通高中在校生人数/人	X_1
			中等职业教育在校生人数/人	X_2
			普通高中专任教师数量/人	X_3
			中等职业教育专任教师数量/人	X_4
		经济基础	国家财政性教育经费/万元	X_5
			社会捐赠经费/千元	X_6
			其他教育经费/万元	X_7
			民办学校中举办者投入/千元	X_8
			全国居民人均生产总值/元	X_9

目标层	功能层		指标层	变量符号
高等教育资源承载力水平	常规性资源	人力资源	高等学校普通本、专科学校在校生数/万人	X_{10}
			普通高等学校（机构）教职工数/万人	X_{11}
			普通高等学校（机构）专任教师数/万人	X_{12}
		物力资源	办公用房面积/千平方米	X_{13}
			图书资料数/万册	X_{14}
		财力资源	高等学校教育经费支出/千元	X_{15}
			高等学校固定资产总值/万元	X_{16}
	发展性资源	成果资源	出版科技著作数量/部	X_{17}
			发表学术论文/篇	X_{18}
			专利申请授权数/件	X_{19}
		品牌资源	"985"及"211"高校数/所	X_{20}

由于西藏大部分数据缺失，故本研究仅针对我国除香港、澳门、台湾、西藏以外的30个省（自治区、直辖市），本章在时间上截取1999—2019年的高等教育数据，原因如下：中国政府在1999年开始推动的高等教育扩招，对高等教育的发展产生深远的影响，也为量化考察和评估教育资源承载力和人力资本的影响提供了一个难得的自然实验。一方面，高等教育扩招是中央政府推动的政策变化，具有良好的外生性；另一方面，1999年扩招开始后，中国高等教育招生入学人数增长十分显著，即扩招政策执行前后差异十分明显，政策的冲击效果非常显著，1999年扩招政策开始的时间点是一个典型的突变点，因此这一时间段的选取对于高等教育资源承载力的研究具有价值[187]。详细数据来源于各省域统计局、《中国统计年鉴》、《中国教育统计年鉴》（教育部发展规划司编）、《中国教育经费统计年鉴》（教育部财务司编）和中经网数据库、国研网数据库、EPS数据库等，其中部分数据的缺失值是利用SPSS软件的线性插值法替换得出的。

3.3.2　评价方法

本研究所建立的综合评价指标体系中指标较多，而且某些指标之间的相关程度较高，因此在选择测算方法时，不仅要考虑到评价方法本身的科学性和合理性，更要考虑到我们所制定的指标体系得出的结果能否合理地反映各省域的实际发展水平，并且是否能对所得结果进行对比分析[188]。因此，本研究在比较当前测算所使用的各类方法基础上，认为因子分析法能最大限度地保留原始数据的信息量并对原始指标进行降维，同时得出的结果还能进行横向和纵向比较，故选用因子分析法用于高等教育资源承载力水平的测算。

3.3.2.1 全局因子分析

经典因子分析法只适用于样本指标构成的截面数据，无法对同一样本在不同时点的评价结果进行对比，而本章使用的数据为1999—2019年我国除香港、澳门、台湾、西藏以外的30个省（自治区、直辖市）高等教育资源承载力的面板数据，面板数据对比截面数据增加了时间维度。针对这一问题，任娟（2013）[189]提出了将面板数据转化为二维数表的方法，即通过面板数据的指标，将不同时点的数据放在相同指标下，并且对这个表进行一次因子分析即可，该方法被称为全局因子分析，这一方法不仅能最大限度保留数据的信息量和可比性的同时解决指标间的相关性问题，还能克服对不同时点的截面数据进行多次因子分析的弊端。因此本研究使用全局因子分析来对指数进行测算。

全局因子分析的对象是时序立体数据表，即按时间顺序排列的数据表序列，对该数据进行因子分析，可以得到一个统一的因子分析空间。它在经典因子分析的基础上，以一个综合变量来取代原有的全局变量，再以此为基础描绘出系统的总体水平随时间变化的轨迹，能科学地反映各变量的信息[190]。全局因子得分计算公式如下：

$$\left(X_{ijt}\right)_{n\times pT} = \beta_{j1}f_1 + \beta_{j2}f_2 + ... + \beta_{jk}f_k \tag{3-9}$$

其中，$\left(X_{ijt}\right)_{n\times pT}$ 为评价对象 i 第 t 年的第 j 个指标值，n 为评价对象的数量，p 为变量数量，$f_k (k=1, 2, \cdots, k)$ 为提取的 k 个公因子，β_{jk} 为因子载荷系数，反映指标与公共因子的相关性[191]。

全局因子分析主要步骤如下：第一步建立时序立体数据表。将每一年全部样本的全部指标构建一张数据表，共有 T 年，再将数据表按照时间顺序排在一起构成全局数据矩阵；第二步对数据进行标准化处理；第三步计算全局数据表的协方差矩阵或是相关系数矩阵，求得特征根和特征向量，提取全局公因子；最后，根据全局公因子贡献率构造综合评价函数，计算评价对象的综合得分。这一方法不仅对截面数据的信息进行了充分的利用，还利用了时间序列数据的信息，最终得到的综合得分既可以进行截面比较，又可以进行时序比较。

3.3.2.2 平衡充分指数的测度法

平衡发展理论认为："在平衡状态下的系统结构稳定，能量的输入与输出趋近一致，并且由于各个子系统之间的相互依赖性和互补性，各个子系统都能在平衡中获得最好的发展。"对于高等教育资源承载力水平的平衡发展状态的测度，本研究拟参考许宪春等人对人类发展指数和平衡发展指数的处理方法。

通过参考人类发展指数，本研究采用如下的标准化公式来测度高等教育资源承载力发展水平的充分性：

$$AD_{it} = \frac{f_{it} - f_{it}^{\min}}{f_{it}^{\max} - f_{it}^{\min}}$$ （3–10）

其中，AD_{it} 表示评价对象 i 第 t 年的高等教育资源承载力发展水平的充分性，f_{it} 表示评价对象 i 第 t 年的高等教育资源承载力发展水平的综合得分，$f_{it}^{\max}$ 为经济发展充分状态下的理想值，$f_{it}^{\min}$ 为经济发展不充分状态下的不允许值。

高等教育资源承载力的不平衡发展主要体现在区域差异方面。最常用的衡量区域差异的测算方法有威廉逊系数、泰尔指数和基尼系数。本研究选择已知所有省域得分情况的基尼系数公式进行测算，取值范围在 0 ~ 1，值越接近于 1，则表示区域发展越不平衡，国际上通常取 0.4 作为发展不平衡的警戒线，具体公式如下所示：

$$G_t = \frac{1}{NW_N} \sum_{i=2}^{N} \sum_{j=1}^{i-1} (Q_i - Q_j)$$ （3–11）

其中，G_t 表示第 t 年的基尼系数，N 表示省域数，W_N 为 N 个省域的综合得分之和，Q_i 为这 N 个省域按得分情况从高到低排列后的第 i 个人的收入。

实际上发展过程中的不平衡性和不充分性是相互联系的。因此应将二者结合起来分析。本研究借鉴经不平等调整系数调整的人类发展指数和经不平衡调整系数调整的平衡发展指数的处理方式，构建平衡充分发展指数公式，如下所示：

$$EQAD_{it} = AD_{it} \times (1 - G_t) \times 100$$ （3–12）

其中，$EQAD_{it}$ 表示评价对象 i 第 t 年的平衡充分发展水平，其取值范围定为 0 ~ 100，当取值越高，数值越接近 100 时表示发展越平衡越充分，即经济发展的水平和质量都很高。

3.3.3 评价结果与分析

3.3.3.1 高等教育资源承载力发展水平的综合评价

根据上文所述的计算综合得分的方法，计算得出 1999—2019 年全国除香港、澳门、台湾、西藏以外 30 个省（自治区、直辖市）的综合得分。综合得分的分布情况：偏度为 1.318，呈正偏态分布，说明大多数省域的高等教育资源承载力发展水平的综合得分较低，峰度为1.877，呈尖峰分布，说明综合得分大部分集中在均值附近，总体而言，高等教育资源承载力发展水平的综合得分较低的省域较多，得分较高的省域较少。

本章每五年划分一个时期，选取1999年、2004年、2009年、2014年、2019年五个主要年份，对各省域的高等教育资源承载力水平与发展情况进行分析。

1. 1999年高等教育资源承载力水平分析

这一年，我国的高等教育资源承载力水平呈现出明显的两极分化特征，东部地区高等教育资源富集，而西部地区资源匮乏，高等教育资源承载力水平远远落后于东部地区。从我国高等教育资源承载力水平得分的排名情况来看，居前列的省域依次为北京、江苏、广东、上海、湖北、浙江、山东，其中北京、江苏、广东的高等教育资源综合承载力优势突出；吉林、福建、天津、安徽的承载力指数基本趋于全国平均水平；青海、宁夏、海南、贵州、内蒙古、新疆、甘肃的综合承载力得分极低、高等教育资源承载能力最弱。从高等教育资源综合承载力水平得分的地理空间分布角度来看，高等教育资源综合承载力得分较高的省域主要分布在东部环海地区，如环海地区的中心——北京，长江三角洲和珠江三角洲的腹地——广东、上海、江苏和山东以及长江中游地区隶属于国家重点开发区的湖北。北京、上海、广东、江苏地处国家主体功能区的优化开发区，不仅经济高度发达且高等教育资源也相对富足。这种区域性的高等教育资源富集可能与区位优势所带来的政策优势有关，国家自1980年先后在这些省域设立了经济特区，这种促进区域经济增长的政策，在一定程度上也对高等教育资源承载力水平的提高产生影响。与此同时，高等教育资源承载力较低的省域主要集中在我国中南部以及西北部和西南部的边缘地区，这些地区的经济较为落后且地处内陆，距离中心城市较远，政策优势没有得到有效凸显，故而在1999年成为我国高等教育资源承载力的"洼地"。总体而言，各省域高等教育资源承载力存在显著的由东部地区向西部地区逐步递减的区域差异。

2. 2004年高等教育资源承载力水平分析

自1999年高校扩招以来至2004年，经过一段时间的持续发展，我国高等教育资源承载力得分较1999年增长了50个百分点，年平均增长速度为5.7%，年平均增长速度较快，1999年中国政府在《面向21世纪教育振兴行动计划》报告中明确提出我国高等教育毛入学率要在2010年达到15%的目标，但是实际上由于大规模扩招，这一计划比预计提前了八年，在2002年就达到了，并在2003年继续扩大我国重点建设院校数量（"985""211"建设工程学校数量扩大到151所）等，因此，这一阶段在政府大量政策的扶持与资金投入的背景下，我国高等教育资源承载力整体水平迅速上升。此外，我国各省域的高等教育资源承载力水平的发展情况变化则不明显。与1999年相比，北京、江苏、广东、上海、湖北、浙江、山东等省域仍然居于高等教育资源承载力水平的前列，排名位次略有波动，浙江取代湖北进入高等教育资源承载力水平富集区的前五位；居于中间位置的省域中，陕西、江西、四川三省经济的崛起和人口红利的进一步释放，使得这些省域的高等教育资源承载力水平得到较大提升；处于落后位置的青海、宁夏、海南、贵州、内蒙古等西部省域高等教育资源匮乏的状况仍未得到改变。总体而言，两极分化特征仍旧十分明显。

3. 2009年高等教育资源承载力水平分析

2004—2009年这一时期的年平均增长情况较上一时期相比，速度有所放缓。由于我国高等教育在上一阶段的建设中已经初具规模，并且短时间迅速增长的高等教育人数对应的是不平衡、不充分的高等教育资源建设，因此在这一阶段政府对高等教育建设力度略有收缩，建设重点也更偏向于质量提高，且受到2008年金融危机的影响，使得这一阶段的年均增长有所下降。具体省域发展情况来看，在北京、江苏、广东、陕西等高等教育资源富集区资源扩散效应的影响下，与2004年相比，我国各省域的高等教育资源承载力水平发生了显著的变化。典型的如四川高等教育资源承载力水平发展迅猛，跻身全国前五之列，并一举超过浙江居于第四位，上海则下降为第九位。西部地区中陕西的发展势头持续保持，这与该省域的高校建设规模密不可分（"985"高校3所、"211"高校3所、普通高等院校70所），而处于高等教育资源承载力低水平区的省域，诸如青海、宁夏、海南、贵州仍为落后区的前四位，但内蒙古水平有所提升，排名提升两位，新疆落入末端五位行列。整体而言，西部地区延续了1999年以来的匮乏状态。

4. 2014年高等教育资源承载力水平分析

在2010年颁布的《国家中长期教育改革和发展规划纲要（2010—2020年）》与2012年教育部发布的《全面提高高等教育质量的若干意见》等一系列政策的推动下，中国高等教育由规模扩张式向内涵式发展转变，因此，我国高等教育资源承载力发展速度再次下降，年平均增长下降至4.6%[192]。2010年以后国家进一步明确了新时期我国高等教育结构调整和资源优化配置的发展方向，通过对高等教育结构的持续调整，我国各省域的高等教育资源承载力发展趋势也逐渐显现：一方面，北京、江苏、广东、湖北等省域的拉动效应日趋凸显，上海、山东也在其经济发展和较高的高等教育资源利用效率推动下，排名提升；另一方面，新疆、甘肃、海南、宁夏、青海等省域的高等教育资源承载力水平低下的境地逐步定型，甚至这些省域的高中毕业生人数和普通高等学校专任教师数出现了缩减情况。此外，我国高等教育资源承载力水平排名靠前的省域之间差距逐渐缩小，但整体高等教育资源承载力水平较高区与较低区之间的差距持续明显扩大。

5.2019年高等教育资源承载力水平分析

2017年，为深入贯彻落实《国家中长期教育改革和发展规划纲要（2010—2020年）》和《国家教育事业发展第十三个五年规划》，加快建设高等教育强国，教育部发布了关于"十三五"时期高等学校设置工作的意见，意见中指出要把优化高等教育资源存量摆在"十三五"高校工作的首要位置，高等教育资源量与质都得到了有效提升，并且，随着对高等教育建设力度的进一步加大，我国高等教育资源承载力发展速度再次提升。

下面通过系统聚类的方法进一步对2019年中国30个省（自治区、直辖市）的高等教育资源综合承载力水平进行具体分析，结果如表3-17所示。

表3-17　高等教育资源综合承载力水平省域聚类结果

类型	省域
发展领先型	江苏、广东、北京
发展先进型	浙江、河南、山东
追赶先进型	四川、湖北、上海、陕西、湖南
追赶后进型	重庆、江西、河北、安徽、福建、辽宁
发展后进型	天津、黑龙江、云南、广西、贵州、山西、吉林、内蒙古、新疆、甘肃
发展落后型	青海、宁夏、海南

江苏、北京、广东三省市作为发展的第一梯队，其高等教育资源承载力水平遥遥领先；其次是浙江、河南、山东为第二梯队；四川、湖北、重庆、江西等省域在高等教育资源承载力发展中承担着追赶者的角色，其有利的地理位置和丰富的高等教育资源在政策的推动下，向先进省域奋起直追，高等教育资源承载力水平不断攀升；而天津、黑龙江、云南、广西、贵州、山西、吉林、内蒙古、新疆、甘肃这些省域为第五梯队，发展速度较为缓慢；青海、宁夏、海南为第六梯队，处于全国高等教育资源承载力发展的落后地位。

3.3.3.2 高等教育资源承载力发展水平的充分性

根据高等教育资源承载力发展水平充分性的测度结果，结合图3-15，1999—2019年中国高等教育资源承载力发展水平的充分性情况如下：1999年我国高等教育资源承载力充分发展指数为0.32，2019年上升至0.38，充分性上升了19%，年均上升0.94%，其中2002—2004年和2012—2015年两个时期，充分性持续大幅上升；2009—2012年以及2015年以后充分性有所下降。总体而言，我国的高等教育资源承载力充分发展指数涨幅大于降幅，充分性持续上升。省域发展不平衡可能是导致当前我国高等教育资源承载力发展充分性较低的主要原因，其次是随着时间的推移，对高等教育质量的重视有可能导致了高等教育规模发展相对滞后，使得高等教育资源承载力的不充分发展的结构异质性加大。

从最新年份（2019年）各省域的高等教育资源承载力充分发展情况看：高等教育资源承载力发展最为充分的前六个省域是江苏、广东、北京、浙江、山东、河南，主要是集中在东部沿海和经济发达地区以及老牌高等教育强省。其中江苏、广东、北京的发展充分性指数远高于其他省域，表明其高等教育资源承载力发展最为充分，四川、湖北的高等教育水平在近几年迅速发展，其高等教育资源承载力发展充分性也大幅提高，排名仅次于河南，位于第七位、第八位；而经济发达的上海则仅为第九位，上海在高等教育质量方面一直表现良好，但高等教育投入规模相对于其经济实力还有一定的差距，应该进一步加大投入。高等教育发展最不充分的五个省域是青海、宁夏、海南、甘肃、内蒙古，这与其所处的地理位置和经济发展水平密切相关。尽管国家对这些落后地区颁布了一系列的倾斜政策并提供大量的公共财政预算教育经费支持，但高等教育人才更倾向于留在高等学校集聚与经济相对发达的地区。

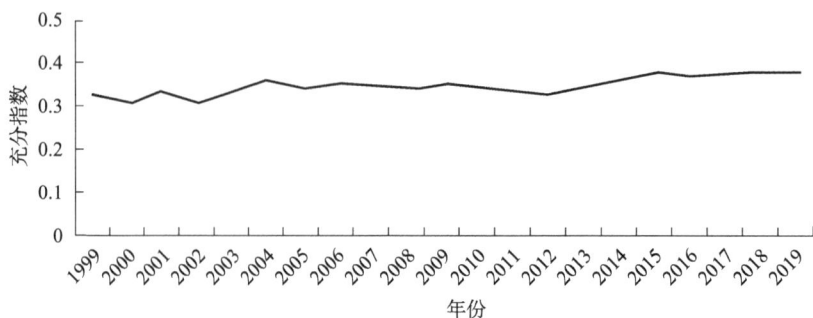

图3-15　1999—2019年中国高等教育资源承载力充分发展指数

3.3.3.3 高等教育资源承载力发展水平的平衡性

根据各省域高等教育资源承载力水平的综合得分计算出1999—2019年的不平衡指数如图3-16所示。由图3-16可知，各省域高等教育资源承载力发展水平的不平衡指数由1999年的0.43下降至2019年的0.39，整体下降幅度为9.3%，小于发展充分性的涨幅。总体上，我国高等教育资源承载力发展的不平衡指数自2004年下降至国际上公认的0.4标准警戒线以下后，一直处于合理的范围内。但值得注意的是，自2017年起，不平衡指数一直呈现小幅上涨的趋势，截至2019年已经接近警戒线的边缘，因此，各省域高等教育资源承载力发展的不平衡问题仍是未来高等教育资源承载力发展的重要问题。

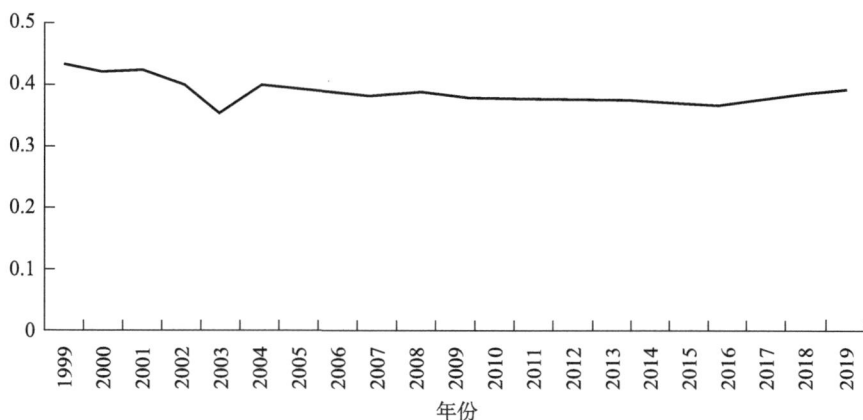

图 3-16　1999—2019 年高等教育资源承载力不平衡指数

3.3.3.4 高等教育资源承载力发展水平的平衡充分性

为探索平衡充分指数的演变规律，本研究通过对1999年、2004年、2009年、2014年、2019年5个主要年份的各省域高等教育资源承载力发展的平衡充分指数，绘制出如图3-17所示雷达图，并将平衡充分指数分为低值区（0～20）、较低值区（20～40）、中值区（40～60）、较高值区（60～80）、高值区（80～100）五个类别，从不同时点观察各省域的变化情况。

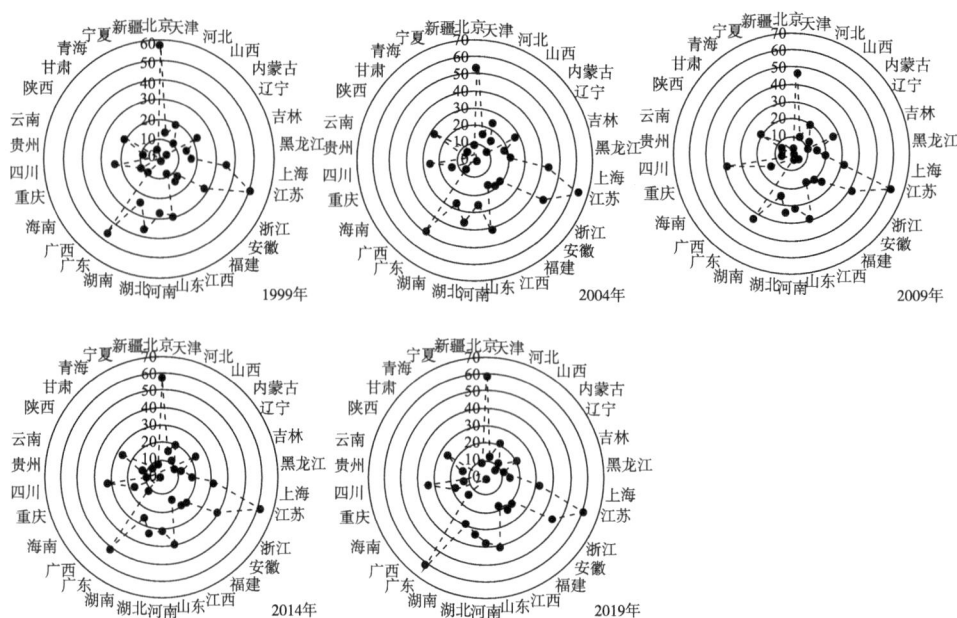

图 3-17　各省域主要年份高等教育资源承载力平衡充分发展指数

综合图3-17以及平衡充分指数分区情况可以看出，各年份的省域高等教育资源承载力平衡充分发展指数雷达图形状高度相似，表明各省域之间平衡充分发展指数的差距基本未发生改变。总体而言，各省域充分平衡发展指数得分主要分布在0~20，最大值北京长期处于平衡充分指数的中值区，全国整体平衡充分发展水平较低。具体省域而言，北京、广东、江苏的高等教育资源承载力平衡充分发展指数较高，在发展过程中长期保持前三位的排名，且指数得分均远大于各年全国平均水平，整体高等教育资源承载力发展长期保持在平衡充分指数的中值区水平；而超过半数的省域仍处于平衡充分指数的低值区，尤其是新疆、贵州、青海、宁夏、云南、内蒙古这些省域高等教育资源承载力平衡充分指数长期处于0~10的极低发展水平；此外，山西、辽宁、黑龙江、甘肃等省域的平衡充分指数都出现不同程度的下降。总体来看，全国整体的平衡充分指数仍具有较大提升空间。

3.4　本章小结

通过梳理高等教育现状可以发现：

（1）1999年实施的高等教育扩招政策使得全国具有高等教育资质的机构数出现显著上升，具有研究生培养资质的机构数随着扩招政策的实施出现较为明显的波动趋势。高等教育扩招政策在落地的前5年在研究生及高职（专科）上影响较为明显。高等教育扩招政策实施后，高职（专科）、本科以及研究生毕业人数均在2003年出现大幅上升。相比高职（专科）与本科阶段的人才培养规模，研究生阶段人才培养规模的增加要更加缓慢。

（2）我国各省域高等教育机构数存在较大差距，表现为东南沿海以及中部地区高等教育机构数增量明显高于西北地区。近年来经济较发达的东南沿海地区国家财政性教育经费高于其余地区，东南沿海地区拥有较内陆地区更为雄厚的高等教育资源，高等教育机构数显著较高，因此其财政性教育经费较其他地区更为充足。

（3）各地区专任教师数相较1997年均出现大幅增加，尤其是2001—2005年、2018—2020年增长较快。截至2021年底，我国普通高校拥有专任教师188.52万人，根据本专科在校生计算的生师比已达到18.55，达到教育部文件《普通高等学校基本办学条件指标（试行）》中关于高校生师比18∶1的合格要求。

（4）1999年扩招政策实施以来，我国高等教育毛入学率保持每年近2个百分点的增长速率。我国的高等教育专科层次人数比例显著高于其他几个国家。中国的高等教育专科层次人数一直保持超过高等教育总人数的40%，从侧面反映出我国高等教育人才队伍中本科生及研究生的占比相对较低。

（5）通过对民族地区高等教育公平性进行测度，发现民族地区无论是城市居民、镇居民还是乡村居民，性别间高等教育获得机会的差异均在减小，组内差异的贡献率越来越接近；对于民族地区城市和乡村的居民来说高等教育获得的平等性在增加，而镇的居民教育获得不平等有加重的趋势；城市、镇和乡村组间的差异始终是造成民族地区高等教育获得不平等的主要因素。从高等教育经费支出视角来看，组内（民族地区与其他地区）差异是造成经费支出分布不平均的主要原因，但对于民族地区来说，近20年从指数构成上看几乎没有变化，从贡献率上来看，民族地区内部的差异贡献率均不到5%，民族地区的内部差异并非造成我国教育经费支出不平等的主要原因，民族地区的高等教育经费投入一直处于较为稳定的状态。但从生均教育经费的投入来看，民族地区教育经费的投入情况并没有得到改善，始终落后于其他地区的发展。

4 高等教育量、质溢价测度与分析

4.1　测度方法

4.1.1　明瑟收入方程

亚当·斯密在《国富论》中指出，人力资本投资及劳动者的个人技能能够影响个人的劳动收入。此后萨伊、杜能等经济学家均指出，人的才能能够显著作用于生产过程，并且将资本用于人力资本投资并不会降低人的价值。劳动经济理论认为，人力资本是一种非物质资本，体现在劳动者身上并为劳动者带来永久收入，表现为知识、技能、健康、经验等。贝克尔也指出，劳动具有异质性，较高质量的劳动具有更高的生产效率、更强的生产能力，而获得高质量劳动的基础是高质量的劳动力，这就需要教育与培训的投资[193]。丹尼森的研究表明，1929—1957年，美国经济增长有近1/5源于教育投资。随着工人受教育水平提高，其劳动的平均质量也出现了提高，进而带动国民收入增长[194]。

那么如何将人力资本投资与产出联系起来进行量化？1958年雅各布·明瑟在其论文《人力资本投资与个人收入分配》中首次建立了将个人收入与所受教育（培训）联系起来的经济数学模型，也就是当前研究中经常涉及的明瑟收入方程[195]。基础的明瑟收入方程仅考虑正规学校教育所习得的知识以及工作实践中积累的技能、经验。同时明瑟指出：技能水平与年龄、工龄并非简单的线性关系，因此模型建立时常加入工作年限（经验）变量的平方项。

基础的明瑟收入方程可以表示为：

$$\text{Ln}income = a + b_i E + cExp + dExp^2 + \mu \tag{4-1}$$

其中Ln$income$代表劳动者年收入的对数，E表示受教育年限。Exp与Exp^2表示个体进入劳动力市场的年限，一般用工龄代替。a、b_i、c、d分别表示各变量的系数，μ为误差项。其中方程的系数b_i是需要测算的教育回报率。c和d分别表明工作经验和工作经验平方对收入的影响[196]。运用明瑟收入方程基准模型估计教育回报率并对其进行研究，有助于我们弄清三方面的问题：（1）教育回报率是评价教育生产力的一个有用的指标，它试图回答社会和个体是否应该在教育上投入资源；（2）通过对不同群体、不同教育水平回报率的研究，可以判断教育内部资源分配的合理性，包括农村和城镇、各级各类教育资源分配的合理性问题；（3）在教育上的支出作为一项投资，要求取得相应的收益，而收益的高低能够反映出教育投资对收入分配的作用、劳动力配置效率的高低。因此，了解人力资本投资收益率有助于分析收入政策、教育政策与就业政策的得失。

4.1.2　倾向得分匹配模型

4.1.2.1　倾向得分匹配的反事实估计方法

在对三大区域进行高等教育"量""质"溢价的测算时，需要考虑以下几个问题：首先，劳动个体在接受某一阶段、某种类型高校的教育时，是一种"自选择"行为，受到自身和家庭因素等方面的影响，属于非随机现象，并且还可能存在一些其他不可观测的因素，比如自身学习能力等都会产生对教育阶段、高校类型及收入水平的影响。其次，计算溢价，实际上就是计算收入差距[197]。也就是评估劳动者接受了高等教育的收入与未接受高等教育的收入差距，或者说劳动者接受了高质量高等教育的收入与接受普通高校高等教育的收入差距，而一位劳动者只能呈现一种状态，无法知道接受过高等教育的劳动力如果没有接受高等教育的收入水平，也无法知道未接受过高等教育的劳动力如果接受了高等教育的收入水平，这就是"反事实缺失"问题，当缺失与实际情况相反的数据时，样本便会成为总体中的一个非随机样本，造成估计的偏误。最后，考虑存在未被观测到的异质性，即使是拥有同等教育水平、同等高校类型等，不同的劳动力之间也可能会因为未被观测到的异质性作出不同决策并产生不同的收入，导致高等教育"量""质"溢价的不同，这些问题都会对估计结果产生影响。解决这些问题的一个较好的方法就是采用 Rosenbaum 和 Rubin（1983）[198]45-48 所提出的倾向得分匹配模型（Propensity Score Matching Model, PSM）[199]。本研究参考颜敏（2012）、陈强（2014）对倾向得分匹配模型的具体介绍，下面将使用测算高等教育"质"溢价对倾向得分匹配这一思想进行详细说明①。

假设 D_i 是二元选择变量，将劳动力分成两组，一组是接受高质量高等教育的劳动力，设定为处理组 $D_i=1$，另一组是接受普通高校高等教育的劳动力，设定为控制组 $D_i=0$。结果变量为 $INC_i(D_i)$，$i=1$，2，…n，n 为劳动力个体数，对于每一个个

---

① 陈强. 高级计量经济学及 Stata 应用 [M]. 北京：高等教育出版社，2014：537-555.

体真正的教育质量溢价应该是 $\tau_i = INC_i(1) - INC_i(0)$，但是对于每一个个体 i，只能观察到 $INC_i(1)$、$INC_i(0)$ 的其中一种收入，不可观察到的收入为收入的反事实。一般的 OLS 回归估计，是一种全部个体的平均溢价效应估计，通过假设控制较多的协变量来消除基准线的差异（即接受高质量高等教育的劳动力与接受普通高校高等教育的劳动力假设其接受高质量高等教育的收入差异），同时假定接受高质量高等教育的质量效应是一致的，这显然存在问题，因为 OLS 回归根本没有考虑到高质量高等教育的自我选择问题，此外，OLS 回归可能将接受高质量高等教育与接受普通高校高等教育中无法比较的两组劳动力纳入一起分析，这将造成严重的偏误。实际上，对于高质量高等教育劳动力的平均处理效应（Average Treatment Effect on the Treated，ATT）[200] 即平均高等教育"质"溢价应该为：

$$\tau_{ATT} = E(\tau \mid D=1) = E(INC(1) \mid D=1) - E(INC(0) \mid D=1) \qquad （4-2）$$

其中，接受高质量高等教育劳动者的反事实均值——$E(INC(0) \mid D=1)$ 是不能观察到的。如果用非高质量高等教育劳动者的平均收入 $E(INC(0) \mid D=0)$ 代替并不是合适的选择，因为可能存在一些影响接受高质量高等教育的因素也会影响其收入，也就是说即使不涉及高质量高等教育这一因素，两组的收入也会因为其他原因而不同，因此不能单纯得到因为接受高质量高等教育而产生的收入差距，这便是"自我选择偏误"，用公式表达为：

$$E(INC(1) \mid D=1) - E(INC(0) \mid D=0) = \tau_{ATT} + E(INC(0) \mid D=1) - E(INC(0) \mid D=0) \qquad （4-3）$$

其中，"自我选择偏误"为：

$$E(INC(0) \mid D=1) - E(INC(0) \mid D=0) \qquad （4-4）$$

只有在高质量高等教育的选择是随机的，其值为 0，此时 ATT 才可以测算出来。如果高质量高等教育的选择并不是随机的，则需要寻找一些假设来解决这些自选择问题，Rosenbaum 和 Rubin（1983）[198]48-50 由此提出了条件独立假设及共同支撑假设。

4.1.2.2　倾向得分匹配估计前提假设

1. 条件独立假设（Conditional Independence Assumption，CIA）

假设找到一组协变量 X，既与教育选择有关又与收入相关，控制了协变量 X 后，高等教育的选择就是随机的，这也被称为是基于可观测变量的选择（selection on observables），然后根据协变量进行分层配对，每一层里均有接受高质量高等教育的个体以及接受普通高校高等教育的个体，它们之间唯一的差别就是高等教育的质量。在 CIA 假设下，可以识别出不可观测的反事实结果，公式表达为：

$$INC(0) \perp D \mid X \Rightarrow E(INC(0) \mid X, D=1) = E(INC(0) \mid X, D=0) \quad （4-5）$$

$$INC(1) \perp D \mid X \Rightarrow E(INC(1) \mid X, D=1) = E(INC(1) \mid X, D=0) \quad （4-6）$$

也就是说，控制了协变量 X 后，接受高质量高等教育的劳动力与接受普通高校高等教育的劳动力之间的收入差距只归因于高等教育质量的差异。但当协变量 X 比较多的时候，基于所有协变量的条件进行分层配对比较困难，比如现在有 M 个协变量，假设每个变量有两个取值，需要划分 2^M 层，样本量可能不能保证每一层都有高质量高等教育个体和普通高校高等教育个体。Rosenbaum 和 Rubin（1983）[198]48-52 建议使用倾向得分来处理多维问题，表明了：

$$INC(1), \; INC(0) \perp D \mid X \Rightarrow INC(1), \; INC(0) \perp D \mid P(X), \forall X \quad （4-7）$$

其中 $P(X) = P(D=1 \mid X)$ 代表基于协变量 X 条件上的个体属于高质量高等教育组的概率。这样的做法实际上是将对多个协变量的控制转为对倾向得分的控制，实现了降维的目的，换句话说就是无论需要控制多少协变量 X，倾向得分匹配都可以通过转化为倾向得分的方法，将这些协变量 X 控制。

2. 共同支撑假设（common support）

假设具有相同协变量 X 的个体，具有接受高质量高等教育与接受普通高校高等教育的正向概率，也就是接受高质量高等教育的个体与接受普通高校高等教育的个体的倾向得分需要有相同的部分，即：

对于接受高质量高等教育的个体：

$$P(D=1 \mid X) < 1 \quad （4-8）$$

对于接受普通高校高等教育的个体：

$$P(D=1 \mid X) > 0 \quad （4-9）$$

对于任意一位接受了高等教育的个体：

$$0 < P(X) < 1 \quad （4-10）$$

Heckman（1997）指出，倾向得分匹配只有在共同支撑区域被应用才有其实际意义，因为对那些 $P(X)=1$，$P(X)=0$ 的个体而言，代表着一定会接受高质量高等教育或一定会接受普通高校高等教育，并不存在匹配的个体，此时的匹配将无法进行[201]620-630。只有对那些更具有可比性的个体进行比较，才能得到较高的匹配质量，但也会造成部分样本的损失[202]。

基于条件独立假设和共同支撑假设，可以得到三类平均处理效应：

对于接受高质量高等教育的劳动力在该教育质量上的溢价（Average Treatment Effect on the Treated，ATT）：

$$ATT = E(INC(1)|X, D=1) - E(INC(0)|X, D=0) \qquad (4-11)$$

对于接受普通高校高等教育的劳动力若接受高质量高等教育所产生的溢价（Average Treatment Effect on the Untreated，ATU）：

$$ATU = E(INC(1)|X, D=0) - E(INC(0)|X, D=0) \qquad (4-12)$$

总体高校质量平均处理效应（Average Treatment Effect，ATE）：

$$\begin{aligned}
ATE &= E(INC(1) - INC(0)) = E(INC(1)) - E(INC(0)) \\
&= \{\pi E[INC(1)|D=1] + (1-\pi)E[INC(1)|D=0]\} - \\
&\quad \{\pi E[INC(0)|D=1] + (1-\pi)E[INC(0)|D=0]\} \\
&= \pi\{E[INC(1)|D=1] - E[INC(0)|D=1]\} + \\
&\quad (1-\pi)\{E[INC(1)|D=0] - E[INC(0)|D=0]\}
\end{aligned} \qquad (4-13)$$

其中π指总体中接受高质量高等教育的比例。

相对于其他方法而言，倾向得分匹配法是一种非参数或半参数估计，对于结果方程、决定过程以及不可观测变量等没有特定的形式要求，因而避免了任何对于$E(INC(0)|X)$错误设定带来的偏误，并且允许协变量X产生对$E(INC(1)-INC(0)|X)$造成的异质性影响。

倾向得分匹配法的总体思想是基于反事实框架，对于每一个接受高质量高等教育的劳动力寻找一个与其具有非常相似个人禀赋特征的接受普通高校高等教育的劳动力，然后测算两者的收入差距，此时得到相对准确的高等教育"质"溢价。高等教育"量"溢价的反事实估计思想同"质"一致，只是处理组与控制组的选择不同。

4.1.2.3 倾向得分匹配估计程序

通过倾向得分匹配计算平均处理效应的一般步骤如下：

（1）选择进行倾向得分匹配所需的协变量X，尽量将可能影响高等教育质量选择和收入的相关变量包含进来。

（2）估计倾向得分$P(X)$，一般使用Logit或者Probit进行估计。

（3）选择多种匹配方法对每一个已经接受高质量高等教育的个体找到"可匹配"的接受普通高校高等教育的个体。

（4）验证共同支撑假设条件以及平衡性假定条件。匹配后的处理组均值应该与控制组均值较接近，这个过程在统计学上被称为"数据平衡"，但可能受到计量单位的影响，故一般进行平衡性假定检验主要考察其标准化偏差[203]。

（5）在满足共同支撑假设、平衡性假设检验的基础上，根据匹配后的样本计算平均处理效应[204]。

目前学术界最常用的匹配方法有三种，分别是最近邻匹配法（Nearest Neighbor Matching）、卡尺匹配法（Caliper & Radius Matching）和核匹配法（Kernel Matching）。参考颜敏（2012）、陈强（2014）对这三种匹配方法的介绍，设INC_{1i}、INC_{0i}分别为接受高质量高等教育、接受普通高校高等教育的劳动力收入水平，D_1是接受高质量高等教育的劳动力集合，接受高质量高等教育的劳动力个体总数为n_1，D_0是接受普通高校高等教育的劳动力集合，P为倾向得分，$C(i)$表示与接受高质量高等教育的劳动力i匹配的接受普通高校高等教育的个体集合，最近邻匹配法的原则是找到倾向得分最近的个体进行匹配，即

$$C(i) = \min_j \|P(i) - P(j)\| \tag{4-14}$$

采用最近邻匹配法虽然所有个体都会匹配成功，但可能两组的倾向得分差距较大也会被匹配，导致配对质量不高。卡尺匹配法也称为半径匹配法，通过限制倾向得分的决定距离，在该距离内进行匹配，即

$$\|P(i) - P(j)\| \leq \varepsilon, \ \varepsilon \leq 0.25\hat{\sigma}_p \tag{4-15}$$

其中，$\hat{\sigma}_p$为倾向得分的样本标准差。ε设定越小，损失的样本量越多。$C(i)$中的个体总数为N_i，倾向得分匹配的估计量，即平均处理效应ATT为：

$$ATT = \frac{1}{n_1} \sum_{i \in D_1} \left[INC_{1i} - \sum_{j \in C(i)} w(i, j) INC_{0j} \right] \tag{4-16}$$

其中，$w(i, j)$是对第i个接受高质量高等教育劳动者进行反事实匹配的第j个接受普通高校高等教育劳动者设定的权数。最近邻匹配法和卡尺匹配法对匹配个体设定的权数相同，匹配估计量为：

$$ATT = \frac{1}{n_1} \sum_{i \in D_1} \left[INC_{1i} - \sum_{j \in C(i)} \frac{1}{N_i} INC_{0j} \right] \tag{4-17}$$

当权数$w(i, j)$是使用核函数进行计算时，此时的匹配方法称为核匹配法。核匹配法是每一个接受高质量高等教育的劳动个体不仅仅与一些最近距离的控制组中的个体匹配，而是与整个控制组中的个体匹配，权数根据与匹配中的倾向得分距离计算，一般而言，距离远的权数小，距离近的权数大，核匹配估计量为：

$$ATT = \frac{1}{n_1} \sum_{i \in D_1} \left[INC_{1i} - \frac{\sum_{j \in C} INC_{0j} G (P_j - P_i) / h_n}{\sum_{k \in C} G (P_k - P_i) / h_n} \right] \tag{4-18}$$

其中，h_n 为指定带宽（bandwidth），G 为核函数[20]81-110 ①。选择不同的匹配法形成的算法不同，如果想达到最精确的结果，损失的样本量就比较多，但扩大匹配范围，又会导致匹配结果不精确，为了保证结果的稳健性，本研究将使用多种匹配法进行估计，接下来将具体设定研究的相关变量。

4.1.3　双重差分模型DID

倾向得分匹配法（Propensity Score Matching）又称为鲁宾因果模型，即进行本研究针对高等教育扩招所导致的教育溢价研究所需要的理论基础是反事实框架（Counterfactual Framework），最初由美国统计学家Neyman提出，又被称为Neyman-Robin反事实框架[205]。由Rubin（1983）在其研究成果中对反事实框架进行改进[206]。所谓反事实就是在原因不存在状态下发生的潜在结果（Potential Outcome）[207]。对于处理状态下的个体来说，反事实即为控制状态下的潜在结果；对于控制状态下的个体来说，反事实即为处理状态下的潜在结果。而反事实的实际数据无法在现实中被观测到，需要通过已知信息对这个缺失值进行填补[208]。倾向得分匹配模型的实质是通过Logistic回归，将可观测到的具有显著的特征的变量归为协变量，同时计算得出根据研究特征所划分的处理组和对照组的概率，即将研究涉及的协变量"降维"得到一维变量，并由此再以倾向值为标准匹配获得相似的样本展开对比，估计出政策干预的平均处理效应，一定程度上对样本选择性偏差及内生性问题进行了控制[209]。该方法主要用于研究政策所带来的因果关系，事物的哪些变化是由政策所带来的，因此本研究选取这一方法来评估高等教育扩招政策的实施对我国高等教育溢价程度的影响效应。通过Logit回归计算出倾向得分值，借助这一概率值为接受高等教育的劳动力匹配一位除接受高等教育情况不同，其余变量均极为接近的未接受高等教育的劳动力个体，即创建了一个准随机条件，基于此，对两组或者多组劳动力匹配组展开与高等教育溢价相关的比较研究，从而得到准确的政策干预平均处理效应，达到控制样本的选择性偏误，使得所实证的结果更为精准可靠的目的。

对于高等教育溢价的评估，实际上就是评估受调查者在接受高等教育时与未接受高等教育时收入的差距，而每一位受调查者所呈现的状态有且仅有一种，无法得到另外一种状态下的收入水平，也就是"反事实情况缺失"，此时样本为总体中的非随机样本，正是这种非随机性会导致估计结果存在偏差。另外，考虑到拥有同

① 陈强. 高级计量经济学及Stata应用[M]. 北京：高等教育出版社，2014：544.

等教育水平、同等认知的个体间也可能因为未被观测到的异质性因素而做出不同的决策，产生不同的收入结果，导致溢价测度的结果不同，这些不同的结果可能反映的是接受高等教育前的差异，而并非接受高等教育的影响。对协变量进行预处理形成了明显偏差，而这种偏差可通过"匹配"消除。匹配作为消除明显偏差的常用方法，基于观察到的个体数据（如城镇特征、年龄、性别等）进行Logit回归的预测概率创建反事实组。

以本研究为例，假设D_i为二值选择变量，依据选择变量的不同取值将样本分为接受高等教育组与未接受高等教育组，设定处理组为$D_i=1$代表接受高等教育，未接受高等教育的为控制组（$D_i=0$）。研究中结果变量为$Lnincome(D_i)$，$i=1，2，\cdots，n$，其中n代表样本个数。对各样本而言，其高等教育溢价实际上应为：

$$HEP_i = Lnincome(D_i=1) - Lnincome(D_i=0) \qquad (4-19)$$

然而每个个体仅能获得$Lnincome(D_i=1)$和$Lnincome(D_i=0)$的其中一个结果，未被观测到的结果就称为反事实收入。传统OLS估计是对全部样本的高等教育溢价的平均估计，即使协变量均被控制在同一水平下，以此消除接受高等教育组与未接受高等教育组间的差异，然而由于OLS回归将控制组与处理组纳入同一模型进行分析，造成的偏误远高于预计。

事实上，接受高等教育组的平均处理效应，即高等教育的平均溢价应为：

$$HEP_{ATT} = E(HEP|D_i=1) = E(Lnincome(D_i=1)|D_i=1) - E(Lnincome(D_i=0)|D_i=1) \quad (4-20)$$

其中$E(Lnincome(D_i=0)|D_i=1)$为无法观测的反事实结果，研究中普遍使用的是用接受高等教育个体的结果变量$Lnincome(D_i=1)$与未参与高等教育个体的结果变量$Lnincome(D_i=0)$做差，得到全部样本的平均处理效应，以ATE代替ATT，ATE用公式表示为：

$$\begin{aligned} HEP_{ATE} &= E(Lnincome(D_i=1)|D_i=1) - E(Lnincome(D_i=0)|D_i=0) \\ &= E(Lnincome(D_i=1)|D_i=1) - E(Lnincome(D_i=0)|D_i=1) \qquad (4-21) \\ &\quad + E(Lnincome(D_i=0)|D_i=1) - E(Lnincome(D_i=0)|D_i=0) \end{aligned}$$

而尽管不涉及是否接受高等教育，处理组与控制组样本的劳动收入也会因为其他因素表现出差异性，因此无法单纯得出产生收入差距的原因是样本接受了高等教育，这就是样本的"自选择偏差"，其用公式表示为：

$$E(Lnincome(D_i=0)|D_i=1) - E(Lnincome(D_i=0)|D_i=0) \qquad (4-22)$$

为使ATE=ATT成立，就需要消除存在的自选择偏差，也就是说需要保证处理组的选择是随机的，根据Rosenbaum和Rubin（1983）[198]50-55在研究中给出的证明：

如果能够找到决定个体是否参与实验的因素，然后在控制组中匹配到这些因素与处理组相等的样本，最后将这些样本作为真正参与评估的控制组，即处理组的选择近似随机[210]。匹配的思路是将多维向量进行降维，常用的有距离函数（马氏距离、欧氏距离等）以及倾向得分匹配法。

根据上述介绍，利用倾向得分匹配法，基于多个控制变量进行倾向得分_pscore的计算，据此将处理组与控制组进行匹配。用模型表示为：

$$Treat_i = \alpha_0 + \alpha_1 Control_i + \varepsilon_i \tag{4-23}$$

其中$Control_i$代表影响个体接受高等教育与否的协变量，包括工作经验（Exp）、工作经验的平方项（Exp^2）、城乡特征（$Urban$）、性别（$Gender$）、就业满意度（$Employ$）、教育满意度（$Education$）以及收入满意度（$Wage$）。

在PSM的基础上，根据研究目的，将处理组Edu=1设置为进入劳动市场前已接受高等教育的样本，对照组Edu=0则为进入劳动市场前仅接受高中教育的样本。根据1999年教育部出台的《面向21世纪教育振兴行动计划》，计划到2010年，提高我国高等教育毛入学率至适龄青年的15%。因此本研究将政策冲击节点设置为1999年，考虑到参加高考年龄普遍为18周岁，并且需要样本仍在劳动力市场中，因此设置政策影响时间节点虚拟变量$Expand$，当样本在出生于1981年及之后时，$Expand$=1，表示此时样本接受高等教育的决策受到政策影响。当样本出生于1981年之前，$Expand$=0，此时样本接受高等教育的决策并未受到政策影响。因此能够将模型设定为：

$$\text{Ln}income_i = \delta_0 + \delta_1 Expand_i \times Eud_i + \delta_2 Control_i + \varepsilon_i \tag{4-24}$$

式（4-24）$\text{Ln}income_i$是本研究的被解释变量，表示样本的税后年劳动收入的对数。其中$Expand_i \times Eud_i$为本研究研究总体高等教育溢价的核心解释变量，其系数δ_1表示总体高等教育的溢价程度。

在此基础上，为研究不同层次高等教育的溢价情况，设置高等教育层次虚拟变量H_{ij}，i=1，2，$\cdots$，m，j=1，2，3，m代表样本个数。H_{i1}=1，H_{i2}=1，H_{i3}=1分别表示样本拥有高等职业教育学历、本科学历及研究生学历。因此不同高等教育学历的溢价估计模型为：

$$\text{Ln}income_i = \delta_0 + \delta_1 Expand_i \times H_{ij} + \delta_2 Control_i + \varepsilon_i \tag{4-25}$$

双重差分法（Differences-in-Differences，DID），又称"倍差法"，是研究政策效应的常用方法之一，DID模型将研究对象依照特定变量分为没有政策影响的控制组（Control）和受到政策影响的处理组（Treat），通常认为不论处理组还是控制组中的样本均能够被动地接受政策，并无自我选择能力，以此保证实验的随机性。双重差分的思想最早由物理学家约翰·斯诺提出，这种思路在社会科学研究中广为使用。由于社会科学研究几乎无法做到自然科学研究中所进行的真实实验，因此借助这种自然实验或准自然实验来进行因果判断。其中应用最多的情况是当某些新政策出台实施，对个人或集体发展环境产生影响时，就具备了准自然实验的条件。

基础的 DID 模型设置为：

$$Y_{it} = \alpha_0 + \alpha_1 du \times dt + \alpha_2 du + \alpha_3 dt + \varepsilon_{it} \tag{4-26}$$

其中，du 为分组虚拟变量，当个体 i 受到政策因素的影响时，个体属于处理组，对应的 du 取值为 1；当个体未受到政策因素影响时，个体 i 属于对照组，此时 du 取值为 0。dt 为政策实施虚拟变量，政策实施之前 dt 的取值为 0，政策实施后取值为 1，$du \times dt$ 表示分组虚拟变量与政策实施虚拟变量的政策实施的交互项，其系数 α_1 表示政策实施的净效应大小。处理组在政策干预后的期望值可以表示为：

$$E(y_{it} \mid du = 1, \ dt = 1) = \alpha_0 + \alpha_1 + \alpha_2 + \alpha_3 \tag{4-27}$$

同时，处理组在政策干预前的期望表示为：

$$E(y_{it} \mid du = 1, \ dt = 0) = \alpha_0 + \alpha_2 \tag{4-28}$$

因此处理组的期望值在政策实施前后的变化用公式表示为：

$$E(y_{it} \mid du = 1, \ dt = 1) - E(y_{it} \mid du = 1, \ dt = 0) = \alpha_1 + \alpha_3 \tag{4-29}$$

而控制组在政策干预后的期望值可以用公式表示为

$$E(y_{it} \mid du = 0, \ dt = 1) = \alpha_0 + \alpha_3 \tag{4-30}$$

控制组在政策干预前的期望值为：

$$E(y_{it} \mid du = 0, \ dt = 0) = \alpha_0 \tag{4-31}$$

因此可以得到控制组在政策干预前后的期望值变化为：

$$E(y_{it} \mid du = 0, \ dt = 1) - E(y_{it} \mid du = 0, \ dt = 0) = \alpha_3 \tag{4-32}$$

将式（4-29）与式（4-32）做差即得到式（4-26）中交互项 $du \times dt$ 的系数估计值[211]。

4.2 大学—高中溢价的测度与分析

4.2.1 数据来源与变量选择

4.2.1.1 数据来源

本研究所使用的数据来源于2013年北京师范大学收入分配研究院提供的中国家庭收入项目调查（Chinese Household Income Project Survey 2013，以下简称CHIP2013），是中国家庭收入项目2014年进行的第五次入户调查，其样本来自国家统计局2013年城乡一体化常规住户调查大样本库，后者覆盖了31个省（自治区、直辖市）的16万户居民[212]。CHIP项目小组根据东、中、西部分层，使用系统抽样的方法抽取得到CHIP2013样本，样本覆盖了14个省（市），包括北京、山西、辽宁、江苏、安徽、山东、河南、湖北、湖南、广东、重庆、四川、云南、甘肃的城镇、农村、外来务工样本，本研究将三大样本进行合并，得到充足的样本量[213]。依据中国东部、中部及西部地区的划分，本研究对CHIP2013微观数据库主要按照省、自治区、直辖市进行区域划分，将北京、辽宁、江苏、山东、广东归为东部地区，山西、安徽、河南、湖北、湖南归为中部地区，四川、重庆、云南、甘肃归为西部地区[214]。

之所以选择CHIP微观数据库，是因为其涵盖了丰富的个人教育情况、就业信息、收入支出及家庭背景信息，涉及个人性别、教育程度、高校类型、高考成绩、高中类型、就业情况、收入水平、当前就业时间、第一次第二次及上一次就业的起始时间以及工作类型、行业特征、职业类型；还涉及父母的受教育程度、父母工作类型及职业等信息，其中关于高校类型及高考成绩的信息在其他微观数据库中并不太常见。在2016年中国劳动力动态调查数据库（CLDS）中虽然也调查了高校类型信息，但存在大量缺失值，并且不包含高考成绩信息，无法对缺失值进行修正，根据本研究所需变量进行筛选后，得到高等教育"质"溢价的样本仅有521个，根据东部、中部、西部地区的划分方式，样本数分别为249个、139个、133个，不满足倾向得分匹配样本的需求量。部分学者在研究教育溢价问题时，使用中国综合社会调查数据库（CGSS）进行数据的选取，其含有丰富的个人信息及家庭背景信息，但并不涉及高校类型及高考成绩信息。因此本研究选定CHIP微观数据库，为研究高等教育"质"溢价提供丰富且良好的变量。

目前CHIP2013微观数据库是最新公开数据，最近的调查数据并未公开，数据获取难度较大，并且本研究主要通过测算三大区域的高等教育"量""质"溢价情况及其在高等教育扩招政策前后变动情况，分析三大区域高等教育人力资本增值效果及扩招政策效果，因此选择CHIP2013微观数据库仍然具有研究意义。根据研究所需的变量，最终得到高等教育"量"溢价18～65岁具有高中及以上学历的样本6 882个，按照东部、中部、西部地区的划分方式，样本数分别为3 088个、2 489个、1 305个；得到高等教育"质"溢价18～65岁具有大学专科及以上学历样本3 646个，东部、中部、西部地区样本数分别为1 680个、1 260个、706个，满足倾向得分匹配样本的需求量。

4.2.1.2 变量选取

1.结果变量：年收入总额INC

高等教育溢价的基本定义是接受不同学历或不同等级高校高等教育的劳动者之间的收入差距，所关注的结果变量是具有高中及以上学历或具有大学专科及以上学历的劳动者的收入，并且为正收入[215-219]。Li（2003）[220]、姚先国（2004）[221]采用小时收入作为结果变量，认为不同类型的工作有着不同的工作时间，如果工作的时间与教育水平是相关的，则对于评估教育溢价的准确度会有影响。但对于本研究所使用的数据来说，对教育水平和工作时间进行相关系数的计算，得到其相关系数绝对值均小于0.2，表明本研究数据的工作时间与教育水平不相关，因此本研究参考方超（2020）[78]70、彭树宏（2014）[11]60-62的做法，依旧采用年收入总额作为结果变量，包括各种货币补贴，其中多人共同取得的收入，按照个人进行拆分。

2.处理变量：学历虚拟变量D_1、高校类型虚拟变量D_2

研究"量"溢价的关键之处在于研究拥有大学学历劳动者与拥有高中学历劳动者之间的收入差距，因此根据定义，其处理变量是学历虚拟变量D_1，$D_1=1$时为处理组，表示学历为大学的劳动者，大学学历包括大学专科、大学本科、研究生；$D_1=0$时为控制组，表示学历为高中的劳动者，高中学历包括普通高中、技校、中专、职高[222-235]。

研究"质"溢价的关键之处在于研究接受高质量高等教育的劳动者与接受普通高校高等教育的劳动者之间的收入差距，因此本研究根据高校类型划分教育质量高低，其处理变量是高校类型虚拟变量D_2，$D_2=1$时为处理组，代表接受"985工程""211工程"高校高质量高等教育的劳动者，D_2=0时为控制组，代表接受普通类型高校低质量高等教育的劳动者。CHIP微观数据库中农村样本及外来务工样本并未直接给出被访者所进入的高校类型，但给出其高考成绩，本研究依据城镇样本中进入"985工程""211工程"高校的平均高考成绩，将农村样本及外来务工样本中高于平均成绩的个体设定为处理组D_2=1，其他设定为控制组D_2=0。

3.协变量

协变量的选择直接关系到倾向得分匹配估计的成功，协变量的意义在于控制了协变量之后，处理组与控制组之间收入存在差距的原因只来源于学历或教育质量。Heckman（1997）[201]630-640等的研究表明，太多的协变量以及遗漏一些重要的协变量均对估计的结果造成误差，并且在Alex Bryson（2002）[236]等的研究中证实了在不确定模型中加入较多的协变量将造成更大的误差。对于协变量的选择，本研究基于相关理论、已有文献所使用的协变量，采用Logit模型估计倾向得分，选择满足平衡性及显著性水平较高的协变量进行最终的倾向得分。

（1）工作年限*exp*

CHIP微观数据库中调查了关于被访者从事当前岗位的时间，第一次、第二次及上一次参加工作的起始时间，但第一次、第二次及上一次参加工作的起始时间存在大量的缺失值，因此本研究参考廖飞（2018）[237]117-118的做法，用2014减去从事当前岗位的时间即可得到个体的工作年限。缺失值使用上一次、第二次、第一次参加工作的结束时间替代，如果依然存在缺失值，则参考左祎琦（2018）[6]16-20和方超（2020）[78]71的做法，用被访者的年龄减去受教育年限，同时减去接受教育之前的年纪（6岁），一般来说，高中学历、大学专科学历、本科学历、研究生学历的个体受教育年限分别为12年、15年、16年、19年，对缺失值进行修正。

（2）性别*gender*

早在1957年，劳动经济学家贝克尔就开始研究性别收入差异，认为其一直存在于劳动力市场中[238-239]。国内张永丽（2018）[72]113-128、杨滢（2020）[240]等证实了劳动力收入在不同性别上有着显著的差异，并揭示了在不同地区差异不同。本研究参考先前学者们的做法，将性别作为虚拟变量*gender*，*gender*=1代表男性，*gender*=0代表女性。

（3）就业特征*type*、*indu*₁、*indu*₂、*market*

在现实的经济环境中，不同的工作类型、不同劳动力市场收入也不同[241-244]。早在1998年，赖德胜（1998）[245]发现劳动力市场的分割制度对不同工作类型的教育收益率会造成显著的影响。Sylvie（2009）[246]等也从劳动力市场分割角度入手研究，结果表明竞争部门与非竞争部门之间存在收入差距，并且呈现差距增大的趋势。在实际工作环境中也不难发现，不同工作类型制定收入水平的标准不一，一般而言，国有企业、事业单位及党政机关团体等公共部门的收入水平受到严格的等级划分，并且各个等级之间的收入差距较小，工作中的竞争也小，收入的增长很大一部分受到工作年限的影响，个人能力对于收入的影响并不能完全体现。而对于非公共部门来说，其收入的制定比较灵活，竞争也比较激烈，个人能力发挥极大优势，工作能力与收入水平基本呈现正相关关系，并且各个劳动者之间收入差距较大。关于就业特征的变量，CHIP微观数据库呈现了丰富的调查数据，涉及被访者的工作类型、工作行业及职业，因此根据所调查的信息，参考颜敏（2012）[20]88-89、彭树宏（2014）[11]61-62的做法，将描述就业特征的变量主要集中在三方面：

首先是关于被访者的工作类型 type。根据工作类型将其设定为虚拟变量，分为公共部门和非公共部门。其中，type=1代表公共部门，包括党政机关团体、事业单位、国有及国有控股企业、集体企业；type=0代表非公共部门，包括中外合资或外商独资企业、个体户、私营企业、土地承包者及其他。

其次是关于被访者的工作行业 $indu_1$、$indu_2$。根据《国家经济行业分类》将其分为第一产业、第二产业、第三产业，引入产业虚拟变量。其中，农、林、牧、渔业归为第一产业；采掘业、制造业、电力、煤气及水的生产和供应业、建筑业归为第二产业；批发和零售业、交通运输、仓储及邮政业、住宿和餐饮业、信息传输、软件和信息技术服务业、金融业、房地产业、租赁和商务服务业、科学研究和技术服务业、水利、环境和公共设施管理业、居民服务、修理和其他服务业、教育、卫生和社会工作、文化、体育和娱乐业、公共管理、社会保障和社会组织及国际组织均归为第三产业，将第一产业作为基础组，具体设定如下：

$$indu_1 = \begin{cases} 1, & \text{第二产业} \\ 0, & \text{其他} \end{cases}, \quad indu_2 = \begin{cases} 1, & \text{第三产业} \\ 0, & \text{其他} \end{cases} \qquad (4\text{-}33)$$

最后是关于被访者的职业 market。本研究参考何亦名（2009）[247]的做法，将职业特征归为二元劳动力市场，主要分为一级劳动力市场和二级劳动力市场，引入虚拟变量。一级劳动力市场一般指具有一定知识技能、工资条件优越的劳动者，主要包括技术工作者、军人、警官、管理者、行政官员、办公室职员、其他办事人员、演员、运动员等，二级劳动力市场一般指非熟练工人容易被替代，雇佣成本及工资待遇均相对较低，主要包括非熟练、非专业技术人员，农民、牧民、司机、服务员、厨师、售货员、理发师、管家等生活服务业人员。*market*=1代表一级劳动力市场，*market*=0代表二级劳动力市场。

（4）家庭背景特征*faedu*、*maedu*、*mamar*

从家庭背景中所获得的社会资本是子女在今后参与工作竞争的隐性资本，父母的受教育程度、社会地位及职业类型等均会通过代际间的传递影响到子女，对于衡量高等教育"量"溢价有显著影响[248-256]。王冰（2008）[257]认为家庭背景对子女的受教育程度有重要影响。左祎琦（2018）[6]18-19引入了父亲受教育程度、单位性质和职位家庭变量，结果表明三个变量均对子女高等教育收益率有着直接的影响。家庭背景的引入有助于揭示子女参与高等教育的可能性以及未来参与工作的类型，换句话说，家庭背景能够间接反映出子女参与高等教育的能力，可以将家庭背景特征变量作为个人参与高等教育能力的代理变量。本研究所使用的CHIP微观数据库呈现了丰富的被访者家庭背景信息，涉及被访者及其配偶和父母相关信息，包括父母的受教育程度、就业身份、工作类型及职业。本研究参考大量学者的做法，将家庭背景特征变量设定为以下两类：

第一类是对于父母受教育程度变量的设定*faedu*、*maedu*。父母的受教育程度是一个关键的变量，Knight（2010）[258]、Plug 和 Vijverberg（2003）[259]均表明父母的教育水平是其子女能力较好的代理变量。因此，引入父母的受教育程度虚拟变量，这里包括未上过学、小学、初中、高中、职高/技校、中专、大专、大学本科及研究生，具体设定如下：

$$faedu = \begin{cases} 1, & \text{父亲学历为高中以上} \\ 0, & \text{其他} \end{cases} \tag{4-34}$$

$$maedu = \begin{cases} 1, & \text{母亲学历为高中以上} \\ 0, & \text{其他} \end{cases} \tag{4-35}$$

其中，高中以上学历包括高中、职高/技校、中专、大学专科、本科、研究生学历，父亲、母亲学历在高中以下作为基础组。

第二类是对于父母职业的设定*mamar*。父母职业对于子女的受教育程度也会有一定的影响，职业不同，社会地位也不同。颜敏（2012）[20]95-110表示，社会地位不仅决定着子女接受大学教育的经济能力，而且也决定着父母传达给子女接受大学教育的意识和重视程度，其对于教育溢价有显著影响。社会地位较高的家庭，经济水平也较高，反之较低，而一级劳动力市场和二级劳动力市场之间的主要分界线在于劳动报酬。由于父母的职业具有相似性，因此本研究参考颜敏（2012）[20]88-90的做法，只引入母亲职业特征虚拟变量*mamar*，与上文中被访者的职业特征设定一致，*mamar*=1代表母亲就业于一级劳动力市场，*mamar*=0代表母亲就业于二级劳动力市场。

（5）城乡特征*city*

在发展中国家，城乡之间发展不平衡是不争的事实，不仅体现在经济水平方面，同时也体现在教育资源方面[260-272]。城镇的教育资源、师资力量要更优于农村，并且城镇家长较农村家长对于孩子的教育投资也更多。目前学者们对于农村与城市教育溢价的横向比较较少，一般来说，接受高等教育的农村个体与只接受高中教育的农村个体的收入差距要比接受高等教育的城镇个体与只接受高中教育的城镇个体收入差距更大，也就是说，农村的高等教育"量"溢价要更大一些。本研究结合CHIP微观数据库中的城镇样本、农村样本及外来务工样本，引入城乡特征虚拟变量*city*，对于城镇样本设定为*city*=1，由于外来务工样本是针对其户主为农业户口进行调查的，因此将农村样本及外来务工样本设定为*city*=0。

（6）时代特征*time*$_1$、*time*$_2$

第一次实施高等教育扩招政策是在1999年，首批经历扩招政策的个体于2002年大专毕业或2003年本科毕业。本研究所使用的样本是2014年18～65岁已就业的个体，也就是出生年份为1949—1996年，如果按照一般入学规律，18～19岁为高中毕业年龄，他们选择高等教育的时间基本在1967—2013年，而在这一期间，高等教育经历了规模的扩大以及重点发展等一系列政策的实施，充分展示了不同时代的变化特征[273-274]。本研究将首批经历高校扩招政策个体毕业的时间2002年作为节点，探究高校扩招政策实施前后高等教育"量""质"溢价的变化情况，2002年的设定既考虑了受到高校扩招政策影响毕业的专科生，也考虑了之后毕业的本科生。按照2002年的毕业时间，对应当时的年龄应该是21～22岁，对应2014年的年龄是33～34岁，但根据CHIP微观数据库的参加高考时间发现，年龄为34岁的群体，有很大一部分是在1999年之前参加高考，因此为了估计到的溢价水平更能反映扩招政策的时代特征，本研究将受到1999年高校扩招政策实施后毕业的样本年龄段设定为18～33岁，未受到高校扩招政策影响的样本年龄段设定为34～65岁，即2002年之前毕业的个体。但考虑到教育溢价的变动会存在不同的时期效应，距离1999年政策实施的时间越远，收入受到的冲击就越小，因此本研究参考廖飞（2018）[237]116-118的做法，对未受到高校扩招政策影响的样本再次进行分段，分别为34～49岁、50～65岁，引入时代特征虚拟变量，其中将50～65岁作为基础组，具体设定如下：

$$time_1 = \begin{cases} 1, & \text{年龄为18~33岁} \\ 0, & \text{其他} \end{cases} \tag{4-36}$$

$$time_2 = \begin{cases} 1, & \text{年龄为34~49岁} \\ 0, & \text{其他} \end{cases} \tag{4-37}$$

（7）高中教育质量 *qual*

高中教育质量的选择，对于其后续选择大学教育的类型有着直接的影响，控制高中教育质量，目的在于控制个体前期所接受的教育的差异。方超（2018）[53]27-30的研究证实了高中教育质量决定着个体所进入的高校类型，并且存在正相关性。因此，本研究在研究高等教育质量溢价时，将高中学校类型作为高中质量，引入虚拟变量 *qual*，*qual*=1代表重点高中，包括全国或者省级重点中学、地区级重点中学、县级及其他重点中学；*qual*=0代表非重点高中，包括非重点中学、中专、中技、职高及其他学校。

这是关于本研究所有变量的设定，需要注意的是在估算高等教育"质"溢价时，不选取家庭背景特征变量。家庭背景特征变量更多反映的是个体参与高校的能力，主要是对个体受教育程度的影响，并非对高校类型选择的影响，并且杜嫱（2018）[275]表示，在2015年之前，父亲的受教育程度并不会影响其子女是否会进入"985"高校。本研究数据也证实了此观点，个体进入何种高校类型与父母受教育程度及母亲职业的相关系数都接近于0。同时，使用PSM进行分析时，协变量的选取应该尽量与处理变量和结果变量相关，因此针对所选的数据并参考方超（2018）[53]27的研究，在估计高等教育"质"溢价时，不加入家庭背景特征协变量。另外需要注意的一点是对于高中质量虚拟变量，在以往大多数研究中，并未将高中质量作为协变量加入对高等教育"量"溢价的分析中，但本研究考虑高中质量是个体前期的教育投资，其对于后续高校的参与率有直接的影响，并且前期教育投资也会一定程度地反映在收入中，因此本研究引入高中质量虚拟变量，分别估计中国东部、中部及西部地区的高等教育"量""质"溢价。表4-1是各个变量在东、中、西部地区的描述性统计。

表4-1　东、中、西部地区相关变量的描述性统计

变量	统计量	数量			质量		
		东部	中部	西部	东部	中部	西部
收入 *INC*	均值	51 040.84	36 579.03	36 765.15	55 519.96	39 174.08	39 639.17
	标准差	51 795.47	29 124.20	20 719.07	43 464.47	32 259.50	19 844.73
工作年限 *exp*	均值	13.66	14.39	13.93	9.64	9.998 4	10.08
	标准差	10.09	10.37	10.01	8.55	9.35	8.88

续 表

变量	统计量	数量			质量		
		东部	中部	西部	东部	中部	西部
学历 D_1	样本量	1 489	1 011	610	—	—	—
	占比/%	48.22	40.62	46.74			
高校类型 D_2	样本量	—	—	—	292	151	77
	占比/%				17.38	11.98	10.91
性别 gender	样本量	1 802	1 505	777	905	731	404
	占比/%	58.35	60.47	59.54	53.87	58.02	57.22
工作类型 type	样本量	1 427	1 352	670	902	753	452
	占比/%	46.21	54.32	51.34	53.69	59.76	64.02
第二产业 $indu_1$	样本量	791	672	272	383	278	125
	占比/%	25.62	27.00	20.84	22.80	22.06	17.71
第三产业 $indu_2$	样本量	2 221	1 765	1 007	1 286	963	572
	占比/%	71.92	70.91	77.16	76.55	76.43	81.02
劳动力市场 market	样本量	1 591	1 190	635	1 125	792	453
	占比/%	51.52	47.81	48.66	66.96	62.86	64.16
城乡特征 city	样本量	2 285	1 848	1 016	1 237	882	554
	占比/%	74.00	74.25	77.85	73.63	70.00	78.47
时代特征 $time_1$	样本量	499	378	232	910	684	384
	占比/%	16.16	15.19	17.78	54.17	54.29	54.39
时代特征 $time_2$	样本量	1 718	1 424	771	624	477	269
	占比/%	55.63	57.21	59.08	37.14	37.86	38.10
高中教育质量 qual	样本量	908	834	435	881	715	400
	占比/%	29.40	33.51	33.33	52.44	56.75	56.66
父亲受教育程度 faedu	样本量	796	625	337	—	—	—
	占比/%	25.78	25.11	25.82			
母亲受教育程度 maedu	样本量	604	436	246	—	—	—
	占比/%	19.56	17.52	18.85			
母亲劳动力市场 mamar	样本量	579	380	169	—	—	—
	占比/%	18.75	15.27	12.95			
样本容量		3 088	2 489	1 305	1 680	1 260	706

注：表中除收入和工作年限以外均是虚拟变量，样本量及占比情况体现了虚拟变量等于 1 时的具体数据。

根据表 4-1 可以看出，在三大区域中，东部地区收入最高，中部和西部地区较接近，并且高等教育"质"的平均收入始终高于高等教育"量"的平均收入，间接说明了接受高质量高等教育的劳动力收入会更高。在工作年限方面，"量"的平均工作年限要比"质"的更长，这与"量"中包含了高中学历的劳动力有关，其工作年限提升了整体的工作年限。在学历方面，东部、中部及西部地区拥有大学学历的样本量分别为1 489、1 011、610，东部和西部地区的占比接近50%，表明样本的学历分布比较均衡，中部地区拥有大学学历的占比为40.62%，表明中部地区更多地体现了拥有高中学历的样本。在高校类型方面，三大区域进入"985工程""211工程"高校的样本量分别为292、151、77，占比均小于20%，说明"985工程""211工程"高校的样本较普通高校的样本要少，其中东部地区占比最高，相比中部和西部地区而言，东部地区接受高质量高等教育的劳动力较多。在性别特征方面，高等教育"量"与"质"的样本为男性时的占比在50%~60%，总体而言分布比较均衡，但更多地体现了男性样本。

根据工作类型可以发现，就业于公共部门的劳动力样本占比在高等教育"量"方面基本达到50%左右，分布较均衡，而在高等教育"质"方面三大区域占比分别为53.69%、59.76%、64.02%，更多地体现了就业于公共部门的劳动力样本。根据工作行业可以发现，参与第三产业的劳动力样本占比均达到70%以上，明显多于第一产业、第二产业，接受高质量高等教育的劳动力更愿意就业于一级劳动力市场，尤其体现在东部地区。属于城镇样本的占比达到70%左右，更多地体现了城镇样本。根据时代特征可以发现，在"量"方面34~49岁的样本占比大于18~33岁的样本占比，且超过50%，表明更多体现了未受到扩招政策影响的劳动力样本，而在"质"方面18~33岁的样本占比更大，更多地体现了受到扩招政策影响的劳动力样本。此外，在高中质量方面，进入重点高中的样本占比在"量"方面小于50%，主要呈现了进入非重点高中的劳动力，而在"质"方面占比超过50%，更多地体现了进入重点高中的劳动力，间接说明了高中是否进入重点中学对之后是否进入高质量高校有一定的正相关性。在高等教育"量"方面的样本，其父母受教育水平多数在高中学历以下，母亲多数就业于二级劳动力市场。基于以上变量的选择，本研究接下来将使用扩展的明瑟收入方程以及倾向得分匹配法进行实证研究。

4.2.2 实证结果分析

4.2.2.1 基于扩展的明瑟收入方程的估计

高等教育"量"溢价基准模型：

$$\mathrm{Ln}INC = \beta_0 + \beta_1 D_1 + \beta_2\, exp + \beta_3\, exp^2 + \sum_{i=1}^{n} \gamma_i X_i + \mu_1 \qquad (4\text{--}38)$$

式（4-38）中，$\mathrm{Ln}INC$ 表示对数收入，D_1 为学历虚拟变量，D_1=1 为接受高等教育，D_1=0 为只接受高中教育，exp 代表工作年限，exp^2 为工作年限的平方，X_i 为协变量，包括性别 $gender$，工作类型 $type$，工作行业 $indu_1$、$indu_2$，职业特征 $market$，家庭背景特征 $faedu$、$maedu$、$mamar$，城乡特征 $city$，时代特征 $time_1$、$time_2$ 及高中教育质量 $qual$。α_1 为高等教育"量"溢价，是本研究重点关注的系数，代表接受高等教育的劳动力比只接受高中教育的劳动力年收入高出的百分比，μ_1 代表误差项。

高等教育"质"溢价基准模型：

$$\mathrm{Ln}INC = \alpha_0 + \alpha_1 D_2 + \alpha_2\, exp + \alpha_3\, exp^2 + \sum_{i=1}^{n} \theta_i Z_i + \mu_2 \qquad (4\text{--}39)$$

高等教育"质"溢价基准模型与"量"溢价基准模型基本一致，只有处理变量和协变量选择不同。式（4-39）中，D_2 为高校类型虚拟变量，D_2=1 表示接受"985 工程""211 工程"高校高等教育，D_2=0 表示接受普通高校高等教育，Z_i 为协变量，包括性别 $gender$，工作类型 $type$，工作行业 $indu_1$、$indu_2$，职业特征 $market$，城乡特征 $city$，时代特征 $time_1$、$time_2$ 及高中教育质量 $qual$。α_1 为本研究重点关注的高等教育"质"溢价，代表接受"985 工程""211 工程"高校高等教育的劳动力比接受普通高校高等教育的劳动力年收入高出的百分比，μ_2 代表误差项。表4-2呈现了东、中、西部地区高等教育"量""质"溢价的OLS回归结果。

表4-2　高等教育"量""质"溢价的OLS回归结果

变量	对数年收入					
	高等教育"量"溢价			高等教育"质"溢价		
	东部	中部	西部	东部	中部	西部
学历 D_1	0.3079***	0.2233***	0.2046***	—	—	—
	（0.0305）	（0.0343）	（0.0450）	—	—	—
高校类型 D_2	—	—	—	0.2492***	0.2679***	0.1466**
	—	—	—	（0.0455）	（0.0607）	（0.0723）
工作年限 exp	0.0339***	0.0370***	0.0175**	0.0423***	0.0572***	0.0429***
	（0.0046）	（0.0052）	（0.0070）	（0.0076）	（0.0095）	（0.0100）

续　表

变量	对数年收入					
	高等教育"量"溢价			高等教育"质"溢价		
	东部	中部	西部	东部	中部	西部
工作年限的平方 exp^2	−0.0006***	−0.0007***	−0.0002	−0.0010***	−0.0013***	−0.0009***
	（0.0001）	（0.0001）	（0.0002）	（0.0002）	（0.0003）	（0.0003）
性别 $gender$	0.2969***	0.3181***	0.2004***	0.1940***	0.2204***	0.1905***
	（0.0264）	（0.0298）	（0.0387）	（0.0340）	（0.0407）	（0.0464）
工作类型 $type$	−0.1326***	−0.1170***	−0.0075	−0.1408***	−0.1340***	0.0723
	（0.0303）	（0.0357）	（0.0466）	（0.0383）	（0.0470）	（0.0536）
第二产业 $indu_1$	0.5740***	0.2657***	0.5288***	0.0579	0.1095	0.1289
	（0.0845）	（0.1012）	（0.1360）	（0.2087）	（0.1664）	（0.2045）
第三产业 $indu_2$	0.5284***	0.1376	0.4846***	0.0180	−0.0147	0.0242
	（0.0828）	（0.0990）	（0.1316）	（0.2066）	（0.1616）	（0.1999）
劳动力市场 $market$	0.2406***	0.0885***	0.1336***	0.2327***	0.0847*	0.0586
	（0.0292）	（0.0331）	（0.0426）	（0.0396）	（0.0446）	（0.0504）
城乡特征 $city$	0.2007***	0.2231***	0.2861***	0.1544***	0.1018**	0.1305**
	（0.0321）	（0.0361）	（0.0484）	（0.0425）	（0.0489）	（0.0588）
时代特征 $time_1$	0.2589***	0.3349***	0.2170***	−0.1550*	−0.2270**	−0.1278
	（0.0464）	（0.0526）	（0.0687）	（0.0825）	（0.1040）	（0.1171）
时代特征 $time_2$	0.1826***	0.1681***	0.2002***	0.0268	−0.1896**	−0.1100
	（0.0333）	（0.0376）	（0.0523）	（0.0748）	（0.0930）	（0.1076）
高中教育质量 $qual$	0.0698**	0.0372	0.0557	0.0657*	0.0448	0.0735
	（0.0292）	（0.0309）	（0.0405）	（0.0350）	（0.0401）	（0.0465）
父亲受教育程度 $faedu$	0.0681*	0.0454	−0.0775	—	—	—
	（0.0357）	（0.0380）	（0.0480）	—	—	—
母亲受教育程度 $maedu$	0.0585	0.0219	0.0689	—	—	—
	（0.0390）	（0.0436）	（0.0542）	—	—	—
母亲劳动力市场 $mamar$	0.0779**	0.0242	0.0966*	—	—	—
	（0.0342）	（0.0416）	（0.0572）	—	—	—
常数项	9.0097***	9.1693***	8.9699***	10.1100***	9.9833***	9.8721***
	（0.0882）	（0.1064）	（0.1416）	（0.2223）	（0.1944）	（0.2327）
F 统计量	64.06	33.92	18.63	29.49	18.38	12.18
P 值	0.0000	0.0000	0.0000	0.0000	0.0000	0.0000
调整后的 R^2	0.2383	0.1706	0.1782	0.1751	0.1503	0.1742

注：表中内容为各解释变量的系数，括号中为标准差。表中***、**、*分别表示在1%、5%与10%的统计水平上显著。

根据表4-2发现，在高等教育"量""质"溢价中，各个解释变量的系数均比较显著，可以得到以下结论：

1.高等教育"量"溢价

在控制了工作年限、性别、就业特征、城乡特征、时代特征、高中教育质量和父母受教育程度及母亲职业特征后，高等教育呈现显著的正向溢价，并且三大区域的教育溢价呈现阶梯递减状态，东部地区溢价最高，达到30.79%，中、西部地区溢价分别为22.33%、20.46%，东部地区溢价较中部地区溢价高约8个百分点，较西部地区溢价高约10个百分点，这表明相对于中西部地区，学历对东部地区的劳动力的收入差距影响最大。如果按照高等教育为4年计算，则平均而言，东部地区接受高等教育的劳动力比只接受高中教育的劳动力的年收入高7.70%，中、西部地区平均年收入分别高5.58%、5.12%，接受高等教育的劳动力其收入均会有显著增加。

2.高等教育"质"溢价

在控制了工作年限、性别、就业特征、城乡特征、时代特征、高中教育质量后，高质量高等教育同样呈现显著的正向溢价。其中，中部地区的质量溢价最高，为26.79%；东部地区的质量溢价接近中部地区，为24.92%；西部地区质量溢价最低，为14.66%，表明相对于西部地区而言，高校类型对于东部和中部地区的影响更大，如果将高等教育作为4年计算，则平均而言，在东、中、西部地区接受高质量高等教育的劳动力比接受普通高校高等教育的劳动力的年收入分别高6.23%、6.70%、3.67%，接受高质量高等教育的劳动力其收入均会有显著增加。

3.高等教育"量""质"溢价比较

在三大区域中，东部和西部地区的"量"溢价均高于"质"溢价，均高出接近6个百分点，表明在东部和西部地区，学历比高校类型对收入差距的影响更大，也就是说接受高等教育与只接受高中教育的收入差距比接受高质量高等教育与接受普通高校高等教育的收入差距更大，收入差距更多地受到学历的影响。而在中部地区，高等教育"质"溢价更高，高校类型比学历对收入差距的影响更大，即接受高质量高等教育与接受普通高校高等教育的收入差距比接受高等教育与只接受高中教育的收入差距更大，收入差距更多地受到高校类型的影响。

基于扩展的明瑟收入方程得到的OLS回归结果表明学历和高校类型对东、中、西部地区的收入差距有不同程度的影响，但OLS方法并未解决样本自选择问题，内生性问题必将存在，导致估计结果存在偏误，因此本研究接下来使用PSM方法解决内生性问题，进行反事实估计，进一步弥补OLS方法中存在的估计偏误。

4.2.2.2 基于倾向得分匹配法的反事实估计

1.基于Logit模型估计的倾向得分

根据倾向得分匹配估计的步骤，在确定协变量的基础上，利用形式比较灵活的Logit模型估计倾向得分，考察各个变量对个体接受高等教育、高质量高等教育的影响方向及程度，表4-3是具体的倾向得分结果。

表4-3　基于Logit模型接受高等教育、接受高质量高等教育的倾向得分结果

变量	接受高等教育			接受高质量高等教育		
	东部	中部	西部	东部	中部	西部
工作年限 exp	0.0448***	0.0349*	0.0637**	−0.0249	0.0031	−0.0205
	（0.0162）	（0.0193）	（0.0273）	（0.0334）	（0.0448）	（0.0572）
工作年限的平方 exp^2	−0.0008*	−0.0008	−0.0015*	−0.0006	−0.0007	−0.0006
	（0.0004）	（0.0005）	（0.0008）	（0.0011）	（0.0014）	（0.0018）
性别 $gender$	0.1035	0.3658***	0.1321	0.2407*	0.2624	0.5918**
	（0.0923）	（0.1060）	（0.1475）	（0.1372）	（0.1867）	（0.2718）
工作类型 $type$	0.6347***	0.7703***	1.1341***	0.3112**	−0.0457	0.6056**
	（0.1018）	（0.1226）	（0.1640）	（0.1533）	（0.2133）	（0.3077）
第二产业 $indu_1$	0.3169	−0.8449**	−0.7819	−0.3719	1.1916	0.4245
	（0.3637）	（0.3781）	（0.5595）	（0.8137）	（1.0565）	（1.1300）
第三产业 $indu_2$	0.7050**	−0.3492	−0.2199	−0.1570	1.2062	0.2335
	（0.3563）	（0.3679）	（0.5415）	（0.8034）	（1.0412）	（1.1107）
劳动力市场 $market$	1.1540***	1.2968***	1.1500***	0.5624***	0.4916**	−0.3293
	（0.0931）	（0.1096）	（0.1507）	（0.1726）	（0.2113）	（0.2756）
城乡特征 $city$	1.1831***	1.1664***	1.3595***	−0.3370**	−0.1177	−0.0354
	（0.1157）	（0.1412）	（0.1985）	（0.1685）	（0.2222）	（0.3166）
时代特征 $time_1$	1.8487***	2.1110***	2.1407***	0.1716	0.0950	−0.4972
	（0.1665）	（0.1981）	（0.2747）	（0.3901）	（0.5021）	（0.6613）
时代特征 $time_2$	0.8214***	1.0309***	1.0122***	0.4034	0.2910	−0.3877
	（0.1210）	（0.1476）	（0.2149）	（0.3681）	（0.4608）	（0.6143）
高中教育质量 $qual$	1.0518***	0.8532***	1.0283***	1.2544***	0.8629***	0.9626***
	（0.1008）	（0.1060）	（0.1507）	（0.1545）	（0.1996）	（0.2906）
父亲受教育程度 $faedu$	0.2105*	0.4055***	0.2646	—	—	—
	（0.1214）	（0.1286）	（0.1794）	—	—	—
母亲受教育程度 $maedu$	0.4078***	0.1513	0.2896	—	—	—
	（0.1361）	（0.1521）	（0.2097）	—	—	—

变量	接受高等教育			接受高质量高等教育		
	东部	中部	西部	东部	中部	西部
母亲劳动力市场 *mamar*	0.4956***	0.3117**	0.3024	—	—	—
	（0.1188）	（0.1420）	（0.2159）	—	—	—
常数项	−4.2039***	−3.8453***	−4.1053***	−2.5634***	−4.1901***	−2.8436**
	（0.3917）	（0.4118）	（0.6087）	（0.8881）	（1.1728）	（1.2808）
对数似然值	−1 555.8693	−1 221.6247	−633.0046	−707.7313	−443.7297	−229.2123
Pseudo R^2	0.2724	0.2733	0.2981	0.0879	0.0394	0.0577
样本数	3088	2489	1305	1680	1260	706

注：表中内容为各解释变量 Logit 模型的系数，括号中为标准差。表中 ***、**、* 分别表示在 1%、5% 与 10% 的统计水平上显著。

具体来看，在三大区域上，工作年限对接受高等教育的影响力显著为正，其中受影响最大的是西部地区，每增加一年的工作年限，高等教育参与率提高 6.37%，但工作年限对于接受高质量高等教育的影响力有正有负，对东部和西部地区的影响力为负，即每增加一年工作年限，高质量高等教育参与率均下降大约 2 个百分点，对中部地区影响力为正，增加一年工作年限将增加个体高质量高等教育参与率 0.3 个百分点，但可能由于受到样本量的限制，其影响力并不具有统计学上的显著意义。

在个体特征方面，性别变量在接受高等教育、接受高质量高等教育中的估计结果均为正，表明相对于女性而言，男性接受高等教育、接受高质量高等教育的概率更高，并且在东部和西部地区，男性接受高质量高等教育的概率显著高于接受高等教育的概率，尤其在西部地区，男性较女性而言，参与高质量高等教育的概率值达到 59.18%，而在中部地区，正好相反，总体来说，男性在三大区域上始终表现出较大的优势。

在工作类型方面，除了中部地区接受高质量高等教育的估计结果为负，并且不显著，其他情况均为正并体现统计学上的显著意义。相对于非公共部门的劳动力来说，公共部门的劳动力接受高等教育、高质量高等教育的概率显著较高，尤其体现在西部地区，其概率值均最高，并且可以发现，在三大区域中，公共部门劳动力接受高等教育的概率值高于接受高质量高等教育的概率值，也比较符合现实，在公共部门中，多数劳动力均参与了高等教育，但参与高质量高等教育的劳动力人数小于参与高等教育的劳动力人数。

在工作行业方面，相对于第一产业、第二产业与第三产业的 Logit 估计结果有正有负，并且不是很显著。在中部和西部地区，第一产业的劳动力接受高等教育的概率值比第二产业、第三产业都要高，并且中部地区在第一产业上具有统计学上的显著意义。在东部地区第三产业的劳动力接受高等教育的概率值达到70.50%，并且在5%的统计水平上显著。

在职业类型方面，劳动力市场变量对接受高等教育的估计结果为正，并且均在1%的统计水平上显著，表明相对于二级劳动力市场而言，一级劳动力市场中劳动力接受高等教育的概率较高。劳动力市场变量对接受高质量高等教育的估计结果有正有负，在东部和中部地区，Logit估计结果显著为正，表明就业于一级劳动力市场的劳动力接受高质量高等教育的概率更高，在西部地区估计结果为负，并且不显著。在三大区域上，劳动力市场与工作类型一致，均呈现出接受高等教育的概率高于接受高质量高等教育的概率的状态。

在城乡特征方面，相对于农村个体而言，城镇个体接受高等教育的概率均为正，并且在1%的统计水平上显著，其中，西部地区的概率值最高，换句话说，在西部地区的农村个体，其参与高等教育的概率最低。而接受高质量高等教育的Logit估计结果均为负，表明相对于城镇个体而言，农村个体接受高质量高等教育的概率更高，其中，东部地区的概率值达到33.70%，并且在5%的统计水平上显著。

在时代特征方面，接受高等教育的Logit估计结果均为正，并且在1%的统计水平上显著。相对于离扩招政策实施较远的群体而言，受到扩招政策影响的群体和未受到扩招政策影响的群体接受高等教育的概率均比较高，并且中部和西部地区的概率值较东部地区要高。在高校扩招政策实施后，接受高等教育的概率值大幅提高，尤其体现在中西部地区，说明高校扩招政策使得中西部地区更多的人接受到了高等教育，而接受高质量高等教育的Logit估计结果有正有负，并且不具有统计学上的显著意义。

高中教育质量变量对接受高等教育、高质量高等教育均有正向影响，并且均在1%的统计水平上显著，表明高中为重点中学，对于之后接受高等教育、高质量高等教育有显著的正向影响，这与书中之前的描述统计分析一致。在Logit估计结果中，东部地区的概率值均为最大，其次为西部、中部地区，并且在东部和中部地区接受高质量高等教育的概率比接受高等教育的概率要更高，而在西部地区正好相反。

父母受教育程度及职业对于其子女接受高等教育具有显著的正向影响。在东部地区，父母受教育程度达到高中及高中以上，其子女接受高等教育的概率显著提高，并且母亲对其子女的影响更大，而在中部地区，父亲的影响明显更大。在西部地区，父母受教育程度对子女接受高等教育的影响并不显著。相对于母亲就业于二级劳动力市场而言，母亲就业于一级劳动力市场，其子女接受高等教育的概率更高，并且呈现东、中、西部阶梯递减状态。

2.匹配质量的检测

为了确保估计结果的准确性，需要对匹配质量进行检测，主要进行共同支撑假设检验及平衡性检验。

（1）共同支撑假设检验

图4-1、图4-2分别呈现了Logit模型估计东、中、西部地区大学学历组与高中学历组、高质量大学教育组与普通大学教育组得到的倾向得分直方图。图中圆点和白色分别代表控制组、处理组没有匹配的对象，灰色和黑色分别代表控制组、处理组有匹配的对象，可以看到圆点和白色区域较少，大多数观测值均有匹配的对象，均在共同取值范围内，因此在进行倾向匹配时仅损失较少的样本，满足共同支撑假设。

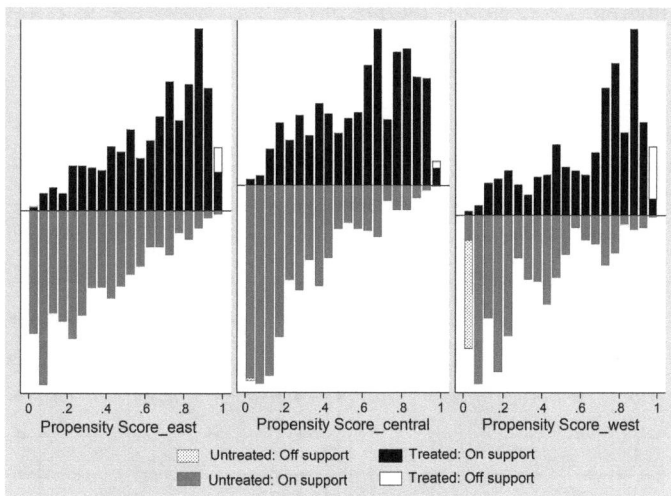

图 4-1　大学学历组和高中学历组倾向得分直方图

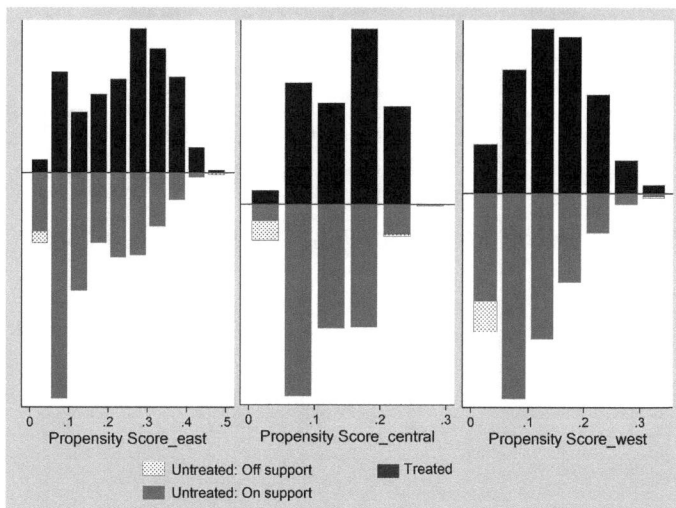

图 4-2　高质量大学教育组和普通大学教育组倾向得分直方图

（2）协变量的平衡性检验

本研究借鉴Rubin（2001）[276]的方法，进行平衡性检验，主要是观察匹配前后处理组与控制组各个协变量标准化偏差的变化，标准化偏差减小表明匹配后的处理组与控制组差异减小，还需要考察匹配后两组各个协变量均值差异是否显著，用t检验进行判断。本研究使用学者们最常用的三种匹配方法进行匹配，分别是最近邻匹配法、卡尺匹配法以及核匹配法，但由于各种匹配法之间的匹配结果非常相似，因此本研究在此处只呈现了核匹配结果，图4-3、图4-4分别是东、中、西部地区核匹配下的大学学历组和高中学历组、高质量大学教育组和普通大学教育组匹配前后的标准化偏差变化图。表4-4、表4-5是对东部地区进行核匹配前后的均值差异比较表，对中部和西部地区按照同样的方法进行处理，具体结果见表4-6、表4-7、表4-8、表4-9。

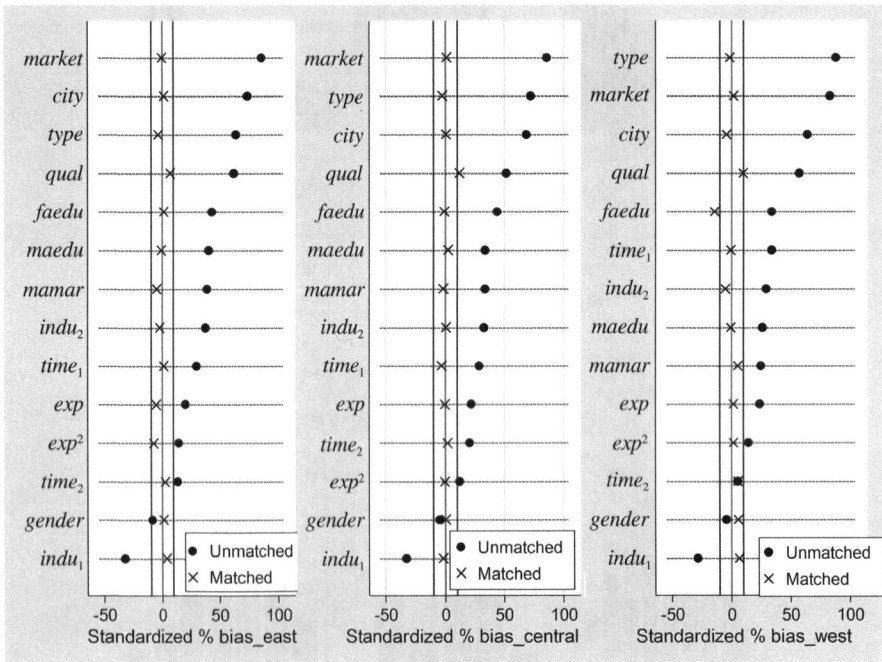

图4-3　大学学历组和高中学历组匹配前后标准化偏差变化图

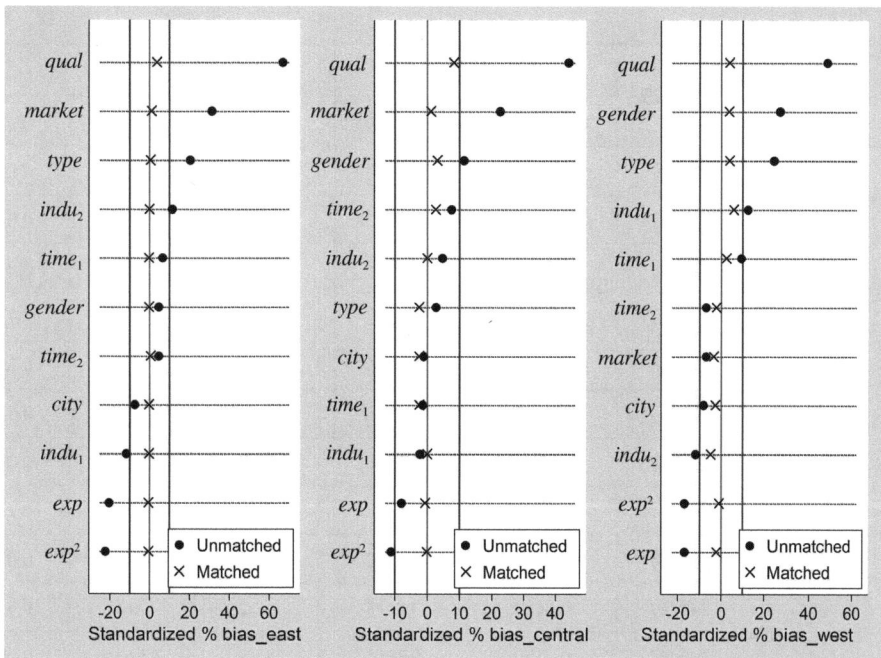

图4-4　高质量大学教育组和普通大学教育组匹配前后标准化偏差变化图

图4-3、图4-4中两条粗竖线所表示的范围代表10%以内的标准化偏差，匹配后如果处理组与控制组协变量的标准化偏差小于10%，则意味着匹配比较成功。由图4-3可以看到，匹配之后，东部和中部地区大学学历组与高中学历组的各个协变量的标准化偏差均减小，并且小于10%，表明匹配之后两组差异减小，匹配较成功。在西部地区，协变量父亲受教育程度的标准化偏差大于10%，达到14.7%，但Rubin（1985）[277]指出，匹配后处理组与控制组协变量标准化偏差小于20%，也可以表明匹配较成功，并且西部地区的标准化偏差呈现大幅下降，因此匹配同样比较成功。由图4-4可以看到，在三大区域中，高质量大学教育组和普通大学教育组在匹配后协变量的标准化偏差均减小，并且均在10%的范围内，表明在质量方面匹配也比较成功。

表4-4　东部地区匹配前后大学学历组与高中学历组协变量均值差异比较

变量	匹配状态	均值		标准偏差/%	t检验	
		大学学历组	高中学历组		t统计量	p值
工作年限exp	匹配前	14.7180	12.6800	20.3	5.640	0.000
	匹配后	14.8800	15.4540	−5.7	−1.500	0.133

续　表

变量	匹配状态	均值		标准偏差 /%	t检验	
		大学学历组	高中学历组		t统计量	p值
工作年限的平方exp^2	匹配前	316.3800	262.3500	14.6	4.070	0.000
	匹配后	321.4700	351.0400	−8.0	−2.090	0.036
性别$gender$	匹配前	0.5601	0.6054	−9.2	−2.550	0.011
	匹配后	0.5640	0.5582	1.2	0.320	0.753
工作类型$type$	匹配前	0.6185	0.3165	63.5	17.650	0.000
	匹配后	0.6126	0.6306	−3.8	−1.000	0.315
第二产业$indu_1$	匹配前	0.1833	0.3240	−32.7	−9.060	0.000
	匹配后	0.1869	0.1692	4.1	1.250	0.211
第三产业$indu_2$	匹配前	0.8052	0.6392	37.7	10.440	0.000
	匹配后	0.8022	0.8118	−2.2	−0.660	0.511
劳动力市场$market$	匹配前	0.7179	0.3265	85.2	23.630	0.000
	匹配后	0.7132	0.7165	−0.7	−0.200	0.844
城乡特征$city$	匹配前	0.8946	0.5960	72.9	20.090	0.000
	匹配后	0.8932	0.8890	1.0	0.370	0.714
时代特征$time_1$	匹配前	0.2183	0.1088	29.9	8.350	0.000
	匹配后	0.2040	0.1988	1.4	0.350	0.725
时代特征$time_2$	匹配前	0.5910	0.5241	13.5	3.750	0.000
	匹配后	0.6023	0.5883	2.8	0.770	0.439
高中教育质量$qual$	匹配前	0.4332	0.1645	61.4	17.130	0.000
	匹配后	0.4230	0.3912	7.3	1.750	0.081
父亲受教育程度$faedu$	匹配前	0.3539	0.1682	43.2	12.060	0.000
	匹配后	0.3436	0.3373	1.5	0.360	0.717
母亲受教育程度$maedu$	匹配前	0.2780	0.1188	40.7	11.370	0.000
	匹配后	0.2649	0.2688	−1.0	−0.240	0.810
母亲劳动力市场$mamar$	匹配前	0.2653	0.1151	39.0	10.890	0.000
	匹配后	0.2553	0.2752	−5.2	−1.220	0.223

表4-5　东部地区匹配前后高质量大学教育组与普通大学教育组协变量均值差异比较

变量	匹配状态	均值		标准偏差/%	t检验	
		高质量大学组	普通大学组		t统计量	p值
工作年限exp	匹配前	8.2911	9.9287	−20.4	−2.980	0.003
	匹配后	8.2911	8.3449	−0.7	−0.090	0.928
工作年限的平方 exp^2	匹配前	120.4300	175.7600	−22.3	−3.190	0.001
	匹配后	120.4300	121.6800	−0.5	−0.070	0.941
性别gender	匹配前	0.5582	0.5346	4.7	0.740	0.462
	匹配后	0.5582	0.5593	−0.2	−0.030	0.978
工作类型type	匹配前	0.6199	0.5195	20.4	3.130	0.002
	匹配后	0.6199	0.6172	0.5	0.070	0.948
第二产业$indu_1$	匹配前	0.1884	0.2363	−11.7	−1.780	0.076
	匹配后	0.1884	0.1892	−0.2	−0.030	0.979
第三产业$indu_2$	匹配前	0.8048	0.7572	11.5	1.750	0.081
	匹配后	0.8048	0.8052	−0.1	−0.010	0.991
劳动力市场market	匹配前	0.7843	0.6455	31.1	4.610	0.000
	匹配后	0.7843	0.7796	1.0	0.140	0.892
城乡特征city	匹配前	0.7089	0.7421	−7.4	−1.170	0.243
	匹配后	0.7089	0.7103	−0.3	−0.040	0.971
时代特征$time_1$	匹配前	0.5685	0.5360	6.5	1.010	0.312
	匹配后	0.5685	0.5697	−0.2	−0.030	0.976
时代特征$time_2$	匹配前	0.3904	0.3674	4.7	0.740	0.460
	匹配后	0.3904	0.3875	0.6	0.070	0.942
高中教育质量qual	匹配前	0.7774	0.4712	66.6	9.790	0.000
	匹配后	0.7774	0.7604	3.7	0.490	0.627

注：表4-4、表4-5中的均值呈现的目的是考察匹配后处理组与控制组的均值差异是否减小，如果减小，表明匹配有效果，并不体现其实际统计意义，并且两组的均值差异是否减小可由标准偏差判断，均值差异是否显著可由t检验进行判断，因此不对匹配前后均值的具体数值进行分析。表4-6、表4-7、表4-8、表4-9、表4-16、表4-17、表4-18、表4-19中的均值与表4-4、表4-5同理，均值在此处不体现实际统计意义，不对其数值进行具体分析。

表4-4、表4-5呈现了由t检验对东部地区大学学历组与高中学历组、高质量大学教育组与普通大学教育组的协变量均值进行差异显著性检验结果，由表4-4可以发现，性别、就业特征、城乡特征、时代特征及家庭背景特征在匹配前的均值都存在显著差异，在匹配后，t统计量大幅减小，都不显著，高中教育质量的均值在匹配后0.1的显著性水平存在显著差异，但其t统计量大幅减小，表明匹配仍有一定的效

果，协变量的平衡性较好。由表4-5可以发现，就业特征和高中教育质量在匹配前的均值都存在显著差异，其他协变量均值差异不显著，匹配后，所有协变量的 t 统计量均大幅减小，均值都不存在显著差异，表明东部地区高质量大学教育组与普通大学教育组之间不存在显著差异，满足平衡性检验。

表4-6、表4-7呈现了由 t 检验对中部地区大学学历组与高中学历组、高质量大学教育组与普通大学教育组的协变量均值进行差异显著性检验结果，由表4-6可以发现，就业特征、城乡特征、时代特征及家庭背景特征在匹配前的均值都存在显著差异，在匹配后，所有协变量 t 统计量均大幅减小，不存在显著差异，高中教育质量的均值在匹配后0.05的显著性水平下存在显著差异，但其 t 统计量大幅减小，表明匹配仍有一定的效果，协变量的平衡性较好。由表4-7可以发现，劳动力市场和高中教育质量在匹配前的均值都存在显著差异，其他协变量均值差异不显著，匹配后，所有协变量的 t 统计量均大幅减小，均值都不存在显著差异，表明中部地区高质量大学教育组与普通大学教育组之间不存在显著差异，满足平衡性检验。

表4-6　中部地区匹配前后大学学历组与高中学历组协变量均值差异比较

变量	匹配状态	均值		标准偏差 /%	t 检验	
		大学学历组	高中学历组		t 统计量	p 值
工作年限 exp	匹配前	15.7070	13.4910	21.7	5.270	0.000
	匹配后	15.7380	15.8120	−0.7	−0.170	0.863
工作年限的平方 exp^2	匹配前	340.8700	296.6500	12.0	2.910	0.004
	匹配后	342.0300	343.7200	−0.5	−0.110	0.913
性别 $gender$	匹配前	0.5905	0.6143	−4.9	−1.190	0.232
	匹配后	0.5905	0.5883	0.4	0.100	0.923
工作类型 $type$	匹配前	0.7418	0.4073	71.9	17.420	0.000
	匹配后	0.7406	0.7533	−2.7	−0.660	0.512
第二产业 $indu_1$	匹配前	0.1860	0.3275	−32.8	−7.900	0.000
	匹配后	0.1869	0.1957	−2.0	−0.500	0.617
第三产业 $indu_2$	匹配前	0.7953	0.6502	32.8	7.920	0.000
	匹配后	0.7942	0.7935	0.2	0.040	0.966
劳动力市场 $market$	匹配前	0.7112	0.3187	85.4	20.860	0.000
	匹配后	0.7097	0.7056	0.9	0.210	0.837
城乡特征 $city$	匹配前	0.9041	0.6319	68.1	16.010	0.000
	匹配后	0.9036	0.9032	0.1	0.030	0.974

变量	匹配状态	均值		标准偏差/%	t检验	
		大学学历组	高中学历组		t统计量	p值
时代特征 $time_1$	匹配前	0.2137	0.1096	28.5	7.170	0.000
	匹配后	0.2097	0.2221	−3.4	−0.670	0.501
时代特征 $time_2$	匹配前	0.6321	0.5311	20.6	5.020	0.000
	匹配后	0.6352	0.6273	1.6	0.370	0.712
高中教育质量 $qual$	匹配前	0.4768	0.2382	51.4	12.780	0.000
	匹配后	0.4742	0.4191	11.9	2.490	0.013
父亲受教育程度 $faedu$	匹配前	0.3640	0.1739	43.9	11.000	0.000
	匹配后	0.3608	0.3647	−0.9	−0.180	0.856
母亲受教育程度 $maedu$	匹配前	0.2522	0.1225	33.7	8.480	0.000
	匹配后	0.2485	0.2402	2.1	0.430	0.666
母亲劳动力市场 $mamar$	匹配前	0.2255	0.1028	33.6	8.470	0.000
	匹配后	0.2227	0.2304	−2.1	−0.420	0.678

表4-7　中部地区匹配前后高质量大学教育组与普通大学教育组协变量均值差异比较

变量	匹配状态	均值		标准偏差/%	t检验	
		高质量大学组	普通大学组		t统计量	p值
工作年限 exp	匹配前	9.3576	10.0860	−8.1	−0.900	0.370
	匹配后	9.3576	9.4183	−0.7	−0.060	0.951
工作年限的平方 exp^2	匹配前	160.6300	190.9300	−11.2	−1.200	0.229
	匹配后	160.6300	161.4300	−0.3	−0.030	0.977
性别 $gender$	匹配前	0.6291	0.5735	11.4	1.300	0.194
	匹配后	0.6291	0.6135	3.2	0.280	0.780
工作类型 $type$	匹配前	0.6093	0.5960	2.7	0.310	0.756
	匹配后	0.6093	0.6218	−2.5	−0.220	0.824
第二产业 $indu_1$	匹配前	0.2119	0.2218	−2.4	−0.280	0.783
	匹配后	0.2119	0.2118	0.0	0.000	0.998
第三产业 $indu_2$	匹配前	0.7815	0.7620	4.6	0.530	0.597
	匹配后	0.7815	0.7818	−0.1	−0.010	0.995
劳动力市场 $market$	匹配前	0.7219	0.6159	22.6	2.530	0.011
	匹配后	0.7219	0.7167	1.1	0.100	0.921

变量	匹配状态	均值		标准偏差 /%	t检验	
		高质量大学组	普通大学组		t统计量	p值
城乡特征 city	匹配前	0.6954	0.7006	−1.1	−0.130	0.895
	匹配后	0.6954	0.7071	−2.6	−0.220	0.824
时代特征 time₁	匹配前	0.5364	0.5437	−1.5	−0.170	0.866
	匹配后	0.5364	0.5494	−2.6	−0.220	0.822
时代特征 time₂	匹配前	0.4106	0.3742	7.4	0.860	0.388
	匹配后	0.4106	0.3979	2.6	0.220	0.823
高中教育质量 qual	匹配前	0.7483	0.5428	43.9	4.820	0.000
	匹配后	0.7483	0.7091	8.4	0.760	0.445

表4-8、表4-9呈现了由 t 检验对西部地区大学学历组与高中学历组、高质量大学教育组与普通大学教育组的协变量均值进行差异显著性检验结果，由表4-8可以发现，就业特征、城乡特征、高中教育质量及家庭背景特征在匹配前的均值都存在显著差异，在匹配后，所有协变量的 t 统计量均大幅减小，呈现不显著状态，父亲受教育程度的均值在匹配后0.05的显著性水平存在显著差异，但其 t 统计量大幅减小，表明匹配仍有一定的效果，协变量的平衡性较好。由表4-9可以发现，性别、工作类型和高中教育质量在匹配前的均值都存在显著差异，其他协变量均值差异不显著，匹配后，所有协变量的 t 统计量均大幅减小，均值都不存在显著差异，表明西部地区高质量大学教育组与普通大学教育组之间不存在显著差异，满足平衡性检验。

表4-8　西部地区匹配前后大学学历组与高中学历组协变量均值差异比较

变量	匹配状态	均值		标准偏差 /%	t检验	
		大学学历组	高中学历组		t统计量	p值
工作年限 exp	匹配前	15.1790	12.8320	23.7	4.250	0.000
	匹配后	15.4470	15.3270	1.2	0.210	0.831
工作年限的平方 exp^2	匹配前	321.5500	270.1400	14.3	2.570	0.010
	匹配后	331.1300	326.1000	1.4	0.250	0.805
性别 gender	匹配前	0.5836	0.6058	−4.5	−0.810	0.416
	匹配后	0.5805	0.5542	5.4	0.910	0.365
工作类型 type	匹配前	0.7279	0.3252	88.1	15.850	0.000
	匹配后	0.7158	0.7241	−1.8	−0.320	0.751

变量	匹配状态	均值		标准偏差 /%	t检验	
		大学学历组	高中学历组		t统计量	p值
第二产业 $indu_1$	匹配前	0.1475	0.2619	−28.6	−5.120	0.000
	匹配后	0.1541	0.1288	6.3	1.240	0.215
第三产业 $indu_2$	匹配前	0.8361	0.7151	29.3	5.240	0.000
	匹配后	0.8288	0.8520	−5.6	−1.080	0.279
劳动力市场 $market$	匹配前	0.6902	0.3079	82.7	14.900	0.000
	匹配后	0.6764	0.6712	1.1	0.190	0.851
城乡特征 $city$	匹配前	0.9115	0.6619	63.9	11.350	0.000
	匹配后	0.9075	0.9251	−4.5	−1.080	0.280
时代特征 $time_1$	匹配前	0.2459	0.1180	33.6	6.110	0.000
	匹配后	0.2123	0.2157	−0.9	−0.140	0.888
时代特征 $time_2$	匹配前	0.6033	0.5799	4.8	0.860	0.391
	匹配后	0.6301	0.6058	4.9	0.850	0.393
高中教育质量 $qual$	匹配前	0.4721	0.2115	57.1	10.360	0.000
	匹配后	0.4486	0.4053	9.5	1.500	0.135
父亲受教育程度 $faedu$	匹配前	0.3361	0.1899	33.6	6.100	0.000
	匹配后	0.3236	0.3875	−14.7	−2.280	0.023
母亲受教育程度 $maedu$	匹配前	0.2426	0.1410	26.0	4.720	0.000
	匹配后	0.2329	0.2367	−1.0	−0.160	0.877
母亲劳动力市场 $mamar$	匹配前	0.1738	0.0907	24.7	4.490	0.000
	匹配后	0.1712	0.1541	5.1	0.790	0.428

表4-9 西部地区匹配前后高质量大学教育组与普通大学教育组协变量均值差异比较

变量	匹配状态	均值		标准偏差 /%	t检验	
		高质量大学组	普通大学组		t统计量	p值
工作年限 exp	匹配前	8.7792	10.2370	−17.1	−1.360	0.174
	匹配后	8.7792	8.9707	−2.3	−0.150	0.882
工作年限的平方 exp^2	匹配前	140.2300	185.1700	−17.1	−1.330	0.183
	匹配后	140.2300	143.0900	−1.1	−0.080	0.940
性别 $gender$	匹配前	0.6883	0.5580	27.0	2.190	0.029
	匹配后	0.6883	0.6718	3.4	0.220	0.828
工作类型 $type$	匹配前	0.7403	0.6280	24.2	1.940	0.053
	匹配后	0.7403	0.7233	3.7	0.240	0.814

变量	匹配状态	均值		标准偏差 /%	t检验	
		高质量大学组	普通大学组		t统计量	p值
第二产业 $indu_1$	匹配前	0.2208	0.1717	12.3	1.060	0.288
	匹配后	0.2208	0.1982	5.7	0.340	0.733
第三产业 $indu_2$	匹配前	0.7662	0.8156	−12.1	−1.040	0.298
	匹配后	0.7662	0.7869	−5.1	−0.310	0.760
劳动力市场 $market$	匹配前	0.6104	0.6455	−7.2	−0.610	0.545
	匹配后	0.6104	0.6271	−3.4	−0.210	0.832
城乡特征 $city$	匹配前	0.7533	0.7886	−8.4	−0.710	0.478
	匹配后	0.7533	0.7649	−2.8	−0.170	0.867
时代特征 $time_1$	匹配前	0.5844	0.5390	9.1	0.760	0.450
	匹配后	0.5844	0.5725	2.4	0.150	0.882
时代特征 $time_2$	匹配前	0.3507	0.3847	−7.0	−0.580	0.562
	匹配后	0.3507	0.3614	−2.2	−0.140	0.890
高中教育质量 $qual$	匹配前	0.7662	0.5421	48.3	3.780	0.000
	匹配后	0.7662	0.7491	3.7	0.250	0.806

（3）三种匹配方法的匹配质量检测

在检验平衡性假定时，还有一种方法是检验整体匹配质量的相关指标，即伪R^2（Pseudo-R^2）、似然比χ^2检验（LR chi2）、偏差均值（Meanbias）、B值和R值，其中，偏差均值为标准化偏差的均值，B值为处理组与控制组倾向得分均值的标准化差异，R值为处理组倾向得分方差与控制组倾向得分方差的比值，根据Rubin（2001）提到的，如果B值小于25%并且R值在[0.5，2]的范围内，则表明匹配充分满足平衡假定条件，匹配质量较高[276]15–18。

由表4–10可以看到，无论使用哪一种匹配方法，相比匹配前，匹配后的伪R^2、似然比χ^2检验、偏差均值、B值均大幅减小，R值基本均在[0.5，2]的范围内。在大学学历组与高中学历组的匹配中，卡尺匹配法和核匹配法的B值在三大区域均显著下降，最近邻匹配法的B值在东部和中部地区显著下降，并且小于25%，但在西部地区为41.6%，匹配质量不高，而且在高质量大学教育组与普通大学教育组的匹配中，西部地区的最近邻匹配法的B值也大于25%，同时东部和西部地区的R值大幅提升，匹配效果较差，最近邻匹配法质量不高。观察卡尺匹配法和核匹配法，这两种方法的伪R^2、似然比χ^2检验、偏差均值相较于最近邻匹配法均较小，并且B值和R值也较小，似然比χ^2值越小，表明匹配后大学学历组与高中学历组、高质量大学教育组与普通大学教育组的各个协变量的均值差异越小，同时伪R^2均大幅减小为0.000～0.011，表明了匹配后各个协变量在两组中没有显著差异，卡尺匹配法和核匹配法均符合平衡性假定条件，匹配效果较好。进一步比较发现，在大学学历组与高中学历组的匹配中，核匹配法的伪R^2、似然比χ^2检验小于卡尺匹配法，并且B值也较小，表明在此处核匹配法的效果更优。而在高质量大学教育组与普通大学教育组的匹配中，卡尺匹配法的伪R^2、似然比χ^2检验、B值更小，在该匹配中卡尺匹配法的效果更优。

表4-10　三种匹配法的匹配质量检测

区域	匹配法	大学学历组与高中学历组					高质量大学教育组与普通大学教育组				
		伪R^2	似然比χ^2检验	偏差均值	B值	R值	伪R^2	似然比χ^2检验	偏差均值	B值	R值
东部	匹配前	0.272	1 161.61	40.3	137.3*	0.95	0.087	135.21	18.8	78.6*	0.74
	最近邻匹配法	0.008	30.62	3.6	20.5	1.00	0.009	7.24	3.6	17.4	17.62*
	卡尺匹配法	0.006	25.56	3.5	18.7	1.05	0.000	0.23	1.1	4.0	1.11
	核匹配法	0.004	18.06	3.3	15.7	1.09	0.000	0.32	0.7	4.7	0.98
中部	匹配前	0.274	921.26	38.7	138.9*	0.79	0.039	36.26	10.6	53.6*	0.80
	最近邻匹配法	0.009	24.42	4.2	22.1	1.03	0.011	4.67	6.6	24.9	1.41
	卡尺匹配法	0.004	10.3	2.5	14.3	1.33	0.002	0.64	1.5	9.2	0.90
	核匹配法	0.004	10.2	2.1	14.2	1.23	0.002	1.00	2.2	11.5	1.12
西部	匹配前	0.298	537.24	36.8	145.6*	0.85	0.058	28.40	17.3	67.4*	0.70
	最近邻匹配法	0.031	49.51	8.2	41.6*	0.99	0.049	10.41	6.3	41.7*	58.03*
	卡尺匹配法	0.010	15.98	4.1	23.5	1.40	0.001	0.14	1.7	6.1	1.09
	核匹配法	0.011	17.06	4.5	24.3	1.34	0.002	0.44	3.2	10.7	1.20

注：$B>25\%$或R在区间[0.5，2]之外者均标注*，未标注*代表匹配较成功。

4.2.2.3　基于倾向得分匹配法的溢价估计

在满足共同支撑假设、平衡性检验的基础上，为了使得估计的结果具有稳定性，将使用匹配效果较优的两种方法——卡尺匹配法和核匹配法，对东、中、西部地区高等教育"量""质"溢价进行反事实估计。由于一般所汇报的标准差并不是根据倾向得分推导出来的标准差，因此本研究参考Abadie和Imbens（2006）[278]使用自助法（Bootstrap）重复500次检验估计平均处理效应的统计显著性和标准差，具体结果见表4-11。

表4-11　高等教育"量""质"溢价的反事实估计

匹配法	高等教育"量"溢价			高等教育"质"溢价		
	东部	中部	西部	东部	中部	西部
卡尺范围	0.08	0.08	0.08	0.02	0.02	0.02
卡尺匹配法	0.3390***	0.2348***	0.2497***	0.2675***	0.2682***	0.1415*
*Bootstrap*标准差	0.0432	0.0336	0.0505	0.0466	0.0556	0.0834
核匹配法	0.3396***	0.2319***	0.2502***	0.2637***	0.2813***	0.1413*
*Bootstrap*标准差	0.0500	0.0342	0.0500	0.0455	0.0545	0.0797
OLS估计	0.3079***	0.2233***	0.2046***	0.2492***	0.2679***	0.1466**
标准差	0.0305	0.0343	0.0450	0.0455	0.0607	0.0723

注：表中***、**、*分别表示在1%、5%与10%的统计水平上显著。

根据表4-11发现，三大区域高等教育"量""质"溢价在卡尺匹配法、核匹配法、OLS估计中均比较显著，可以得到以下结论。

1.高等教育"量"溢价

在高等教育"量"溢价的反事实估计中，卡尺匹配法与核匹配法得到的估计结果基本一致。平均而言，东部、中部和西部地区的"量"溢价分别达到33.93%、23.34%、25.00%，而OLS估计因为未涉及样本自选择问题而给出了向下估计，从而低估了高等教育"量"溢价。观察三大区域溢价结果，发现三大区域溢价从大到小依次是东部、西部、中部，这与OLS估计得到的结果不一致，OLS估计带来了较大的偏误。中部和西部地区经济水平均较落后，"量"溢价水平比较接近，但西部地区实施西部大开发政策，提出发展西部教育是实施西部大开发战略的关键所在，接受高等教育成为当务之急，并且对于接受高等教育劳动力的需求较大，进一步加剧了拥有大学学历与拥有高中学历劳动个体的收入差距，导致比中部地区高了接近两个百分点。如果将高等教育作为4年计算，则接受一年高等教育，三大区域劳动力的收入分别可以提高8.48%、5.84%、6.25%。

2.高等教育"质"溢价

在高等教育"质"溢价的反事实估计中，卡尺匹配法与核匹配法得到的估计结果基本一致，平均而言，东部、中部和西部地区的"质"溢价分别达到26.56%，27.48%、14.14%，OLS对"质"溢价的估计也呈现了向下估计，表明存在偏误，但总体上没有"量"溢价的偏误大。比较三大区域的"质"溢价得到与OLS估计结果的排序一致，从大到小依次是中部、东部、西部。如果将高等教育作为4年计算，则东、中、西地区接受一年高质量高等教育的劳动个体比接受普通高校高等教育的个体的收入分别提高6.64%、6.87%、3.54%，其中东部和中部的"质"溢价比较接近，西部溢价最低，这也从侧面反映了相对于其他地区而言，中国西部地区的整体教育质量比较低，接受高质量高等教育的劳动个体并未体现出其学校质量的优势，一是出于西部地区经济落后的原因，二是西部地区"985工程""211工程"高校的教学质量可能与东部、中部地区依然存在差距，学生的真实能力并未体现出高质量的职业技能，导致收入差距并不大。

3.高等教育"量""质"溢价的比较

观察三大区域各自"量""质"溢价的大小，发现东部和西部地区"量"溢价均高于"质"溢价，而中部地区正好相反，这与OLS之前的分析结果一致。东部和西部地区的收入差距更多地受到学历的影响，学历越高，收入差距就越大，而中部地区的收入差距更多地受到高校类型的影响，接受的高等教育越是出自高质量学校，收入差距越大。对于东部地区来说，属于经济发达地区，并且"985工程""211工程"高校数量较多，学历的提升和高质量教育的接受均对其收入产生促进作用，但总体而言，"985工程""211工程"高校对劳动个体的增值性培养，相对于整个高等教育而言略显不足，东部地区还需要进一步加强"一流高校、一流学科"对人力资本的增值性培养。对于西部地区来说，属于经济落后地区，"985工程""211工程"高校数量较少，其情况与东部地区正好相反，对于经济落后地区的教育，首要任务是提升劳动力教育素质，也就是教育程度，相比接受高质量的高等教育而言，提升接受高等教育的数量更重要，整体人口素质的提升，对于经济的发展有重要作用，虽然接受高等教育与接受高质量高等教育均会使收入显著增加，但对于西部地区整个教育而言，"985工程""211工程"对人力资本的增值性培养并未体现较大优势，西部地区应该在保障整个高等教育推进的前提，逐步进行"双一流"对人力资本的增值性培养，也进一步对西部地区的经济作出贡献。对于中部地区来说，属于经济次发达地区，但其拥有丰富的地矿资源，重工业基础良好，并且第一批"双一流"高校从中部地区产生，从高质量高校毕业的学生拥有与学校质量的同等优势，其真实能力与所需要的高超的职业技能相匹配，因此对于整个高等教育而言，中部地区的"985工程""211工程"对人力资本的增值性培养具有较大优势，并且重工业的发展，更是需要较多的高质量人才，但是整体的高等教育水平略显不足，中部地区应该在保持"双一流"对人力资本增值性培养的基础上，提升整体的高等教育水平，为中部地区的崛起作出贡献。

总体而言，OLS估计存在一些局限性，由于未涉及样本自选择问题导致的内生性问题，通过倾向得分匹配方法得到了弥补，通过OLS估计会存在明显的向下估计，低估了高等教育"量""质"溢价，这与张永丽（2018）[72]125-130、方超（2020）[78]72-75等学者的结论一致。本研究接下来基于核匹配法和卡尺匹配法分别对不同时代下的"量""质"溢价进行测算，观察扩招政策带来的影响。

4.2.2.4　不同时代下的高等教育"量""质"溢价

在前文分析了倾向得分匹配中的三种匹配方法的质量，可以发现核匹配法对于估算高等教育"量"溢价效果较好，卡尺匹配法对于估算高等教育"质"溢价效果较好，并且卡尺匹配法和核匹配法的估计结果基本一致，因此在估算不同时代下的高等教育"量""质"溢价时，分别采用各自最优的匹配方法进行估算，即高等教育"量"溢价基于核匹配法进行估算，高等教育"质"溢价基于卡尺匹配法进行估算，具体结果见表4-12。

表4-12　不同时代下的高等教育"量""质"溢价估计

变量	高等教育"量"溢价			高等教育"质"溢价		
	东部	中部	西部	东部	中部	西部
时代特征 $time_1$	0.1148	0.2113***	0.4051**	0.3309***	0.2278**	0.2389**
Bootstrap 标准差	0.1821	0.0787	0.1710	0.0632	0.0883	0.0977
时代特征 $time_2$	0.3733***	0.2164***	0.2488***	0.1475*	0.2179***	−0.1034
Bootstrap 标准差	0.0741	0.0410	0.0850	0.0811	0.0824	0.1609

注：表中***、**、*分别表示在1%、5%与10%的统计水平上显著。

时代特征 $time_1$ 代表受到高校扩招政策影响的群体，时代特征 $time_2$ 代表未受到高校扩招政策影响的群体。由表4-12可以看到，大多数地区的收入差距均受到时代的影响，并且较显著。

在高等教育"量"溢价方面，东部和中部地区在扩招政策实施后，其"量"溢价均减小，也就是说高校扩招的政策使得东部地区和中部地区的收入差距有所减小，并且中部地区的估计值比较显著，在扩招政策实施后，"量"溢价从21.64%下降为21.13%，下降了0.51个百分点，表明在东部和中部地区，高校扩招使得接受高等教育的人数增多，由此带来了过多的劳动供给，而使得劳动成本下降，也就是使得拥有大学学历的劳动者收入降低，从而缩小收入差距。而在西部地区，扩招政策实施后，"量"溢价并未降低，反而显著增加，从24.88%增加到40.51%，增加了15.63%，扩招政策的实施使得西部地区的高等教育劳动力供给增加，但对于西部地区来说，不同于东部和中部地区，其重在接受高等教育的数量，因此增加的高等教育劳动力供给并未超过劳动力需求，在这样的条件下，拥有大学学历的劳动者明显比拥有高中学历的劳动者有优势，扩招政策的实施更是加剧了这一现象，明显导致收入差距的增加。

在高等教育"质"溢价方面，三大区域在扩招政策实施后溢价值均显著增加，其中东部地区由14.75%显著增加到33.09%，增加了18.34%，中部地区由21.79%显著增加到22.78%，增加了0.99%，西部地区在扩招政策实施前的溢价值为负，并且不显著，而在扩招政策实施后的溢价值在5%的统计水平上显著，达到23.89%。扩招政策实施虽然使得接受高等教育的人数增多，也就是拥有大学学历的劳动力供给增多，但是并未影响到对拥有"985工程""211工程"高质量高等教育的劳动力需求，三大区域对于高质量人才的需求并未减少，而且扩招政策的实施也使得普通大学学历的劳动成本降低，进一步增加了收入差距。在现实生活中也不难发现，许多地方采取人才引进措施、招聘条件要求"985工程""211工程"高校毕业生等，对于高质量人才的需求只增不减，因此扩招政策的实施并未带来高等教育"质"溢价的下降。

比较同一时代的高等教育"量""质"溢价可以发现，在扩招政策实施前，东部地区的"量"溢价显著高于"质"溢价，在实施扩招政策后，"质"溢价显著提升。中部地区在实施扩招政策前后均是"质"溢价大于"量"溢价，并且比较显著，这与前文对整体的"量""质"溢价探讨的结果一致，高校类型对于中部地区的收入差距具有非常显著的影响。而西部地区在扩招政策实施前后均是"量"溢价大于"质"溢价，表明拥有大学学历对于收入的影响有较大的优势，这与前文的讨论也一致，西部地区的收入差距更多地受到学历的影响。并且比较三大区域在扩招政策实施前后的变动情况发现，东部和西部地区的"量"溢价变动均大于"质"溢价变动，而中部地区"量"溢价的变动（0.51%）小于"质"溢价的变动（0.99%），因此扩招政策的实施对不同区域的影响不同，对东部和西部地区高等教育"量"溢价影响更大，对中部地区高等教育"质"溢价影响更大。

总而言之，基于倾向得分匹配中的核匹配法和卡尺匹配法，得到不同时代特征的高等教育"量""质"溢价，主要反映扩招政策实施前后的变化。扩招政策的实施使得高等教育"量"溢价在不同地区发生不同的变动，但在"质"溢价方面，三大区域的变化比较一致，扩招政策并未带来高等教育"质"溢价的下降，这也与方超（2018）[53]27-30 的结论一致。扩招政策对东部和西部地区高等教育"量"溢价带来更大的影响，对中部地区高等教育"质"溢价带来更大的影响。

4.3 分学历层次大学溢价的测度与分析

4.3.1 数据来源与变量选择

本研究所使用的数据来自2018年由北京大学中国社会科学调查中心（ISSS）实施，国内外多所高校、研究机构提供支持的中国家庭追踪调查（China Family Panel Studies，CFPS）[279]。CFPS旨在通过跟踪收集个体、家庭、社区三个层次的数据，反映中国社会、经济、人口、教育和健康的变迁，为学术研究和公共政策分析提供数据基础，重点关注中国居民的经济与非经济福利，以及包括经济活动、教育成果、家庭关系与家庭动态、人口迁移、健康等在内的诸多研究主题，是一项全国性、大规模、多学科的社会跟踪调查项目[280]。CFPS样本覆盖25个省（自治区、直辖市），目标样本规模为16 000户，调查对象包含样本户中的全部家庭成员。CFPS于2008年、2009年两年在北京、上海、广东三地分别开展了初访与追访的测试调查，并于2010年正式开展访问。经2010年基线调查界定出来的所有基线家庭成员及其今后的血缘/领养子女将作为CFPS的基因成员，成为永久追踪对象。CFPS调查问卷共有社区问卷、家庭问卷、成人问卷和少儿问卷四种主体问卷类型，并在此基础上不断发展出针对不同性质家庭成员的长问卷、短问卷、代答问卷、电访问卷等多种问卷类型[281]。

之所以选择CFPS数据库，因其涵盖包括个人基本信息、教育程度、就业信息、社会满意度等多方面从主、客观反映受调查者信息的变量。并且由于微观数据库调查工作量大，更新时间较为缓慢，CFPS微观数据库不仅距今时间较短，并且包含数目较中国家庭收入项目调查、中国综合社会调查数据库（CGSS）等其他数据库拥有更多的硕博学历样本，能够为分层次高等教育溢价研究提供较为可信的样本支持。

目前CFPS2018数据库是最新公开的数据，通过对总体及不同层次高等教育溢价情况进行测度，分析在高校扩招政策的影响下，我国总体高等教育的溢价情况及不同层次高等教育间溢价的程度变动情况。因此本研究选取CFPS中年龄在18～50岁（假设个体退出劳动市场的年龄为50岁）、拥有高中及以上学历的样本2 427个。

我国普通高等教育即通常所提及的高等教育，指主要招收高中毕业生进行全日制学习的专业教育，其对象主要是处于成长阶段的青少年，采取全日制教学形式。普通高等教育属于统招，包括普通全日制专科、普通全日制本科（普通全日制统招的四年制、五年制的本科和通过统招专升本考试录取的二年制本科）、普通全日制第二学士学位、普通全日制统招硕士学位研究生（学术型硕士和专业型硕士）、非全日制统招硕士学位研究生（学术型硕士和专业型硕士）、普通全日制博士学位研究生。因此，本研究将高等教育的层次划分为高等职业教育、普通本科以及研究生层次，得到：拥有高中学历的样本905个，拥有高等职业教育学历的样本754个，拥有本科学历的样本710个，研究生学历样本58个，满足模型基本需求。

1.被解释变量：年劳动收入 Ln*income*$_i$

研究高等教育溢价，实质上是研究样本接受高等教育与未接受高等教育情况下，其劳动收入的差异，已有研究多使用年劳动收入作为被解释变量，其中包括货币补贴、共同收入等。因此本研究的被解释变量为样本的税后年劳动收入的对数，用 Ln*income*$_i$表示。

2.处理变量

本研究涉及的处理变量包括学历 *Edu*、高等教育层次 H_j、扩招政策虚拟变量 *Expand*、交互项 *Expand* $\times$ H_j。

针对总体高等教育溢价进行估计时，考察的是拥有高等教育学历的样本与未接受高等教育的样本在劳动收入上的差距。根据研究需求，本研究将学历 *Edu*$_i$设为其处理变量，当 *Edu*=1 时，代表进入劳动市场前已接受高等教育的样本（接受高等教育包括高等职业教育、本科及研究生教育），对照组 *Edu*=0 则为进入劳动市场前仅接受高中教育（普通高级中学、普通中等专业学校、成人高中、职业高中、中级技工学校、职业中等专业学校、中等师范学校等教育）的样本。

分别探究不同层次高等教育的溢价情况时，根据我国对高等教育学历的层次划分设定处理变量 H_{ij}，i=1，2，…，n，j=1，2，3。H_{i1}=1 时，表示样本接受的高等教育是高等职业教育，H_{i1}=0 则表示样本拥有本科或研究生学历。H_{i2}=1 代表样本拥有本科学历，H_{i3}=1 同理，表示样本拥有研究生学历。

为研究高等教育扩招政策的效应，将扩招政策时间虚拟变量设为 *Expand*，具体数值设置为：当样本在1999年前经历高考（本研究将时间点设置为在1981年前出生的个体）时 *Expand*=0，如果样本在1999年后参加高考（1981年后出生）时 *Expand*=1。

此外，为研究不同层次高等教育溢价情况，政策影响虚拟变量 *Expand* 与高等教育层次 H_j的交互项 *Expand* $\times$ H_j作为模型（4-3）的核心解释变量，表示在政策影响下，不同层次高等教育的溢价程度。当 *Expand* $\times$ H_1=1 时，表示该样本在进行是否接受高等教育的选择前经历了扩招政策，且拥有高等职业教育学历，$Expand \times H_1 = 0$ 则表示样本在进行是否接受高等教育的选择前并未经历扩招政策，或拥有本科或研究生学历。$Expand \times H_2$、$Expand \times H_3$ 同理。

3. 协变量 Control

高等教育的溢价程度受到多种因素影响，是多维因素共同作用的过程，样本学历仅为其中一个。为了提高结果的有效性，本研究引入可能影响高等教育溢价的控制变量，通过对已有研究中涉及控制变量对高等教育溢价程度的作用机理分析，结合数据特色，本研究选取以下变量作为协变量。

（1）工作经验 Exp

CFPS 数据库中包含受调查者离开学校的年份信息，假设受调查者在离开学校当年进入劳动力市场，参考廖飞（2018）[237]113-116 的做法，用问卷调查年份减去受调查者离开学校的年份，得到样本的工作经验。

（2）城乡特征 Urban

尽管近年来从政策到措施，国家及各地方都在努力缩小高等教育在城乡间的差异，然而不可否认的是，资源分布不平衡带来的城乡差异并未完全消除。城乡差异特征一方面表现在城市地区的资源、师资相比乡村地区更为优越，教学质量更优，教学理念更为先进；另一方面表现在城市地区家庭对于孩子的教育关注度更高，家长对于下一代接受更高层次、更高质量的教育的积极意愿更为强烈。本研究结合 CFPS 数据库特点，根据国家统计资料的城乡分类，设置城乡特征虚拟变量 Urban，当 Urban=1 时，表示该样本来源于城市；相反，当 Urban=0 则该样本来自乡村。

（3）性别 Gender

尽管国际及国内社会积极倡导"男女平等"，力求使女性拥有同男性同等的机会接受更高层次、更高质量的教育，然而由性别带来接受高等教育机会的差异仍然存在。尽管 2011 年高等教育性别结构出现明显转变，女性人数比例在高等职业教育、本硕阶段超过男性，但博士阶段男性比例仍高于女性，且差距有逐渐扩大的趋势[282]。为进一步探究不同层次高等教育溢价中，性别带来的差异，本研究将性别 Gender 作为虚拟变量，当 Gender=1 时，表示样本为男性，Gender=0 时为女性。

（4）教育满意度 Education

在实际生活中，个人对于所处环境的满意度将很大程度上决定着其行为决策。教育满意度方面，胡子祥（2008）[283]通过均值结构模型证实，教育质量越高，学生在教育上投入的时间与精力越多，教学过程及教学质量是影响教育满意度的主要因素，教育满意度的提升又会带来高等教育接受意愿的提高[284]。因此本研究根据CFPS数据库中针对受调查者关于当前教育层次的满意度，设置虚拟变量教育满意度 $Education$，具体设定如下：

$$Education = \begin{cases} 1, & \text{评分} > 5 \\ 0, & \text{评分} \leq 5 \end{cases} \tag{4-40}$$

当 $Education$=1 时，受调查者对当前所处教育层次满意度较高，因此接受更高层次教育的意愿增加。

（5）就业满意度 $Employ$

就业满意度作为影响个人人力资源投资的重要因素，在决策中具有相当重要的权重。因此结合实际情况及CFPS问卷中针对个人就业满意度的调查，设置就业满意度 $Employ$ 虚拟变量，具体设定如下：

$$Employ = \begin{cases} 1, & \text{评分} > 5 \\ 0, & \text{评分} \leq 5 \end{cases} \tag{4-41}$$

当问卷中样本回答"满意"及以上或评分在5以上时，就业满意度 $Employ$ 虚拟变量取值为1。当就业满意度 $Employ$=0 时，受调查者认为当前就业形势较为严峻，为改善自身就业环境，个体会选择接受更高层次的教育以积累人力资本。

（6）收入满意度 $Wage$

收入作为人力资本投资的首要回报方式，在极大程度上决定了个体是否选择进行人力资本投资，以及人力资本投资的力度，因此本研究选择收入满意度 $Wage$ 虚拟变量，具体设定如下：

$$Wage = \begin{cases} 1, & \text{满意及以上} \\ 0, & \text{一般及以下} \end{cases} \tag{4-42}$$

收入满意度 $Wage$=1 时，受调查者认为当前收入已经达到自身心理预期的满意值，当满意程度增加，接受高等教育的意愿出现减弱。

各变量含义及符号表示如表4-13所示。

表4-13 各变量含义及符号表示

变量	含义	符号	变量赋值情况
被解释变量	年劳动收入	$Lnincome$	实际调查数据
处理变量	政策影响	$Expand$	样本出生年份 ≥ 1981 时 $Expand$=1
	学历	Edu	样本完成高等教育时 Edu=1
	高等职业教育学历	H_1	样本仅完成高等职业教育时 H_1=1
	本科学历	H_2	样本仅完成本科教育时 H_2=1
	研究生学历	H_3	样本完成研究生教育时 H_3=1

变量	含义	符号	变量赋值情况
处理变量	政策影响 × 学历	$Expand \times Edu$	样本出生年份 ≥ 1981 且完成高等教育时 $Expand \times Edu = 1$
	政策影响 × 高等职业教育学历	$Expand \times H_1$	样本出生年份 ≥ 1981 且仅完成高等职业教育时 $Expand \times H_1 = 1$
	政策影响 × 本科学历	$Expand \times H_2$	样本出生年份 ≥ 1981 且仅完成本科教育时 $Expand \times H_2 = 1$
	政策影响 × 研究生学历	$Expand \times H_3$	样本出生年份 ≥ 1981 且完成研究生教育时 $Expand \times H_3 = 1$
协变量	工作经验	Exp	实际调查数据
	性别	$Gender$	男性样本 $Gender = 1$
	城乡特征	$Urban$	城市样本 $Urban = 1$
	就业满意度	$Employ$	评分 > 5 时 $Employ = 1$
	教育满意度	$Education$	评分 > 5 时 $Education = 1$
	收入满意度	$Wage$	满意及以上时 $Wage = 1$

4.3.2　高等教育溢价评估——扩展的明瑟收入方程视角

4.3.2.1　扩展的明瑟收入方程

根据基础的明瑟收入方程，劳动者的劳动收入仅取决于其受教育程度和劳动过程中积累的经验。然而随着经济、社会发展，个人劳动收入远不仅仅取决于受教育程度与经验技能的积累，还受到当时政策冲击、性别、城乡等多种因素的复合作用。基础的明瑟收入方程已无法满足研究需求，因此学者们根据研究视角的不同，对基础明瑟收入方程进行拓展，在其基础上加入一系列可能影响个体劳动收入的控制变量，力求得出更为符合实际情况的教育收益率。因此本研究参照已有研究思路，在基础明瑟收入方程上结合本研究的研究目的，做出以下假设并给出对应模型。

假设一：扩招政策的实施对于提高高等教育回报率具有显著正效应。扩招政策对大学教育回报率的影响存在着不确定性，主要表现为对大学教育收益率的提高或者降低。本研究将扩招政策效应对受调查者收入的影响作为基准模型：

$$Lnincome = \alpha_0 + \alpha_1 D_1 + \alpha_2 Exp + \alpha_3 Exp^2 + \sum_{i=1}^{n} \delta_i X_i + \mu_i \qquad (4-43)$$

假设二：高等教育溢价程度伴随层级逐渐走向精英教育而增长。对不同层次结构进行高等教育溢价的测度时，主要受到以下几个问题的限制：第一，个体在某一阶段接受教育时存在自选择行为及其是否接受高等教育受到自身及外界因素等方面的影响，并非随机现象；第二，伴随不可观测因素，例如自身学习能力、所处城镇，对于教育、收入、就业等情况的满意程度也会造成不同层级高等教育的溢价情况不同，因此式（4-43）在保持控制变量相同的情况下对不同层级高等教育的溢价进行估计：

$$\mathrm{Ln}income = \beta_0 + \beta_{1j}H_j + + \beta_2 Exp + \beta_3 Exp^2 + \sum_{i=1}^{n}\chi_i X_i + \mu_j, j=1，2，3 \qquad （4-44）$$

式（4-43）、式（4-44）中 $\mathrm{Ln}income$ 表示样本税后总收入的对数，D_1 表示学历虚拟变量，$D_1=0$ 时代表样本仅接受高中教育，$D_1=1$ 时样本接受高等教育，H_j 中，$j=1$，2，3 表示样本接受不同层级高等教育，$H_1=1$ 时表示样本接受高等职业教育，$H_2=1$ 时表示样本接受本科教育，$H_3=1$ 时表示样本接受研究生教育。Exp 及 Exp^2 表示工作经验及其平方项，X_i 表示控制变量，包括政策影响虚拟变量 $Expand$、性别 $Gender$、城乡特征 $Urban$ 以及就业满意度 $Employ$、教育满意度 $Education$、收入满意度 $Wage$。其中 α_1 与 β_{1j} 分别为式（4-43）、式（4-44）的关注系数，表示接受高等教育与未接受高等教育、接受不同层级高等教育的劳动力相比其余高等教育层次劳动者的税后年收入高的百分比，μ 表示误差项。

4.3.2.2　实证结果与分析

表4-14中，根据式（4-43）进行OLS估计得到总体高等教育溢价程度为55.32%，并且除工作经验 Exp 及其平方项 Exp^2 外其余控制变量均较为显著。个体特征方面，性别在式（4-43）、式（4-44）的估计中均为正向，说明与女性相比，同等条件下男性的收入比女性高出31.69%，而在不同层次的高等教育上，这一差距也并未出现明显下降。城乡特征同样在式（4-43）、式（4-44）的估计中均为正向，并在0.05的显著性水平上显著，这一结果表明，城镇样本相比农村样本而言劳动报酬平均高出1.89%。同时这一差距在高等职业教育与研究生教育略有上升，城镇样本有更高的劳动收入。

表4-14　高等教育溢价的OLS回归结果

变量	税后总收入 Lnincome			
	总体	不同层次高等教育		
		高等职业教育 H_1	本科教育 H_2	研究生教育 H_3
政策影响 $Expand$	0.0436 （0.0760）	−0.1892*** （0.0483）	−0.1128** （0.0487）	−0.1569*** （0.0473）

续　表

变量		税后总收入 Lnincome			
		总体	不同层次高等教育		
			高等职业教育 H_1	本科教育 H_2	研究生教育 H_3
学历 Edu		0.5532*** (0.0740)	—	—	—
教育层次	高等职业教育 H_1	—	−0.0685** (0.0322)	—	—
	本科教育 H_2	—	—	0.4293*** (0.0302)	—
	研究生教育 H_3	—	—	—	0.7808*** (0.0743)
工作经验 Exp		0.0183 (0.0080)	0.0120 (0.0081)	0.0127* (0.0077)	0.01604** (0.0079)
工作经验的平方项 Exp^2		−0.0005 (0.0003)	−0.0010*** (0.0003)	−0.0007** (0.0003)	−0.0010*** (0.0003)
性别 Gender		0.3205*** (0.0286)	0.2894*** (0.0297)	0.3044*** (0.0286)	0.2929*** (0.0292)
城乡特征 Urban		0.0189** (0.0085)	0.0235*** (0.0089)	0.0198** (0.0086)	0.0233*** (0.0087)
就业满意度 Employ		0.1123*** (0.0354)	0.1381*** (0.0369)	0.1264*** (0.0358)	0.1357*** (0.0366)
教育满意度 Education		0.0727** (0.0360)	0.1420*** (0.0380)	0.0903** (0.0371)	0.1294*** (0.0379)
收入满意度 Wage		0.2214*** (0.0284)	0.2453*** (0.0296)	0.2258*** (0.0286)	0.2335*** (0.0293)
常数项		9.9233*** (0.0859)	10.5693*** (0.0682)	10.2989*** (0.0286)	10.4663*** (0.0638)
F统计量		40.10	24.59	49.10	37.12
P值		0.0000	0.000	0.0000	0.0000
调整后的 R^2		0.1505	0.0819	0.1429	0.1046

注：①表中内容为各变量的系数，括号中为标准差；②其中*、**、***分别表示在90%、95%和99%的置信度下显著。

高等教育溢价伴随高等教育逐渐走向精英化而逐渐升高。专科层次高等教育溢价的估计结果呈现负向显著。接受研究生教育所带来的高等教育溢价程度显著高于本科阶段高等教育。与总体高等教育溢价相比，研究生阶段的高等教育溢价高出近20个百分点，这表明，接受更高层次的高等教育，对于提高被调查者收入具有明显效果。

4.3.3　高等教育溢价的反事实估计

基于拓展的明瑟收入方程得到的OLS估计结果表明，高等教育对于提高被调查者收入具有显著影响，但传统OLS方法并不能解决样本自选择性[①]导致的内生性问题，因此本研究接下来使用基于PSM的DID估计，解决自选择问题及内生性问题带来的结果偏误。

4.3.3.1　基于Logit模型的倾向得分匹配

根据本章PSM和DID方法的前提假设及思路，在确定协变量的基础上，首先利用Logit模型进行倾向得分匹配，并对匹配进行平衡性检验及共同支撑性假设检验[285]。

表4-15为不同匹配法的匹配质量检测结果，三种匹配方法与匹配前相比各检验统计量均出现下降，核匹配法与卡尺匹配法在匹配后R值、似然比χ^2检验均出现显著下降，B值均下降至25%以下，但在研究生学历组与其他高等教育学历组的匹配中，核匹配法B值为73.3%，质量较差。反观最近邻匹配法和卡尺匹配法，在匹配后最近邻匹配法尽管各项数值下降程度略小于卡尺匹配法，考虑到结果的稳健性及可信度，本研究选择最近邻匹配法进行匹配。

表4-15　匹配质量检测结果

变量		匹配法	伪R^2	似然比χ^2检验	偏差均值	B值	R值
总体		匹配前	0.25	840.19	39.4	117.2*	0.12*
		最近邻匹配法	0.003	11.09	4.4	13.2	1.25
		卡尺匹配法	0.250	11.64	4.3	13.6	0.88
		核匹配法	0.000	1.49	1.3	4.8	1.09
不同层次高等教育	高等职业教育 H_1	匹配前	0.087	240.00	25.0	73.7*	0.20*
		最近邻匹配法	0.003	4.37	3.0	11.8	1.65
		卡尺匹配法	0.004	6.44	3.3	14.4	1.18
		核匹配法	0.001	1.23	2.3	6.3	1.21
	本科教育 H_2	匹配前	0.132	358.77	29.9	84.2*	0.05*
		最近邻匹配法	0.002	4.06	2.7	11.6	1.78
		卡尺匹配法	0.001	1.00	1.3	5.8	0.94
		核匹配法	0.001	1.05	1.7	5.9	1.00

---

① 由于解释变量非随机而是选择的结果，这个选择的过程会对我们研究的主效应的估计产生偏差。

续　表

变量		匹配法	伪 R^2	似然比 χ^2 检验	偏差均值	B 值	R 值
不同层次高等教育	研究生教育 H_3	匹配前	0.113	54.19	40.3	95.0*	0.03*
		最近邻匹配法	−0.000	−0.000	1.000	−0.0	1.00
		卡尺匹配法	0.022	3.03	8.3	35.1*	0.70
		核匹配法	0.145	19.68	28.3	73.3*	0.04*

注：$B>25\%$ 或 R 在 [0.5，2] 外时标注*，表示匹配质量较差。

图4-5、图4-6分别为Logit模型估计接受高等教育组与未接受高等教育组、不同高等教育层级得到的倾向得分直方图。图中黑色及白色表示控制组没有匹配的样本、有匹配的样本，斜线和灰色则代表实验组中没有匹配的样本和有匹配的样本。可以清晰地看到，白色和斜线的区域较少，并且灰色与黑色取值区域高度重合，表示未匹配的样本较少，同时有匹配样本均在共同取值范围内，在匹配时仅损失少量样本，能够满足共同支撑性假设。

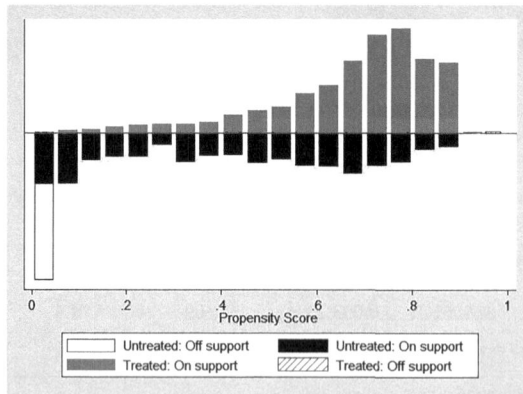

图 4-5　高等教育学历组与高中学历组倾向得分直方图

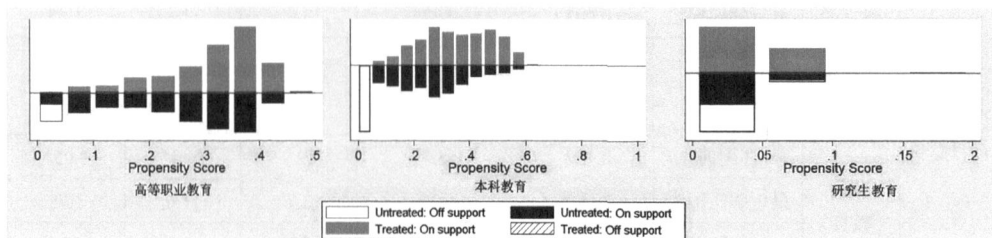

图 4-6　不同高等教育层级倾向得分直方图

图4-7、图4-8为高中学历组与高等教育学历组、各层级高等教育匹配前后标准化偏差变化，如果匹配后处理组与控制组的标准化偏差在20%以内，可以认为匹配较为成功[286]。从图中可以清晰看出，匹配后各控制组与处理组间标准化偏差相比

匹配前均出现显著缩小，并均小于20%，因此认为匹配质量较好。

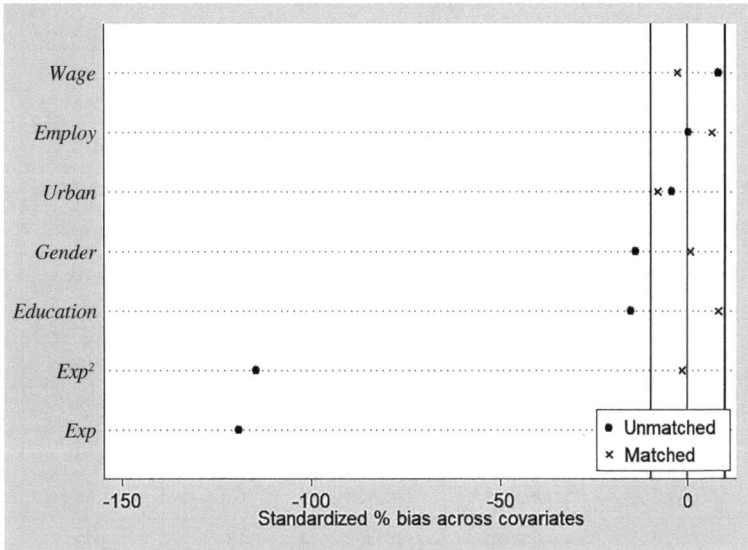

图4-7 高中学历组与高等教育学历组匹配前后标准化偏差变化图

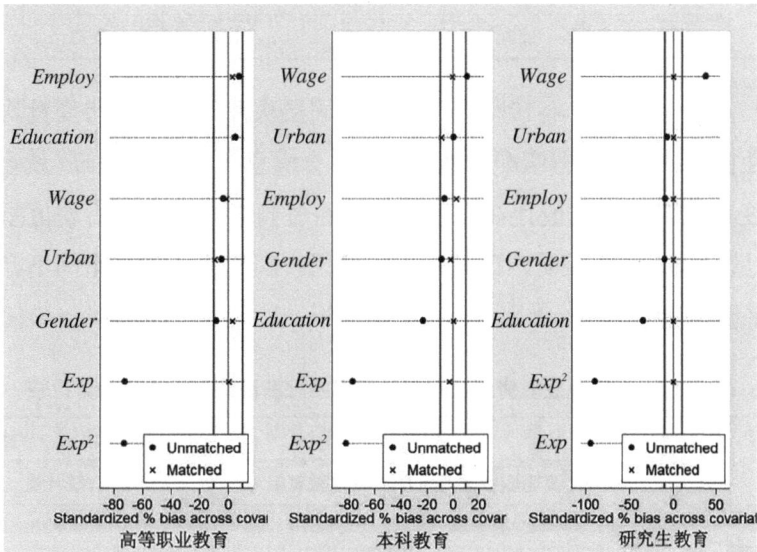

图4-8 各层级高等教育匹配前后标准化偏差变化图

表4-16呈现的是基于t检验，对受调查者接受高等学历组与高中学历组的协变量均值进行的差异显著性检验结果。根据结果不难看出，各协变量在匹配前均值存在显著差异，经过倾向得分匹配后均值差异明显缩小，t统计量大幅减小，表明匹配具有一定效果，协变量的平衡性通过检验。

表4-16　接受高等教育与否匹配前后协变量均值差异比较

变量	匹配状态	均值		标准偏差/%	t检验	
		高中学历组	高等学历组		t统计量	p值
工作经验Exp	匹配前	6.8155	13.5170	−119.3	−29.68	0.000
	匹配后	6.8339	6.9905	−2.8	−0.97	0.333
工作经验的平方项Exp^2	匹配前	62.86	229.35	−114.8	−28.75	0.000
	匹配后	63.055	65.521	−1.7	−0.91	0.364
城乡特征Urban	匹配前	0.4204	0.4970	−4.3	−1.06	0.29
	匹配后	0.4185	0.5641	−8.2	−2.12	0.034
性别Gender	匹配前	0.5055	0.5755	−14.1	−3.46	0.001
	匹配后	0.5071	0.5032	0.8	0.2	0.842
就业满意度Employ	匹配前	0.2429	0.2425	0.1	0.03	0.979
	匹配后	0.2405	0.2128	6.5	1.66	0.096
教育满意度Education	匹配前	0.8060	0.7429	15.	3.73	0.000
	匹配后	0.8054	0.8394	−8.2	−2.24	0.025
收入满意度Wage	匹配前	0.5781	0.5375	8.2	2.01	0.045
	匹配后	0.5767	0.5910	−2.9	−0.73	0.468

表4-17、表4-18、表4-19呈现了接受不同层次高等教育组协变量均值进行的差异显著性检验结果。根据匹配的结果，除教育满意度、城乡特征、就业满意度外的其余协变量在匹配前均值存在显著差异，经过倾向得分匹配后均值差异明显缩小，t统计量大幅减小，表明匹配具有一定效果，实验组与控制组间不存在显著差异，满足平衡性假定。

表4-17　高等职业教育组与其他教育组匹配前后协变量均值差异比较

变量	匹配状态	均值		标准偏差/%	t检验	
		高等职业教育组H_1	其他教育组		t统计量	p值
工作经验Exp	匹配前	6.9324	11.076	−72.7	−14.30	0.000
	匹配后	6.9324	6.913	0.3	0.08	0.939
工作经验的平方项Exp^2	匹配前	67.496	168.11	−73.0	−13.60	0.000
	匹配后	67.496	67.348	0.1	0.03	0.973
城乡特征Urban	匹配前	0.3929	0.4790	−4.7	−1.04	0.300
	匹配后	0.3929	0.5636	−9.4	−1.80	0.072
性别Gender	匹配前	0.5073	0.5498	−8.5	−1.84	0.066
	匹配后	0.5073	0.4928	2.9	0.51	0.61

变量	匹配状态	均值		标准偏差 /%	t检验	
		高等职业教育组 H_1	其他教育组		t统计量	p值
就业满意度 Employ	匹配前	0.2673	0.2342	7.6	1.66	0.097
	匹配后	0.2673	0.2544	−0.0	0.52	0.606
教育满意度 Education	匹配前	0.7601	0.7813	−5.0	−1.09	0.274
	匹配后	0.7601	0.7778	−4.2	−0.74	0.459
收入满意度 Wage	匹配前	0.5459	0.5631	−3.5	−0.75	0.456
	匹配后	0.5459	0.5523	−1.3	−0.23	0.82

表4-18　本科教育组与其他教育组匹配前后协变量均值差异比较

变量	匹配状态	均值		标准偏差 /%	t检验	
		本科教育组 H_2	其他教育组		t统计量	p值
工作经验 Exp	匹配前	6.8144	11.062	−77.2	−14.49	0.000
	匹配后	6.8144	6.9783	−3.0	−0.77	0.443
工作经验的平方项 Exp^2	匹配前	60.135	169.25	−82.1	−14.65	0.000
	匹配后	60.135	62.192	−1.5	−0.62	0.533
城乡特征 Urban	匹配前	0.4582	0.4565	0.1	0.02	0.984
	匹配后	0.4582	0.6288	−9.3	−1.74	0.082
性别 Gender	匹配前	0.5050	0.5500	−9.0	−1.92	0.055
	匹配后	0.5050	0.5151	−2.0	−0.35	0.729
就业满意度 Employ	匹配前	0.2207	0.2499	−6.9	−1.44	0.149
	匹配后	0.2207	0.2107	2.4	0.42	0.673
教育满意度 Education	匹配前	0.8462	0.7529	23.4	4.77	0.000
	匹配后	0.8462	0.8462	0.0	0.00	1.000
收入满意度 Wage	匹配前	0.5987	0.5457	10.7	2.27	0.023
	匹配后	0.5987	0.6037	−1.0	−0.18	0.860

表4-19　研究生教育组与其他教育组匹配前后协变量均值差异比较

变量	匹配状态	均值		标准偏差 /%	t检验	
		研究生教育组 H_3	其他教育组		t统计量	p值
工作经验 Exp	匹配前	5.3469	10.1120	−94.1	−5.12	0.000
	匹配后	5.3469	5.3469	0.0	0.00	1.0000
工作经验的平方项 Exp^2	匹配前	37.347	144.53	−89.3	−4.52	0.000
	匹配后	37.347	37.347	0.0	0.00	1.0000

变量	匹配状态	均值		标准偏差/%	t检验	
		研究生教育组 H_3	其他教育组		t统计量	p值
城乡特征 Urban	匹配前	0.3061	0.4601	−7.3	−0.6	0.550
	匹配后	0.3061	0.3061	0.0	0.00	1.0000
性别 Gender	匹配前	0.4898	0.5400	−10.0	−0.70	0.486
	匹配后	0.4898	0.4898	0.0	0.00	1.0000
就业满意度 Employ	匹配前	0.2041	0.2435	−9.4	−0.64	0.524
	匹配后	0.2041	0.2041	0.0	0.00	1.0000
教育满意度 Education	匹配前	0.8980	0.7733	34.0	2.07	0.038
	匹配后	0.8980	0.8980	0.0	0.00	1.000
收入满意度 Wage	匹配前	0.7347	0.5551	38.0	2.51	0.012
	匹配后	0.7347	0.7347	0.0	0.00	1.0000

4.3.3.2 基于PSM的DID估计

经过PSM方法，为处理组样本匹配到特定的控制组样本，使得准自然实验更接近随机结果，在前文模型的基础上加入政策影响与学历、各层级高等教育的交叉项，进行DID估计，结果如表4–20所示。

表4–20 基于PSM的DID估计结果

解释变量	税后总收入的对数 Lnincome			
	总体	不同层次高等教育		
		高等职业教育 H_1	本科教育 H_2	研究生教育 H_3
政策影响 × 学历 （Expand×Edu）	0.2857*** （0.0363）	—	—	—
政策影响 × 高等职业教育 （Expand×H_1）	—	−0.1444*** （0.0370）	—	—
政策影响 × 本科教育 （Expand×H_2）	—	—	0.3330*** （0.0364）	—
政策影响 × 研究生教育 （Expand×H_3）	—	—	—	0.7019*** （0.0982）
工作经验 Exp	0.0305** （0.0143）	0.0233* （0.0136）	0.0001 （0.0174）	−0.0249 （0.0679）
工作经验的平方项 Exp^2	−0.0017** （0.0007）	−0.0014* （0.0007）	0.0005 （0.0010）	0.0025 （0.0062）

解释变量	税后总收入的对数 Lnincome			
	总体	不同层次高等教育		
		高等职业教育 H_1	本科教育 H_2	研究生教育 H_3
性别 Gender	0.2944*** （0.0352）	0.2864*** （0.0353）	0.2683*** （0.0363）	0.2622*** （0.0831）
城乡特征 Urban	0.0461*** （0.0127）	0.0223* （0.0120）	0.0138 （0.0114）	0.0019 （0.0253）
就业满意度 Employ	0.0853* （0.0501）	0.0911* （0.0501）	0.0377 （0.0531）	0.0548 （0.1171）
教育满意度 Education	0.0941* （0.0493）	0.0641 （0.0478）	0.0064 （0.0516）	0.1047 （0.1511）
收入满意度 Wage	0.2496*** （0.0350）	0.2434*** （0.0355）	0.2143*** （0.0362）	0.2750*** （0.0828）
常数项	10.2699*** （0.0663）	10.3370*** （0.0624）	10.4468*** （0.0687）	10.5413*** （0.1663）
F统计量	22.31	19.33	14.77	51.13
P值	0.0000	0.0000	0.0000	0.0000
R^2	0.0814	0.0703	0.0633	0.0798
观测值数	1750	1736	1530	441

注：①表中内容为各变量的系数，括号中为标准差；②其中*、**、***分别表示在90%、95%和99%的置信度下显著。

表4-20的结果与进行OLS的结果相比，各组别溢价程度均有下降，表明未考虑样本自选择效应的OLS估计高估了高等教育的溢价程度。

总体来看，拥有高等教育学历的样本在劳动收入上比仅拥有高中学历的样本高28.57%。从高等教育层级来看，自高等教育扩招政策实施以来，与本科及研究生教育一样，高等职业教育在短时间内经历了在校生的激增，伴随快速壮大的高等职业教育在校生人数，办学基础不足、师资匮乏、院校办学定位模糊等问题相继暴露出来。尽管高等职业教育作为我国高等教育事业中一个特别重要的形式，承担着为经济社会的发展输送高级技能型人才和应用型人才的重要任务，但长久以来人们对高等职业教育的认知存在一定偏见。2005年，国务院提出"加强示范性职业院校建设"，从此高等职业教育开始注重发展质量问题，并在2010年进入转型优化、创新发展期。但培养优秀师资、积累办学底蕴仍需要一个较长时间，因此高等职业教育溢价仍表现为-14.44%。相比高等职业教育的负向溢价情况，本科及研究生层次的高等教育溢价程度远大于高等教育总体溢价程度，随着高等教育扩招、高质量高校建设，接受本科高等教育的样本相较未接受本科教育的样本劳动收入平均高出33.30%，而接受研究生教育样本的劳动收入相比未接受研究生教育样本的劳动收入高出70.19%。这一结果表明，在高校在校人数逐年增加，就业要求逐渐提高的社会环境下，接受本科及以上高等教育仍然是一种收获颇丰的人力资本投资形式。

从个体特征来看，性别在0.01的显著性水平下表现为正向显著，表明男性相较女性拥有高出近29.44%的劳动收入，同时性别带来的差异并未因为高等教育层次的提高而出现明显下降。并且城镇人口的劳动收入高出乡村人口4.61%，然而城乡差异在不同层次高等教育间出现显著减小，至研究生教育层次已降至0.19%，并且对受调查者收入的影响减弱，这表明在国家一系列政策下，城乡高等教育平等得到了显著改善。

工作经验方面，当工作年限增加一年，受调查者的收入平均提高3个百分点。其中工作经验带来的收入提高最显著的为高等职业教育；而在研究生教育上则表现为工作年限提高一年，其收入反而下降2.49%，但由于研究生学历样本个数限制，估计结果并不具有统计学意义上的显著性。

从教育、就业以及收入满意度来看，就业、收入以及教育满意度呈现正向影响。其中就业、教育满意度不具有统计意义上的显著性，因此本研究不做过多讨论。收入满意度则表现为，当受调查者对当前收入的满意程度提高一个层次，其劳动收入会提高24.96%。伴随经济社会发展，以往在研究中所假设的"经济人"已经逐渐向"社会人"转变，即当个体对目前所持有的劳动收入呈现不满态度时，倾向于选择进行人力资本投资，并且劳动报酬越大，人们越愿意进行人力资本投资，此时人力资本的积累量就越大[287]。教育满意度在不同层次高等教育中的表现则更具有差异性，不具有统计学意义上的显著性。收入满意度在高等职业教育、本科教育以及研究生教育层次的估计中均为正，且在0.01显著性水平下显著，即受调查者对当前收入的满意程度每上升一个层次，其表现在高等职业教育、本科教育以及研究生教育水平上的收入较其余受教育水平分别出现平均24.34%、21.43%和27.50%的增加。

4.4 本章小结

本节结合已有研究以及CFPS数据库选择变量，结合扩展的明瑟收入方程利用OLS模型对我国高等教育溢价情况做初步评估。

（1）高等教育"量"溢价在三大区域比较显著，从大到小依次是东部、西部和中部地区。在倾向得分匹配的反事实估计中，东部、中部和西部地区的高等教育"量"溢价分别达到33.93%、23.34%、25.00%，其中，中部和西部地区"量"溢价水平比较接近，可能与两者的经济水平相似有关，但西部地区施行西部大开发战略，带动高等教育发展，加剧了拥有大学学历的劳动力与拥有高中学历的劳动力之间的收入差距，导致比中部地区高了接近2个百分点。

（2）高等教育"质"溢价在三大区域比较显著，从大到小依次是中部、东部和西部地区。在倾向得分匹配的反事实估计中，东部、中部和西部地区的高等教育"质"溢价分别达到26.56%，27.48%、14.14%。其中，东部和中部地区"质"溢价比较接近，西部地区"质"溢价最低，可能存在两个原因，一是西部地区经济落后，二是西部地区"985工程""211工程"高校的教学质量可能与东部、中部地区依然存在差距，学生的真实能力并未体现出高质量的职业技能，导致收入差距并不大。

（3）初步估计我国高等教育溢价情况，从扩展的明瑟收入方程视角出发提出两个假设。从结果中看出，我国总体高等教育溢价程度表现为55.32%，并表现为显著，结果满足假设一。根据不同层次高等教育溢价情况来看，高等职业教育的溢价程度–6.85%，本科表现为42.93%，研究生层次则高达78.08%。也就是说，高等教育的溢价程度伴随高等教育逐渐精英化而升高。

（4）为消除样本的自选择带来的偏差，利用反事实估计对高等教育溢价情况进行进一步评估。首先利用Logit模型进行倾向得分匹配，并对匹配进行平衡性检验及共同支撑性假设检验。经过PSM方法，为处理组样本匹配到特定的控制组样本，使得准自然实验更接近随机结果，在基础模型上加入政策影响与学历、各层级高等教育的交叉项，进行DID估计，结果显示，拥有高等教育学历的样本，在劳动收入上比拥有高中学历的样本高28.57%。相比最小二乘估计的结果有明显下降。并且各阶段高等教育的溢价也表现出下降的趋势，其中高等职业教育溢价为–14.44%，本科为33.30%，研究生样本则为70.19%。

5 民族地区高等教育贫困的代际传递阻断效应分析

5.1 民族地区贫困代际传递特征分析

5.1.1 贫困标准的确定

本研究所用数据来源于北京大学社会调查中心对全国开展的中国家庭追踪调查数据，调查覆盖了25个省（自治区、直辖市）。CFPS在2008年与2009年对北京、上海、广东三地分别进行了初访与追访的测试调查，并于2010年正式开展访问，随后进行了2012年、2014年、2016年与2018年四次调查，追踪数据中包含个体、家庭、社区三个层次的数据，调查内容涉及了中国居民的经济活动、教育、家庭关系与动态以及健康等信息，是一项大规模、多学科的全国性社会跟踪调查项目。

本研究选择2010年与2018年CFPS数据库数据进行比较研究，以数据库中提供的家庭编码为基础，以家庭为单位，在个人问卷样本数据中对应查找一个家庭中的父辈样本编码与子辈样本编码，从而实现对父辈样本与子辈样本进行匹配。本研究将父辈与子辈年龄控制在16～65岁，因为受传统观念影响，父亲在家庭经济中处于主导位置，因此对父辈样本仅选择家庭中父亲样本数据，而一个家庭中可能存在多个子女的情况，本研究在研究过程中选择将家庭中长子或长女的样本数据作为子辈样本。剔除父辈与子辈主要指标数据缺失样本以及子辈正在上学样本。同时将2018年父辈与子辈的个人收入数据平减到2010年，以保证在不同年份的收入数据存在可比性。

本研究对贫困代际传递问题进行研究，主要通过将父辈与子辈收入变量数据与设定的贫困线进行比较，从而判断父辈与子辈的贫困状况，当一个家庭中父辈收入低于贫困线，同时子辈收入也低于贫困线时，则判断该家庭内存在贫困代际传递。贫困线包括绝对贫困线与相对贫困线，绝对贫困线是由国家相关部门制定，是依据在一定时空与社会发展阶段下能够维持人们基本生存所需物品与服务的最低费用而制定，属于生存贫困范畴。而相对贫困线的界定已超出生存贫困范畴，还包括了教育、医疗等方面的基本支出，相对贫困线一般高于绝对贫困线。

对于绝对贫困标准的界定，不同的文献界定方法有所不同，赵红霞（2017）[131]27-28、刘欢（2017）[288]等学者以中央公布的2010年2 300元不变价为基准，同时依据居民消费价格指数CPI进行推算至调查年份，运用调整后的贫困线水平识别贫困。张立冬（2013）[100]45-48等学者以世界银行贫困线为标准，经中国货币购买力以及居民消费价格指数调整后得到相应贫困线。从张立冬（2013）[100]48-50、赵红霞（2017）[131]30-32等学者对于农村贫困代际传递的研究结果可知真正存在绝对贫困代际传递的家庭数量有了一个较大幅度的下降，我国的扶贫工作效果突出，但存在相对贫困代际传递的家庭比重仍然较高，相对贫困代际传递已成为一个不可忽视的现象存在。对于相对贫困线的界定方法，陈宗胜（2013）[289]对中国农村居民贫困状况进行研究，将农村居民平均收入水平作为基数，乘以特定均值系数（0.4～0.5）来确定相对贫困线，同时提到相对贫困线的设定特点是需每年进行调整，这其实与经济发展阶段相适应，可动态地反映贫困状况，通过设置相对贫困线，可扩大扶贫范围，不仅局限在生存贫困范畴，以一个较高的扶贫标准来帮助更多的贫困人口实现脱贫。李长健（2017）[290]以有效样本中处于50%收入水平的个人收入作为相对贫困线，而张立冬（2013）[100]46-48、年翔（2015）[291]、赵红霞（2017）[131]27-30等多位学者以当年有效样本中收入变量数据中位数的50%作为相对贫困线。根据以上研究结论，本研究将贫困标准的界定聚焦在相对贫困线，以父辈及子辈收入均低于相对贫困线的家庭判断为存在贫困代际传递。同时借鉴多位学者的界定方法，本研究相对贫困标准以调查年份当年有效样本中收入数据为基础，将当年有效样本中收入中位数的50%作为相对贫困线。通过整理符合筛选条件的数据并计算可得，2010年父辈收入的中位数为10 000元，相应的相对贫困线为10 000×50%=5 000元，子辈收入的中位数为10 000元，相对贫困线为10 000×50%=5 000元，2018年父辈收入的中位数为25 293元，则父辈的相对贫困线为25 293×50%=12 646.5元，子辈收入的中位数为36 423元，则子辈的相对贫困线为36 423×50%=18 211.5元。

5.1.2　民族地区贫困代际传递现状

基于父辈与子辈的配对样本，将父辈与子辈的收入与贫困标准进行对比，首先对总体样本以及分城镇样本与乡村样本进行描述统计，分析父辈与子辈相对贫困以及贫困代际传递现状，具体可见表5–1与表5–2。

表5-1　2010年总体样本描述性统计

变量	总体	城镇	乡村
样本配对数/对	2 076	989	1 087
子辈平均收入/元	14 712	18 309	11 550
父辈平均收入/元	14 297	17 440	11 633
父辈相对贫困数量/人	539	158	381
父辈相对贫困发生率/%	25.96	15.98	35.05
子辈相对贫困数量/人	488	161	327
子辈相对贫困发生率/%	23.51	16.28	30.08

表5-2　2018年总体样本描述性统计

变量	总体	城镇	乡村
样本配对数/对	1 057	572	485
子辈平均收入/元	42 265	46 165.8	37 664.4
父辈平均收入/元	29 677.2	33 138	25 595.6
父辈相对贫困数量/人	256	111	145
父辈相对贫困发生率/%	24.22	19.41	29.90
子辈相对贫困数量/人	249	112	137
子辈相对贫困发生率/%	23.56	19.58	28.25

由表5-1与表5-2可知，首先从样本配对数来看，2010年达到本研究匹配标准的有2 076对，其中城镇的样本配对数为989对，乡村的样本配对数为1 087对；2018年达到匹配条件的样本数为1 057对，其中城镇的样本配对数为572对，乡村的样本配对数为485对。收入方面，除2010年乡村子辈外，子辈平均收入水平普遍高于父辈，2018年父辈与子辈的平均收入水平要高于2010年的平均水平，2010年父辈和子辈的平均收入分别为14 297元、14 712元，2018年父辈与子辈的平均收入分别为29 677.2元、42 265元，提升幅度分别为107.6%、187.3%。城镇父辈及子辈的平均收入高于乡村父辈和子辈，甚至高于总体水平。相对贫困状态角度，除城镇分样本外，父辈中处于相对贫困状态的数量高于子辈中处于相对贫困状态的数量，与此同时，父辈相对贫困发生率高于子辈相对贫困发生率。城镇样本中父辈与子辈处于相对贫困状态的数量与贫困发生率相差并不大。相对贫困发生率方面，城镇父辈与子辈的相对贫困发生率均低于总体水平，乡村父辈与子辈的相对贫困发生率高于城镇样本，甚至高于总体水平，乡村居民更易于陷入相对贫困。2018年总体样本与乡村样本的相对贫困发生率低于2010年的相应水平，2018年城镇样本的相对贫困发生

率较2010年略有提高。但是2018年城镇样本与乡村样本的相对贫困发生率差距较2010年缩减了，乡村的贫困状况得到了改善。

在有效样本中，2010年存在贫困代际传递的家庭有304个，占比14.64%。其中，城镇样本中存在贫困代际传递的家庭有65个，占比6.57%；乡村样本中存在贫困代际传递的家庭有239个，占比21.99%。2018年存在贫困代际传递的家庭有67个，占比6.34%。其中，城镇贫困代际传递的家庭有26个，占比4.55%；乡村贫困代际传递的家庭有41个，占比8.45%。由于相关扶贫工作的开展，贫困代际传递问题得到了改善，但与城镇相比，乡村贫困代际传递现象较为集中。

本研究父辈样本以父亲的相关数据为代表，子辈包括儿子或女儿，接下来依据子辈性别将总体样本分为父子与父女分样本，针对子辈平均收入与相对贫困状况分别进行描述统计，具体结果如表5-3所示，收入方面，男性子辈的平均收入高于女性子辈，与2010年相比，收入均产生了较大幅度的提升，2018年男性子辈的平均收入提高了181.6%，女性子辈的平均收入提升了214.8%。相对贫困角度，2010年，男性子辈处于相对贫困的数量小于女性子辈，男性子辈的相对贫困发生率为17.66%，远低于女性子辈的相对贫困发生率34.34%；2018年，男性子辈处于相对贫困的数量略高于女性，男性子辈相对贫困发生率为19.87%，低于女性子辈相对贫困发生率29.19%。较2010年，2018年女性子辈的收入提升幅度较大，相对贫困发生率实现了下降，男性子辈与女性子辈的相对贫困发生率差距缩减，由此可见，在劳动力市场中，女性的地位得到了重视与改善，性别差异观念得到了转变。

表5-3　分子辈性别样本描述性统计

变量	2010年		2018年	
	父子	父女	父子	父女
样本配对数/对	1 348	728	639	418
子辈平均收入/元	16 529	11 348	46 547.2	35 718.7
子辈相对贫困数量/人	238	250	127	122
子辈相对贫困发生率/%	17.66	34.34	19.87	29.19

2010年，父子配对样本中存在贫困代际传递的家庭数量为178个，占比13.20%；父女配对样本中存在贫困代际传递的家庭有126个，占比17.31%。2018年，父子配对样本中存在贫困代际传递的样本数量为37个，占比5.8%；父女配对样本中存在贫困代际传递的样本为30个，占比7.2%。父女配对样本中存在贫困代际传递的比例略高一些。2018年无论是父子配对样本还是父女配对样本中贫困代际传递

家庭的比例较2010年均实现了下降。

依据省份编码将总体样本中25个省份划分为民族地区与其他地区两类进行对比分析，由表5-4可知收入方面，子辈收入普遍高于父辈收入，民族地区父辈与子辈收入均低于其他地区。与2010年相比，2018年父辈及子辈收入都实现了提升，民族地区父辈与子辈平均收入的提升幅度分别为183.5%、175.3%，其他地区父辈与子辈相应指标的提升幅度分别为102.8%、189.6%。相对贫困数量与贫困发生率方面，父辈处于相对贫困状况的数量大于子辈的数量，相应的父辈贫困发生率大于子辈；民族地区父辈与子辈相对贫困发生率均高于其他地区，2010年民族地区父辈与子辈的相对贫困发生率分别为49.31%、32.72%，其他地区父辈与子辈的相对贫困发生率分别为23.24%、22.43%，2018年民族地区父辈与子辈的贫困发生率分别为43.09%、39.84%，其他地区父辈与子辈的贫困发生率分别为21.73%、21.41%。与2010年相比，2018年民族地区子辈相对贫困发生率略有增加，民族地区父辈、其他地区父辈与子辈的相对贫困发生率下降，由此可见，民族地区子辈的贫困问题需得到进一步重视与改善。

表5-4 分地域数据对比描述性统计

变量	2010年		2018年	
	民族地区	其他地区	民族地区	其他地区
样本配对数/对	217	1 859	123	934
子辈平均收入/元	10 324.4	15 224.5	28 426.2	44 087.4
父辈平均收入/元	8 844.4	14 933.8	25 070.2	30 283.9
父辈相对贫困数量/人	107	432	53	203
父辈相对贫困发生率/%	49.31	23.24	43.09	21.73
子辈相对贫困数量/人	71	417	49	200
子辈相对贫困发生率/%	32.72	22.43	39.84	21.41

2010年，民族地区存在贫困代际传递的家庭配对样本为68对，占比31.34%；其他地区配对样本为236对，占比12.69%。2018年，民族地区存在贫困代际传递的家庭配对样本为23对，占比18.70%；其他地区的配对样本为44对，占比4.71%。与2010年相比，2018年民族地区贫困代际传递家庭的配对样本占比减少，但民族地区父辈处于贫困状态同时子辈并未摆脱相对贫困现状的情况仍然存在，并且存在贫困代际传递的样本占比始终高于其他地区的相应比例。民族地区主要聚集在我国西部地区，由于地理位置的特殊性，当地生态环境脆弱、人才匮乏、教育落后、投资力

度不足等都会影响民族地区经济发展水平，而民族地区经济发展水平较低、社会保障完善程度较差都会影响该地区居民生活水准与幸福度，从而导致居民陷入相对贫困状态，因此民族地区居民相对贫困问题与贫困代际传递问题需引起关注。

5.2 民族地区高等教育贫困的代际传递阻断效应分析

5.2.1 高等教育阻断贫困代际传递的理论概述

1.人力资本理论

20世纪60年代，舒尔茨创立人力资本理论，提出与物质资本相比，人力资本对促进经济增长起到更为重要的作用，因此需重视对于人力资本的投资，包括教育、在职人员培训、医疗等方面的投资。舒尔茨在《穷国的经济学》中提及改变低收入人群的相对贫困现状，增加其福利的关键是要提高人口质量，提高低收入人群的知识与技能水平[①]。其中教育投资可提升人的知识与专业技能，在较大程度上可实现对于人口质量的改进。人口质量的提升可以增加劳动生产率价值，进而劳动收入随之提高，低收入人群就有机会摆脱贫困状态。

2.社会流动理论

20世纪30年代，索罗金在其著作《社会流动》中首创社会流动理论，社会流动是指个人或群体社会地位的改变，从一个社会阶层变化到另一社会阶层。索罗金将社会流动类型根据流动方向划分为水平流动和垂直流动，水平流动是指一个人的社会阶层不发生变化，即在同一社会阶层的横向流动；垂直流动是指个人的社会阶层发生变化，包括自下而上或自上而下的流动。个人社会阶层的垂直向上流动代表着个人的进步，但实现阶层向上流动的机会是不均衡的，具有一定条件的人才有可能获得，家庭背景等先天因素与受教育水平、职业等后天因素都有可能会影响社会阶层的向上流动。按照流动范围，社会流动又被划分为代内流动与代际流动。代内流动是指一个人在其一生内社会阶层的变化，包括垂直流动与水平流动；代际流动则涉及家庭内两代人社会阶层的流动，如果子辈处在与父辈同样的社会阶层，则表明父辈对子辈的影响程度较大，代际间流动性较弱，继承性变强，就会产生像贫困代

---

① 西奥多·W·舒尔茨.论人力资本投资[M].北京：北京经济学院出版社，1990：40.

际传递一类的阶层固化问题。代际流动的方向同样也会受到家庭内部因素与外部因素的影响。

目前针对高等教育影响社会阶层流动的相关研究成果中,陈春梅(2017)[292]、林相森(2019)[293]17-20等多数学者得到一致的结论,即个人接受高等教育会促进其社会阶层向上流动,同时林相森(2019)[293]11-15提到特别是对低收入群体来说,接受高等教育可提高个人的专业知识与技能水平,以此实现社会阶层向上较大幅度的提升。廖红燕(2016)[294]在对高等教育影响代际流动的研究中发现,影响社会流动的后致性因素中受教育水平占主导,而且尤其对于相对贫困阶层家庭的子辈而言,接受高等教育是促进代际流动的重要途径。本研究依据以上两个理论以及以往研究成果,分析高等教育对贫困代际传递的阻断作用。

5.2.2　贫困代际传递效应测度与分析

5.2.2.1　模型设定及变量选择

本研究首先对贫困代际传递效应进行测度并分析,通过构建Logit模型来分析父辈贫困对子辈陷入贫困陷阱机会的影响程度,因变量选择子辈贫困虚拟变量（*pinkun_c*）,根据相对贫困线与子辈收入进行比较来判断子辈是否贫困,设为虚拟变量,贫困=1,非贫困=0,本研究所用收入变量选择CFPS数据库中设定的个体所有收入。Logit模型形式如下:

$$p = P(y = 1/X) = F(x, \beta) = \frac{\exp(X^{'}\beta)}{1 + \exp(X^{'}\beta)} \tag{5-1}$$

式（5-1）中$p = P(y = 1/X)$表示子辈贫困发生的条件概率,$X = (X_1, X_2, X_3, X_4, X_5, X_6)$表示为自变量组成的向量,将上式进行变形可改写为以下形式:

$$\ln\left(\frac{p}{1-p}\right) = X^{'}\beta \tag{5-2}$$

式（5-2）中"$p/1-p$"表示子辈发生贫困的概率是不发生贫困概率的倍数,被称为"概率比"。当自变量X_i增加一个单位,对应的子代贫困发生概率为p^{*},自变量X_i变化后的概率比与变化前概率比的比率可以写为:

$$\frac{\dfrac{p^{*}}{1-p^{*}}}{\dfrac{p}{1-p}} = \exp(\beta_j) \tag{5-3}$$

基于Logit模型的基本形式,将用于参数估计的模型具体设定如下:

$$\ln\left(\frac{p_i}{1-p_i}\right) = \beta_0 + \sum_1^k \beta_k X_{ki} + \mu_i \qquad （5-4）$$

本研究选择的自变量包括父辈贫困虚拟变量（ $pinkun\_f$ ）、城乡变量（ $urban$ ）、子辈性别变量（ $gender\_c$ ）、子辈年龄变量以及平方项（ age_c 、age_c^2 ）、地域变量（ $prov\_minzu$ ），变量选择用意如下：

父辈贫困（ $pinkun\_f$ ）。将父辈收入与相对贫困线进行比较来识别父辈是否贫困，设为虚拟变量，贫困 =1，非贫困 =0。在模型中，将该变量对 $pinkun\_c$ 变量做回归，分析父辈贫困对子辈发生贫困的影响程度，即贫困代际传递的机会大小。

城乡变量（ $urban$ ）。CFPS 数据库中有明确的城乡分类变量，设为虚拟变量，城镇 =1，乡村 =0，将该变量加入模型中，用于分析城乡之间子辈陷入贫困机会的差异。

子辈性别变量（ $gender\_c$ ）。同样设为虚拟变量，男性 =1，女性 =0。将该变量加入模型中，主要用于分析陷入贫困机会在儿子与女儿之间存在的性别差异。

子辈年龄变量（ age_c ）。由于个人在整个生命周期的不同阶段，收入会呈现不同的特点，因此加入年龄变量以消除不同年龄阶段对贫困的影响。

子辈年龄平方项（ age_c^2 ）。由于个人收入与年龄之间存在非线性关系，因此个人年龄与贫困状态可能存在非线性关系。

地域变量（ $prov\_minzu$ ）。依据 CFPS 数据库中省份变量，将所有省份划分为民族地区与其他地区，本研究民族地区的衡量标准是民族八省区，设为虚拟变量，民族地区 =1，其他地区 =0，用于研究民族地区与其他地区之间子辈产生贫困的机会大小的差异。并依据该变量将总体样本分为民族地区分样本与其他地区分样本，分地域对贫困代际传递机会大小结果分别进行分析。

5.2.2.2 总体回归结果

本研究首先对总体样本的贫困代际传递效应进行测度并分析，Logit 回归模型结果如表 5-5 所示。

表5-5 总体样本的Logit回归结果

变量	2010年	2018年
	$pinkun\_c$	$pinkun\_c$
	概率比	概率比
$pinkun\_f$	2.9956*** （0.3434）	1.1584 （0.2056）

变量	2010年	2018年
	pinkun_c	*pinkun_c*
	概率比	概率比
urban	0.6317*** （0.0691）	0.7008** （0.1073）
gender_c	0.4733*** （0.0511）	0.5885*** （0.0899）
age_c	0.5751*** （0.0377）	0.6547*** （0.0739）
age_c^2	1.0085*** （0.0011）	1.0063*** （0.0020）
prov_minzu	1.5872*** （0.2579）	2.0078*** （0.4299）
样本量	2076	1057
Pseudo R²	0.1317	0.0660

注：*表示$p<0.1$，**表示$p<0.05$，***表示$p<0.01$。括号内为标准差。

由表5-5可知，2010年，父辈贫困对子辈产生贫困的概率具有正向影响，父辈贫困的家庭中的子辈陷入贫困的概率是父辈非贫困的家庭中的子辈的2.9956倍，即概率增加199.56%；2018年，父辈贫困家庭的子辈陷入贫困的概率是父辈非贫困家庭的子辈的1.1584倍，即概率增加15.84%。由此可知，父辈贫困是导致子辈贫困的主要原因之一，贫困代际传递特征凸显。家庭中父辈贫困在一定程度上会影响家庭生活条件以及父辈对于子辈的人力资本投资，从而导致代际间收入流动性较差，继承性变强，子辈收入水平较依赖父辈收入，极易造成贫困代际传递。而父辈非贫困的家庭可能会为子辈提供更好的生活条件与物质基础，以及更高的教育投资水平，凭借这些资源，非贫困家庭中的子辈会避免陷入贫困。

从城乡角度来看，与乡村家庭中的子辈相比，2010年城镇家庭中的子辈陷入贫困的概率减少36.83%，2018年城镇家庭的子辈陷入贫困的概率减少29.92%，城镇家庭的子辈更易于摆脱贫困，可能由于乡村家庭中的父辈经济水平偏低，与城镇家庭父辈相比，很难为子辈提供较好的生活物质基础与社会资源，从而造成乡村子辈重蹈父辈贫困的覆辙。乡村家庭中的子辈发展起步点较低，需自身付出更多努力才能改变相对贫困现状。

从子辈性别方面来看，2010年，男性子辈陷入贫困的概率是女性子辈的0.4733倍，即比女性子辈减少了52.67%；2018年，男性子辈陷入贫困的概率是女性子辈的

0.5885倍，即比女性子辈下降了41.15%。劳动力市场中，男性拥有更多的工作机会与优势，女性面临的工作选择较为局限，男性较女性陷入贫困陷阱的可能性较低。

从不同地域子辈陷入贫困的可能性角度来看，2010年民族地区子辈陷入贫困的概率是其他地区子辈的1.5872倍，即比其他地区子辈陷入贫困的概率增加58.72%；2018年民族地区子辈陷入贫困的概率是其他地区的2.0078倍，即比其他地区子辈陷入贫困的概率增加100.78%。由此可见，相较于其他地区，民族地区社会经济发展水平较低、社会保障水平待继续完善，民族地区子辈更容易陷入贫困陷阱。

本研究在模型中加入子辈年龄及其二次项变量，根据模型估计结果可知，子辈年龄与贫困机会呈现"U"型关系，即当子辈处于中年时，陷入贫困的机会较低，而收入较低的青少年时期与老年时期有可能会陷入贫困。由于个人收入与年龄之间存在倒"U"型关系，即一个人在中年时期，可能是其整个生命周期中收入最高的阶段，这与子辈年龄和贫困机会"U"型关系对应。

由以上分析结果可知，父辈贫困导致其子辈陷入贫困的概率增加，易造成贫困代际传递，同时通过观察2010年与2018年的模型估计结果发现，对子辈陷入贫困的其他影响因素中，城乡二元因素、子辈性别因素以及地域因素所造成的差异依旧存在。接下来，本研究将对城乡之间、子辈不同性别之间、不同地域之间贫困代际传递发生机会大小的差异进行分析。采用Logit模型，因变量选择是否存在贫困代际传递（*inter_pinkun*），存在贫困代际传递=1，不存在=0，模型估计结果见表5-6。

根据表5-6可知，2010年，城镇家庭发生贫困代际传递的概率是乡村家庭的0.2647倍，即概率下降73.53%；男性子辈所在家庭产生贫困代际传递的概率是女性子辈所在家庭的0.6275倍，即概率下降37.25%；民族地区贫困代际传递发生机会是其他地区的2.5891倍，即概率增加158.91%。2018年，城镇家庭贫困代际传递机会是乡村的0.6216倍，即概率下降37.84%；男性子辈家庭陷入贫困代际传递的概率是女性子辈家庭的0.7628倍，即概率下降23.72%；民族地区贫困代际传递发生的概率是其他地区的3.3644倍，即概率增加236.44%。

表5-6　模型估计结果

变量	2010年	2018年
	inter_pinkun	*inter_pinkun*
	概率比	概率比
urban	0.2647*** （0.0398）	0.6216* （0.1512）

变量	2010年	2018年
	inter_pinkun	*inter_pinkun*
	概率比	概率比
gender_c	0.6275***	0.7628
	（0.0832）	（0.1830）
prov_minzu	2.5891***	3.3644***
	（0.4359）	（0.9197）
样本量	2076	1057
Pseudo R²	0.0833	0.0435

注：*表示$p<0.1$，**表示$p<0.05$，***表示$p<0.01$。括号内为标准差。

由以上结果可知，贫困代际传递现象在城乡之间、子辈不同性别之间以及不同地域之间存在明显差异。乡村家庭易发生贫困代际传递，除乡村家庭中的子辈收入较依赖父辈收入以外，乡村子辈所处的成长环境、各类就业信息获取渠道的局限性等原因也会影响贫困代际传递的发生；女性子辈家庭易产生贫困代际传递，女儿更容易被父辈贫困所影响，同时劳动力市场中工作招聘要求的种种限制，也减少了女性的就业机会，相应增加了家庭中女性子辈摆脱贫困的难度；民族地区发生贫困代际传递的可能性较大，民族地区子辈受到父辈贫困的不利影响，更容易陷入贫困状态，民族地区经济发展水平较低、教育发展较为落后、社会保障水平待继续完善等也是贫困代际传递现象产生的原因。

5.2.2.3　分地域回归结果

通过上一部分对于表5-6模型估计结果的分析可知，民族地区子辈陷入贫困的可能性较高，易发生贫困代际传递。接下来本研究依据地域虚拟变量将总体样本分为民族地区分样本与其他地区分样本，分别研究两类地区的贫困代际传递效应。

由表5-7可知，2010年，民族地区父辈贫困的家庭中的子辈陷入贫困的概率是父辈非贫困家庭中子辈的4.2184倍，概率比非贫困家庭中的子辈增加了321.84%；2018年，父辈贫困的家庭中的子辈发生贫困状况的概率是非贫困家庭中子辈的1.4583倍，概率比非贫困家庭中的子辈增加了45.83%。依据表5-8回归结果可知，2010年，其他地区父辈贫困的家庭中的子辈贫困的概率是父辈非贫困家庭的2.8470倍，概率比非贫困家庭中的子辈增加了184.70%；2018年，家庭中父辈贫困导致子辈贫困的概率是父辈非贫困的1.0902倍，概率比父辈非贫困家庭中的子辈增加

9.02%。民族地区父辈贫困时，子辈贫困的可能性增大，贫困代际传递特征明显，这与其他地区和样本整体作用方向是一致的。

表5-7　民族地区分样本的Logit回归结果

变量	2010年	2018年
	pinkun_c	*pinkun_c*
	概率比	概率比
pinkun_f	4.2184***	1.4583
	（1.2797）	（0.5629）
urban	0.4869*	0.6220
	（0.1843）	（0.2529）
gender_c	0.4388**	0.8234
	（0.1505）	（0.3321）
age_c	0.7044*	0.8398
	（0.1399）	（0.2563）
age_c^2	1.0054	1.0018
	（0.0034）	（0.0057）
样本量	217	123
Pseudo R²	0.1284	0.0439

注：*表示$p<0.1$，**表示$p<0.05$，***表示$p<0.01$。括号内为标准差。

表5-8　其他地区分样本的Logit回归结果

变量	2010年	2018年
	pinkun_c	*pinkun_c*
	概率比	概率比
pinkun_f	2.8470***	1.0902
	（0.3501）	（0.2206）
urban	0.6418***	0.7194**
	（0.0738）	（0.1199）
gender_c	0.4782***	0.5509***
	（0.0548）	（0.0913）
age_c	0.5618***	0.6222***
	（0.0392）	（0.0760）
age_c^2	1.0088***	1.0072***
	（0.0012）	（0.0022）
样本量	1 859	934
Pseudo R²	0.1281	0.0544

注：*表示$p<0.1$，**表示$p<0.05$，***表示$p<0.01$。括号内为标准差。

通过观察表5-7与表5-8中其他自变量的回归结果可知，无论是民族地区还是其他地区，子辈陷入贫困的城乡差异与子辈性别差异仍然存在，与样本整体特征一致。

5.2.3 高等教育对贫困代际传递的阻断效应分析

5.2.3.1 总体回归结果

由上一部分模型分析结果可知，民族地区和其他地区父辈贫困对子辈贫困的作用方向与样本总体一致，父辈贫困会导致子辈陷入贫困的概率增加，易产生贫困代际传递，但民族地区贫困代际传递发生的概率较大，因此为保证脱贫成果，尤其是民族地区的脱贫工作成果，应寻找阻断贫困代际传递的有效路径。习近平总书记提出"治贫先治愚、扶贫必扶智"，教育是阻断贫困代际传递的治本之策。贫困代际传递的产生是由于代际间收入流动性差，继承性强，子辈收入较依赖父辈收入所致，高等教育作为促进社会阶层向上流动的有效途径，接受高等教育可提升劳动者的专业技能，增强其摆脱贫困的能力。本研究从定量角度分析高等教育对贫困代际传递的阻断作用。

CFPS数据库中有明确对被调查者最高学历信息的相应调查内容，通过整理有效样本中个人最高学历信息，具体包括文盲/半文盲、小学、初中、高中/中专/技校/职高、大专、大学本科、硕士研究生七类教育层级，本研究将各教育层级所对应的个人受教育年限分别设为0年、6年、9年、12年、15年、16年、19年。在对高等教育对贫困代际传递的阻断作用分析之前，本研究首先做出父辈与子辈的受教育年限与其自身收入的关系图，以表示教育对个人收入的影响，收入选择个人所有收入的对数值，以2010年为例。如图5-1与图5-2所示，父辈与子辈受教育年限越长，其个人收入就随之增加，子辈特征更加明显。由此可见，教育可增加个人的收入，进而提高其社会地位。

基于表5-6的Logit模型进行分析，因变量设置为是否存在贫困代际传递（ $inter\_pinkun$ ），存在贫困代际传递=1，不存在=0。自变量中新加入子辈高等教育虚拟变量（ $gdedu\_c$ ），以及父辈高等教育虚拟变量（ $gdedu\_f$ ），根据受教育年限信息判断是否接受过高等教育，本研究将个体受教育年限分为七类，现进行进一步处理，当子辈受教育年限为15年、16年、19年时，判定其接受过高等教育，设为1，反之，当子辈受教育年限为0年、6年、9年、12年时，接受的最高学历为初等教育或中等教育，则判定其未接受过高等教育，设为0。用于分析子辈或父辈接受高等教育后，对家庭内贫困代际传递产生了怎样的阻断作用。同时加入交互项（ $gedu\_c*$ 、 $gedu\_f$ ），分析当家庭中父辈与子辈同时接受了高等教育对贫困代际传递的阻断作用。模型估计结果如表5-9所示。

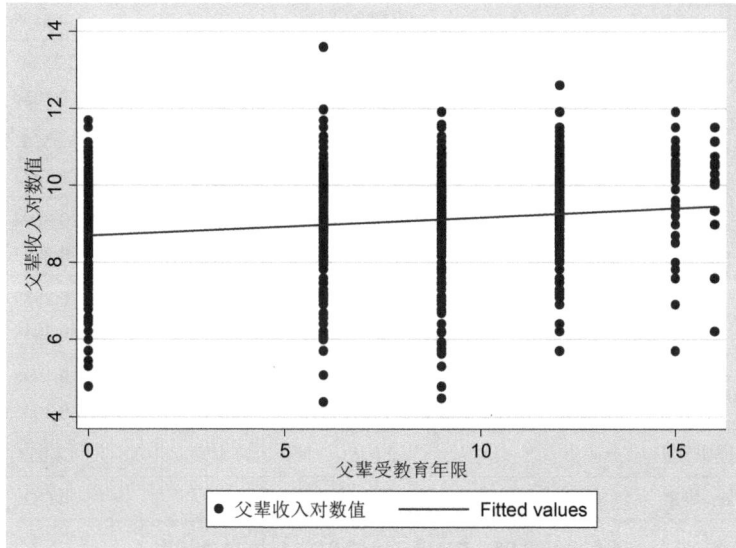

图5-1 父辈教育与收入关系图

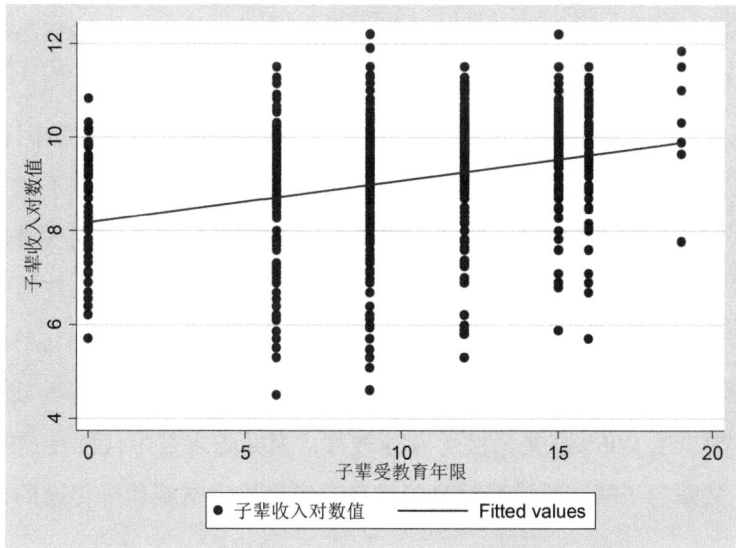

图5-2 子辈教育与收入关系图

表5-9 模型估计结果

变量	2010年	2018年
	inter_pinkun	*inter_pinkun*
	概率比	概率比
urban	0.3335***	0.7736
	（0.0509）	（0.2194）
gender_c	0.5944***	0.3534***
	（0.0799）	（0.1030）
prov_minzu	2.4944***	3.5855***
	（0.4254）	（1.1375）
gdedu_c	0.1628***	0.9894
	（0.0568）	（0.2897）
gdedu_f	0.3902	0.2989
	（0.2473）	（0.3084）
*gdedu_c*gdedu_f*		0.1998
		（0.2045）
样本量	2 076	1 057
Pseudo R²	0.1111	0.0822

注：*表示$p<0.1$，**表示$p<0.05$，***表示$p<0.01$。括号内为标准差。

在2010年有效样本中，父辈与子辈最高学历层级同为高等教育的家庭均不存在贫困代际传递，导致交互项系数估计结果出现错误，因此分析2010年高等教育对贫困代际传递的阻断作用时，模型中未加入交互项。

根据表5-9模型估计结果可知，2010年，子辈接受高等教育对贫困代际传递存在负向作用，子辈接受高等教育的家庭发生贫困代际传递的概率是子辈未接受高等教育家庭的0.1628倍，即概率减少了83.72%；父辈接受高等教育同样对贫困代际传递的发生存在负向作用，父辈最高学历层级为高等教育的家庭陷入贫困代际传递旋涡的概率是父辈未接受高等教育家庭的0.3902倍，即概率减少了60.98%。2018年，子辈接受高等教育，家庭发生贫困代际传递的概率是子辈未接受高等教育的0.9894倍，即概率减少了1.06%；父辈接受高等教育，家庭陷入贫困代际传递的概率减少了70.11%；父辈与子辈同时接受过高等教育，家庭发生贫困代际传递的概率减少了80.02%。

子辈接受高等教育，子辈收入随教育水平的提升而提高，子辈收入的提高会增加摆脱贫困的可能性，从而降低贫困代际传递发生的概率；父辈最高学历为高等教育，收入水平提高，会增加对子辈的高等教育投资，重视提高子辈受教育水平，因此父辈接受高等教育可对贫困代际传递产生阻断作用，2010年与2018年模型结果表现出的特征一致。根据2018年模型估计结果，父辈与子辈均接受高等教育，同样可以抑制贫困代际传递现象的发生，贫困代际传递发生概率的下降幅度大于父辈或子辈一方接受高等教育对概率的影响。

5.2.3.2 分地域回归结果

接下来，对民族地区与其他地区高等教育对贫困代际传递的阻断效应分别进行研究。模型结果如表5-10与表5-11所示。

表5-10 民族地区模型估计结果

变量	2010年	2018年
	inter_pinkun	*inter_pinkun*
	概率比	概率比
urban	0.5764 （0.2172）	0.8315 （0.4411）
gender_c	0.6100 （0.1998）	0.5392 （0.2884）
gdedu_c	0.1708* （0.1803）	0.7865 （0.4591）
gdedu_f	0.4827 （0.3979）	0.4228 （0.4567）
样本量	217	123
Pseudo R²	0.0394	0.0263

注：*表示$p<0.1$，**表示$p<0.05$，***表示$p<0.01$。括号内为标准差。

表5-11 其他地区模型估计结果

变量	2010年	2018年
	inter_pinkun	*inter_pinkun*
	概率比	概率比
urban	0.3034*** （0.0507）	0.7607 （0.2553）
gender_c	0.5932*** （0.0874）	0.3046*** （0.1066）
gdedu_c	0.1638*** （0.0607）	0.7981 （0.2758）

续　表

变量	2010年	2018年
	inter_pinkun	*inter_pinkun*
	概率比	概率比
gdedu_f	0.3236 （0.3341）	0.4125 （0.4289）
gdedu_c gdedu_f*		0.3017 （0.3096）
样本量	1859	934
Pseudo R²	0.0983	0.0510

注：*表示 $p<0.1$，**表示 $p<0.05$，***表示 $p<0.01$。括号内为标准差。

由于民族地区有效样本以及2010年其他地区有效样本中，父辈与子辈同时接受高等教育的条件下，不存在贫困代际传递家庭，因此交互变量没有被放入模型中进行估计。同时由表5-10与表5-11可知，在民族地区，2010年子辈接受高等教育，贫困代际传递发生的概率是子辈未接受高等教育的0.1708倍，即概率下降了82.92%，2018年该现象发生的概率下降21.35%；父辈接受高等教育后，2010年发生贫困代际传递的概率下降51.73%，2018年该现象发生的概率下降57.72%。在其他地区，2010年，子辈接受高等教育，贫困代际传递发生的概率下降83.62%，2018年该现象发生的概率下降20.19%；父辈接受高等教育后，2010年家庭贫困代际传递发生的概率会下降67.64%，2018年该现象发生的概率下降58.75%；2018年父辈与子辈均接受过高等教育后，贫困代际传递发生的概率下降69.83%。

依据模型估计结果可知，无论民族地区还是其他地区，父辈或子辈接受高等教育可对贫困代际传递产生阻断作用。当其他地区家庭中父辈与子辈同时接受高等教育时，对于贫困代际传递的阻断效应甚至高于父辈或子辈一方接受高等教育的情形，这与总体样本特征一致。为巩固脱贫工作成果，帮助未脱贫家庭从根本上摆脱贫困，阻断贫困代际传递，已脱贫的家庭避免贫困代际传递的再次发生，鼓励父辈与子辈接受高等教育。

5.3　民族地区高等教育的代际传递效应分析

高等教育作为阻断贫困代际传递的有效途径，本研究接下来从宏观角度介绍民族地区高等教育发展现状，从微观角度分析高等教育代际传递现状并对其效应进行分析，揭示其中存在的问题与不足，试图从宏观与微观两个方面对民族地区阻断贫困代际传递现象的发生提供针对性的建议。

5.3.1　民族地区高等教育发展现状

本研究首先从高等院校数量、本专科与研究生招生人数以及教职工数对民族地区高等教育情况做整体把握，见表5-12，从绝对数角度来看，2010—2017年，民族地区高等院校数量逐年增加，年均增长率为3.0%，高于其他地区水平1.2%以及全国水平1.7%；本、专科招生数以及研究生招生数同样呈现逐年递增的趋势，年均增长率分别为5.8%、7.9%，高于其他地区水平1.8%、7.7%与全国水平2.2%、7.6%。普通高校教职工数逐年增加，年均增长率3.7%，高于其他地区水平1.6%与全国水平1.8%。

表5-12　2010—2017年我国民族地区高等教育发展情况

年份	高等院校数量/所	占比/%	本专科招生数/人	占比/%	研究生招生数/人	占比/%	教职工数/人	占比/%
2010	289	12.26	656 233	9.92	32 739	6.31	202 475	9.39
2011	302	12.54	690 491	10.13	34 232	6.33	211 930	9.61
2012	303	12.41	696 828	10.12	36 873	6.41	216 695	9.61
2013	310	12.44	729 321	10.42	38 750	6.50	225 014	9.80
2014	322	12.73	783 167	10.86	40 025	6.53	232 861	9.97
2015	332	12.97	831 253	11.27	41 867	6.57	241 613	10.20
2016	345	13.29	890 956	11.90	43 795	6.65	252 209	10.49
2017	359	13.65	958 544	12.59	54 120	6.80	260 623	10.67

数据来源：国家统计局网站、历年《中国教育统计年鉴》。

从以上信息可知，民族地区高等教育院校数量、招生数量以及教职工数量方面有了明显提升，并且增长速度较快，民族地区高等教育正在快速发展过程中。但从相对数角度来看，民族地区院校数量、本专科以及研究生招生数和教职工数占全国总数的比例较低，接下来对比我国东中西部地区相应的高等教育发展现状，以便对民族地区高等教育发展情况做进一步了解。

表5-13 2010—2017年我国东部地区高等教育发展情况

年份	高等院校数量/所	本专科招生数/人	研究生招生数/人	教职工数/人
2010	1 046	2 875 923	279 990	1 010 875
2011	1 059	2 935 568	293 200	1 027 178
2012	1 067	2 942 048	315 169	1 049 669
2013	1 084	3 012 696	328 010	1 064 217
2014	1 096	3 070 806	339 473	1 074 785
2015	1 105	3 084 985	353 306	1 088 574
2016	1 116	3 097 807	366 350	1 102 658
2017	1 127	3 110 980	437 181	1 119 685

数据来源：历年《中国教育统计年鉴》。

表5-14 2010—2017年我国中部地区高等教育发展情况

年份	高等院校数量/所	本专科招生数/人	研究生招生数/人	教职工数/人
2010	748	2 207 982	129 245	662 991
2011	769	2 252 118	134 240	679 263
2012	780	2 249 103	140 339	689 591
2013	797	2 293 463	144 357	702 089
2014	806	2 359 012	147 649	713 138
2015	813	2 431 739	152 867	718 205
2016	819	2 468 318	156 940	725 824
2017	829	2 486 681	192 407	737 232

数据来源：历年《中国教育统计年鉴》。

表5-15 2010—2017年我国西部地区高等教育发展情况

年份	高等院校数量/所	本专科招生数/人	研究生招生数/人	教职工数/人
2010	564	1 533 646	109 972	482 735
2011	581	1 627 323	113 637	498 378
2012	595	1 697 185	119 930	515 112
2013	610	1 692 171	124 001	529 956
2014	627	1 784 169	126 030	547 800
2015	642	1 861 771	130 788	562 547
2016	661	1 919 958	135 220	576 302
2017	675	2 017 232	166 350	586 078

数据来源：历年《中国教育统计年鉴》。

由表5-13、表5-14、表5-15可知，总体上来说，我国东中西部地区高等教育发展水平逐年提高，东部地区高等教育发展水平高于中西部地区，中部地区次之，西部地区高等教育发展水平偏低，而且我国民族地区主要集中在西部地区。根据2017年教育部公布的"双一流"建设高校名单，一流大学建设高校42所、包括东部地区24所、中部地区9所、西部地区9所，其中民族地区2所；一流学科建设高校95所，其中中国地质大学、中国石油大学和中国矿业大学均分两地单独办学，本研究对此分别进行计算，因此包括东部地区63所、中部地区16所、西部地区19所，其中民族地区7所。由此可见，与其他地区相比，民族地区高校还需继续完善与优化自身的教学资源，做到与时俱进。

存在以上问题的原因可归纳为以下几类：

（1）院校布局问题。民族地区高等院校多位于我国的西部地区，地理位置、经济发展水平等因素会影响人才流入，对人才的吸引力不强，甚至会产生人才流失现象，同时民族地区高等院校教学资源等基础设施不如其他地区高等院校，对学生选择来此就学的吸引力不足。

（2）师资力量不均衡。民族地区教职工数量虽以较快的速度增长，但2017年专任教师职称为正高级的数量为18 880人，占比9.04%；职称为副高级的教师数量为52 528人，占比10.72%。而其他地区中位于我国东部的11个省份高等院校中，正高级专任教师数量为108 602人，占比52.0%；副高级专任教师数量为226 318人，占比46.2%。民族地区高校教师的学历、职称均有待改善，高层次的教师团队相对匮乏。

5.3.2　高等教育代际传递现状

首先从样本总体、城镇样本、乡村样本以及分民族地区与其他地区对被调查者的平均受教育年限进行整体把握，并对2010年与2018年的相关数据进行对比分析。

表5-16　2010年受教育年限均值对比描述统计

单位：年

	总体	城镇	乡村
父辈平均教育年限	6.8	6.8	6.7
子辈平均教育年限	9.8	9.8	9.7
	民族地区		其他地区
父辈平均教育年限	4.9		6.9
子辈平均教育年限	7.5		10

表5-17　2018年受教育年限均值对比描述统计

单位：年

	总体	城镇	乡村
父辈平均教育年限	7.6	7.7	7.5
子辈平均教育年限	12.4	12.5	12.3
	民族地区		其他地区
父辈平均教育年限	7.1		7.7
子辈平均教育年限	11.7		12.5

根据表5-16、表5-17所知，2010年父辈与子辈的教育年限均值分别为6.8年、9.8年，2018年父辈与子辈的教育年限均值分别为7.6年、12.4年。整体上来看，父辈平均教育年限远少于子辈平均教育年限，2018年父辈与子辈的平均教育年限较2010年均有提升。城镇样本中父辈与子辈平均教育年限稍高于乡村样本，甚至高于总体平均水平，但差距较小。2010年民族地区父辈和子辈的平均教育年限分别为4.9年、7.5年，其他地区父辈与子辈的平均教育年限分别为6.9年、10年；2018年民族地区父辈与子辈的平均教育年限分别为7.1年、11.7年，其他地区父辈与子辈的平均教育年限分别为7.7年、12.5年。民族地区的父辈与子辈平均教育年限，明显少于其他地区，甚至低于总体平均水平。与2010年相比，2018年民族地区父辈与子辈的教育年限均值实现了提升。

从子辈不同性别角度来比较，2010年男性子辈教育年限均值为9.6年，女性子辈教育年限均值为10.1年；2018年男性子辈的平均教育年限为12.38年，女性子辈的平均教育年限为12.39年。较2010年，男性与女性子辈的教育年限均有提升，男性子辈的教育年限略低于女性，但2018年差距缩短。接下来，从整体角度、城乡角度以及不同地域角度对教育接受情况在代际间的关系进行分析。

由图5-3可知，整体配对样本中教育水平在代际间的关系表现为，随着父辈受教育水平的提高，子辈教育程度得到了提升。父辈的教育水平越高，越重视对子辈的教育，增加对子辈的教育投资。在父辈每一个教育层级上，2018年子辈的教育年限均值高于2010年相应水平。

接下来对于城乡代际间教育水平关系进行对比分析，依据图5-4与图5-5可知，2010年，父辈受教育程度越高，城镇子辈的教育年限均值随之增加，甚至高于样本总体平均水平，而乡村子辈的教育年限均值最低，由此可见，教育资源较集中在城镇，城镇子辈拥有更多的机会与条件接受教育。图5-4中当父辈最高学历为大学本科时，乡村子辈教育年限均值为19年，原因是父辈教育程度为大学本科的样本数只有一个，因此该数据不具有代表性。2018年，随着父辈最高学历的提高，城镇与乡村子辈的教育年限均值趋于均衡，差距缩小，乡村子辈可以获得更多的教育资源。

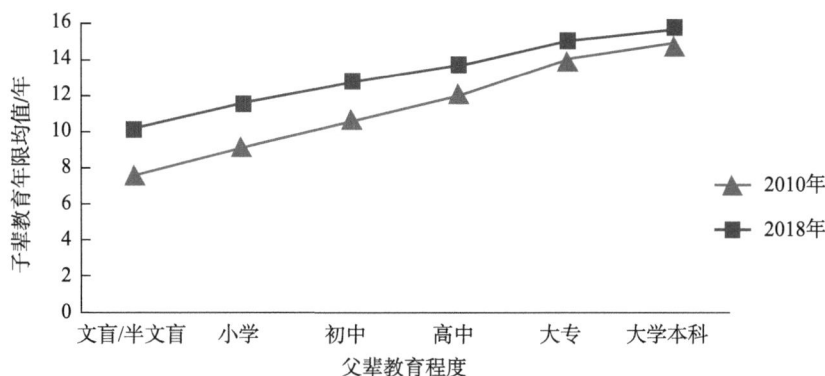

图 5-3　父辈与子辈整体配对样本教育代际流动情况

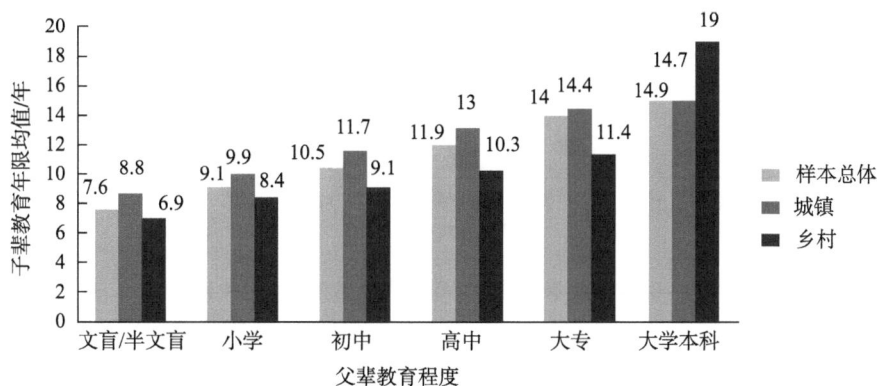

图 5-4　2010 年城乡父辈与子辈受教育程度关系图

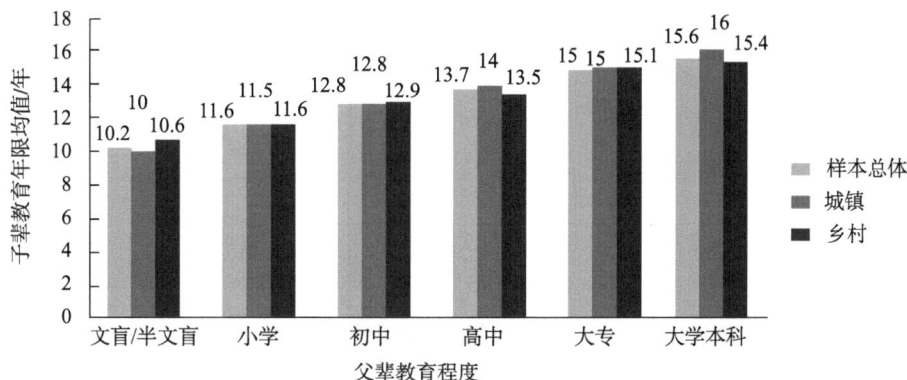

图 5-5　2018 年城乡父辈与子辈受教育程度关系图

接下来，图5-6与图5-7表现的是民族地区与其他地区子辈教育年限平均水平随父辈教育程度的变化趋势。无论是2010年还是2018年，在不同的父辈教育程度水平下，其他地区子辈教育年限均值普遍高于民族地区，随着父辈最高学历的提高，其他地区子辈教育年限平均水平呈现平稳上升特征，民族地区子辈存在较明显波动，但呈现上升趋势。与2010年相比，2018年民族地区与其他地区的子辈教育年限平均水平整体实现了提升，而且民族地区子辈教育年限均值与其他地区子辈的差距缩小。总而言之，民族地区子辈拥有了更多教育资源，但与其他地区子辈相比仍然存在差距。

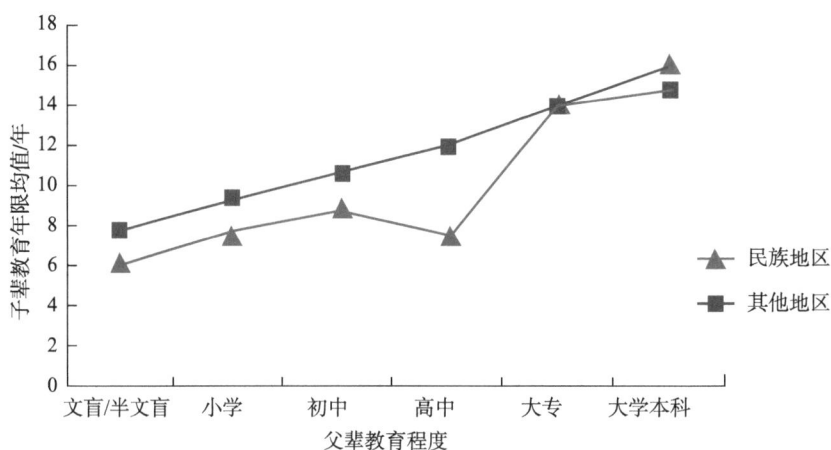

图 5-6　2010 年地域间父辈与子辈受教育水平关系图

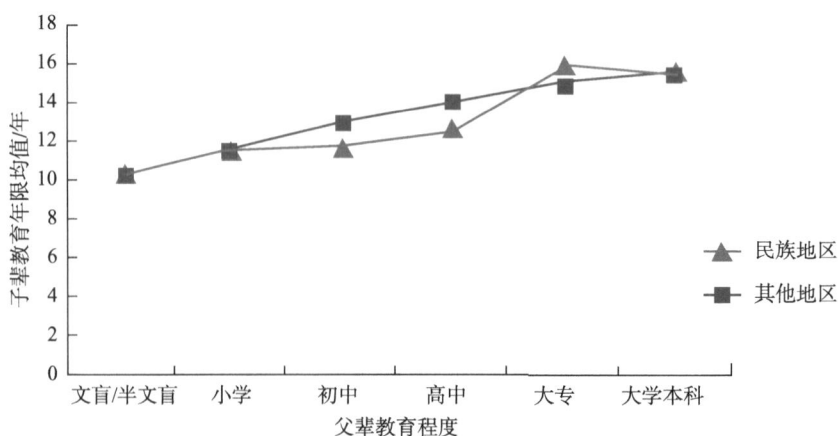

图 5-7　2018 年地域间父辈与子辈受教育水平关系图

从最高学历为高等教育层级的样本数量占比情况来看，如表5-18与表5-19所示，接受过高等教育的父辈样本占比明显少于子辈样本占比，乡村家庭的父辈与子辈接受高等教育的样本占比低于城镇家庭，这与成长环境、家庭经济水平与教育观念有关，尤其是乡村贫困家庭容易受到经济压力和传统观念的影响，由于高等教育回报存在滞后性，所以希望可以尽早进入劳动力市场得到劳动收益来改变家庭相对贫困现状，民族地区父辈与子辈接受过高等教育的样本占比小于其他地区。与2010年相比，2018年父辈与子辈接受高等教育的样本占比存在较大幅度的提高。从子辈不同性别角度比较，2010年男性子辈中接受过高等教育的样本数量占比为16.25%，女性子辈中的相应样本占比为24.73%；2018年男性子辈的相应样本数量占比为44.29%，女性子辈的相应样本占比为44.98%。女性子辈接受高等教育的样本数量始终高于男性。

表5-18　2010年接受过高等教育的样本占比

单位：%

	总体	城镇	乡村
父辈	2.7	5.1	0.6
子辈	19.2	30.6	8.8
	民族地区		其他地区
父辈	2.3		2.7
子辈	6.9		20.7

表5-19　2018年接受过高等教育的样本占比

单位：%

	总体	城镇	乡村
父辈	6.2	7.3	4.9
子辈	44.6	45.3	43.7
	民族地区		其他地区
父辈	4.9		6.4
子辈	34.1		45.9

2010年，存在高等教育代际传递的家庭配对样本为39对。其中，城镇样本中包括37对，占城镇样本总数的比例为3.7%；乡村样本中包括2对，占比0.2%；民族地区样本中包括4对，占比1.8%；其他地区样本包括35对，占比1.9%；男性子辈的家庭中包括23对，占比1.7%；女性子辈的家庭中包括16对，占比2.2%。2018年，有效样本中，存在高等教育代际传递的家庭配对样本为57对。其中，城镇样本中包括35对，占比6.1%；乡村样本中包括22对，占比4.5%；民族地区样本中存在高等教

育代际传递的配对样本数为5对，占比4.1%；其他地区为52对，占比5.6%；男性子辈的家庭中包括32对，占比5.0%；女性子辈的家庭中包括25对，占比6.0%。

5.3.3 高等教育代际传递效应测度与分析

5.3.3.1 总体回归结果

由结果可知，父辈或子辈接受高等教育后，对消除贫困代际传递存在积极作用，尤其在父辈与子辈同时接受高等教育的情况下，对于贫困代际传递的阻断效果要优于父辈或子辈一方接受高等教育的情况。本研究从定量角度证明高等教育存在代际传递性，对其效应进行测度并分析。

这一部分运用Logit回归模型对高等教育代际传递效应进行测算并分析，因变量选择子辈高等教育虚拟变量（$gdedu\_c$），自变量选择父辈高等教育虚拟变量（$gdedu\_f$），用于分析父辈接受高等教育对子辈接受高等教育概率的影响，即发生高等教育代际传递的机会大小，同时包括城乡变量（$urban$）、子辈性别变量（$gender\_c$）、地域变量（$prov\_minzu$），用于分析在子辈高等教育获得方面的城乡差异、性别差异以及地域差异。

表5-20　总体样本的Logit回归结果

变量	2010年	2018年
	$gdedu\_c$	$gdedu\_c$
	概率比	概率比
$gdedu\_f$	7.2838***	8.7394***
	（2.2415）	（3.1922）
$urban$	3.8813***	1.0656
	（0.5046）	（0.1362）
$gender\_c$	0.6237***	0.9694
	（0.0751）	（0.1262）
$prov\_minzu$	0.3658***	0.6137***
	（0.1071）	（0.1266）
样本量	2 076	1 057
$Pseudo\ R^2$	0.1179	0.0409

注：*表示$p<0.1$，**表示$p<0.05$，***表示$p<0.01$。括号内为标准差。

由表5-20模型估计结果可知，父辈接受高等教育对子辈教育存在促进作用，子辈接受高等教育的概率随之增加。2010年，父辈接受高等教育影响子辈同样接受高等教育的概率是父辈未接受高等教育的子辈的7.2838倍，概率增加了628.38%。2018年，父辈接受高等教育影响子辈接受高等教育的概率增加了773.94%。高等教育的代际传递性特征凸显。父辈接受过高等教育，社会职业、收入水平以及自身的教育经历会形成父辈重视教育的观念，增加对子辈的教育投资，从而子辈接受高等教育的可能性增大。

从城乡角度来看，2010年城镇子辈接受高等教育的概率是乡村子辈的3.8813倍，概率增加了288.13%，2018年城镇子辈接受高等教育的概率增加了6.56%。城镇子辈受成长环境、教育观念与教育资源等因素的影响接受高等教育的机会较乡村子辈多。

从子辈不同性别角度来看，与女性子辈相比，2010年，男性子辈接受高等教育的概率减少了37.63%；2018年，男性子辈接受高等教育的概率减少了3.06%。较男性子辈来说，女性子辈更能抓住接受高等教育的机会。

从不同地域来看，2010年，民族地区子辈接受高等教育的概率是其他地区的0.3658倍，概率减少了63.42%；2018年，民族地区子辈接受高等教育的概率减少了38.63%。民族地区子辈接受高等教育的机会较少，高等教育资源主要集中在其他地区，尤其是发达地区。

接下来，本研究将对城乡之间、子辈不同性别之间、不同地域之间高等教育代际传递发生机会大小差异进行分析。采用Logit模型，因变量选择是否存在高等教育代际传递（*inter_gdedu*），存在高等教育代际传递=1，不存在=0，模型估计结果见表5-21。

表5-21　模型估计结果

变量	2010年	2018年
	inter_gdedu	*inter_gdedu*
	概率比	概率比
urban	2.8859*** （0.8940）	1.4660 （0.4137）
gender_c	0.5540** （0.1525）	0.8134 （0.2239）
prov_minzu	0.9178 （0.4884）	0.7131 （0.3415）
样本量	2 076	1 057
Pseudo R²	0.0379	0.0065

注：*表示*p*<0.1，**表示*p*<0.05，***表示*p*<0.01。括号内为标准差。

由表5–21可知，2010年，城镇高等教育代际传递发生的概率是乡村的2.8859倍，概率增加了188.59%；男性子辈家庭发生高等教育代际传递的概率是女性子辈家庭的0.5540倍，概率减少了44.6%；民族地区高等教育代际传递发生的概率是其他地区的0.9178倍，概率减少了8.22%。2018年，与乡村家庭相比，城镇家庭发生高等教育代际传递的概率增加了46.6%；较女性子辈家庭，男性子辈家庭发生的概率减少了18.66%；较其他地区，民族地区家庭发生的概率减少了28.69%。

结合表5–20的模型估计结果来分析表5–21，由于乡村家庭子辈接受高等教育机会较小，因此与城镇家庭相比，乡村家庭中高等教育在代际间的传递机会较小。女性子辈更容易抓住接受高等教育的机会，女性子辈接受高等教育的可能性要大于男性，因此在女性子辈家庭中父辈最高学历为高等教育层级的情况下，高等教育较容易在代际间发生传递。与其他地区相比，民族地区子辈高等教育机会不均等，接受高等教育的概率较低，其在代际间产生传递的可能性较小。

5.3.3.2 分地域回归结果

接下来对民族地区与其他地区高等教育代际传递效应分别进行测度并分析，模型估计结果如表5–22与表5–23所示。

表5–22 民族地区样本的Logit回归结果

变量	2010年	2018年
	gdedu_c	*gdedu_c*
	概率比	概率比
gdedu_f	96.6446** （145.5463）	11.5979** （12.9979）
urban	2.9883* （1.8930）	1.0503 （0.4155）
gender_c	4.2427 （4.5047）	1.6185 （0.6578）
样本量	217	123
Pseudo R²	0.2101	0.0504

注：*表示$p<0.1$，**表示$p<0.05$，***表示$p<0.01$。括号内为标准差。

表5-23 其他地区样本的Logit回归结果

变量	2010年	2018年
	gdedu_c	*gdedu_c*
	概率比	概率比
gdedu_f	6.4923*** （2.0686）	8.4965*** （3.2818）
urban	3.9072*** （0.5211）	1.0720 （0.1450）
gender_c	0.5991*** （0.0736）	0.9124 （0.1257）
样本量	1 859	934
Pseudo R²	0.1028	0.0365

注：*表示$p<0.1$，**表示$p<0.05$，***表示$p<0.01$。括号内为标准差。

在民族地区，2010年父辈接受高等教育，其子辈接受高等教育的概率是父辈未接受高等教育的子辈的96.6446倍；2018年父辈接受高等教育影响其子辈也接受高等教育的概率是父辈未接受高等教育的子辈的11.5979倍。民族地区代际间高等教育传递性较明显，家庭中父辈接受高等教育，其子辈极可能也接受高等教育，代际间继承性较强。在其他地区，父辈接受高等教育的条件下，2010年其子辈最高学历同样为高等教育层级的概率增加了549.23%；2018年子辈接受高等教育的概率增加了749.65%。

民族地区与其他地区同样存在高等教育代际传递的城乡差异，城镇子辈高等教育机会大于乡村子辈，这与整体样本特征一致。但从对子辈不同性别的影响来看，民族地区男性子辈高等教育机会大于女性子辈，2010年男性子辈接受高等教育的概率是女性子辈的4.2427倍，概率增加了324.27%；2018年男性子辈的相应概率是女性子辈的1.6185倍，概率增加了61.85%。这与总体特征不一致，民族地区男性子辈接受高等教育机会较大。其他地区不同子辈性别的接受高等教育机会特征与总体一致，与女性子辈相比，2010年男性子辈接受高等教育的概率减少了40.09%，2018年相应概率减少了8.76%。

通过构建五等分教育代际流动矩阵，对民族地区与其他地区子辈接受高等教育现状与高等教育代际传递特征作进一步深入分析，以2018年为例。将七类教育层级合并为五类，小学以下（包括文盲与半文盲）、小学、初中、高中、大专及以上学历（包括大专、本科与硕士研究生学历），矩阵列自上而下代表父辈受教育等级增加，矩阵行自左向右代表子辈受教育等级增加，矩阵中对角线数值表示相对于父辈受教育程度，子辈接受同等教育程度的比例，该比例值越大代表教育代际间传递性越强，流动性越弱，对角线以上部分代表代际间教育程度向上流动，即相对于父辈教育程度，子辈教育程度得到了改善；对角线以下部分代表代际间教育程度向下流动，即子辈教育程度相对于父辈教育程度发生了恶化。

表5-24　民族地区居民教育代际流动矩阵

单位：%

		子辈教育程度					
		小学以下	小学	初中	高中	大专及以上	合计
父辈教育程度	小学以下	9.5	4.8	33.3	28.6	23.8	100
	小学	0	2.3	41.9	30.2	25.6	100
	初中	0	8.3	41.7	11.1	38.9	100
	高中	0	0	35.3	23.5	41.2	100
	大专及以上	0	0	0	16.7	83.3	100

表5-25　其他地区居民教育代际流动矩阵

单位：%

		子辈教育程度					
		小学以下	小学	初中	高中	大专及以上	合计
父辈教育程度	小学以下	1.4	15.5	42.3	23.9	16.9	100
	小学	0.9	6.5	34.2	25.5	32.9	100
	初中	0	3.6	22.1	22.7	51.5	100
	高中	0	1.4	16.0	18.1	64.6	100
	大专及以上	0	0	5.0	8.3	86.7	100

根据教育代际流动矩阵，从惯性率、教育代际向上流动比率与向下流动比率三个指标来对比民族地区与其他地区教育代际流动大小与方向。惯性率是通过计算矩阵中主对角线之和的算术平均数来反映教育代际间的不流动性，数值越小，教育代际流动性越大，反之，教育代际流动性越小。民族地区惯性率为32.06%，其他地区为26.96%。与民族地区相比，其他地区教育代际流动性较强。民族地区与其他地区均有明显的教育代际向上流动的趋势，民族地区教育代际向上流动比率为69.9%，向下流动比率为8.1%；其他地区教育代际向上流动比率为76.2%，向下流动比率为5.1%。

从子辈处于这五个教育等级的比例来看，总体有效样本中子辈相应比例分别为0.6%、5.4%、27.4%、22.0%、44.6%，民族地区配对样本中子辈相应比例分别为1.6%、4.1%、37.4%、22.8%、34.1%，其他地区配对样本中子辈相应比例分别为0.5%、5.6%、26.1%、21.9%、45.9%。做进一步整合，民族地区子辈最高学历处于初等教育、中等教育、高等教育阶段的比例分别为4.1%、60.2%、34.1%，其中高等教育阶段，子辈最高学历为硕士研究生的比例为0.8%；其他地区子辈最高学历处于初等教育、中等教育、高等教育阶段的比例为5.6%、48%、45.9%，其中子辈为硕士研究生的比例为1.4%。由此可见，民族地区子辈的学历水平普遍低于其他地区，其他地区子辈接受高等教育的人数比例是民族地区的1.3倍。从子辈接受高等教育的角度来看，其他地区父辈教育水平为小学、初中、高中、大专及以上时，子辈最高学历为高等教育层级的比例均高于民族地区相应比例。民族地区子辈接受高等教育机会较小，需重视地域间高等教育公平问题。而且从教育代际流动矩阵来看，民族地区父辈与子辈最高学历同时处于高等教育层级的比例为83.3%，其他地区相应比例为86.7%，由此可见，其他地区高等教育在代际间的传递性稍高于民族地区。

5.4 本章小结

1.分析相对贫困及贫困代际传递现状

从整体上来看，收入方面，与2010年相比，2018年父辈与子辈的平均收入提高，子辈的收入水平始终高于父辈的相应水平。城镇父辈与子辈的平均收入普遍高于乡村水平，甚至高于总体水平。相对贫困发生率角度，乡村的贫困发生率偏高，高于城镇水平与总体水平，乡村贫困现象较为集中。与2010年相比，2018年乡村贫困发生率下降，城镇稍有提高，城乡之间的差距缩小。乡村子辈的贫困发生率低于父辈，而城镇子辈的贫困发生率稍高于父辈，但差距并不大。关于贫困代际传递，较2010年，2018年存在贫困代际传递的家庭配对样本占比数整体上下降，乡村占比情况仍高于城镇，但城乡之间差距减小，乡村贫困状况得到改善。

分子辈不同性别进行比较，男性子辈的平均收入普遍高于女性子辈，相应贫困发生率低于女性子辈。但2018年男性子辈的相对贫困发生率较2010年提高，女性子辈的相应比率下降，不同性别间的差距减小。父子配对样本中存在贫困代际传递的样本数量占比始终低于父女配对样本，但2018年两者差距较2010年减小，女性在劳动力市场中的处境得到改善。

分不同地域比较分析，收入方面，民族地区样本中父辈与子辈的平均收入低于其他地区样本，甚至低于总体样本相应水平。民族地区父辈与子辈的贫困发生率比其他地区高，民族地区样本中存在贫困代际传递的配对样本数占比大于其他地区样本。但从时间维度上来看，民族地区相对贫困现状与贫困代际传递现象得到了改善。

2.贫困代际传递效应测度结果与分析

父辈贫困的家庭中的子辈陷入贫困的概率大于父辈非贫困家庭中的子辈，父辈贫困易导致子辈贫困，贫困代际传递特征凸显。本研究对民族地区与其他地区贫困代际传递效应分别进行测算，作用方向与总体一致。乡村子辈、女性子辈与民族地区子辈陷入贫困的概率分别高于城镇子辈、男性子辈与其他地区子辈。乡村、女性子辈家庭与民族地区易产生贫困代际传递现象。乡村子辈由于成长环境的限制，就业信息的获取渠道较少，为提升自身的社会阶层需较城镇子辈付出更多的努力。同时由于就业形势的严峻性，劳动力市场出现供过于求的情况，有些工作的招聘要求具有较强的指向性，女性往往处于不利的位置，但就第2章描述统计结果可知，女性在劳动力市场的处境已经得到了改善。民族地区本土经济发展与教育发展较落后，社会保障水平待继续完善。因此乡村子辈、女性子辈以及民族地区的子辈，尤其是贫困家庭中的子辈陷入贫困的可能性较大，难于摆脱父辈贫困对其产生的不利影响，同样无法阻止贫困在代际间传播。

父辈或子辈的最高学历为高等教育层级时，根据模型结果显示，会降低贫困代际传递发生的概率，即能够有效地阻止贫困在代际间传播。本研究对民族地区与其他地区高等教育的阻断效应分别进行了分析，阻断作用与总体特征一致。民族地区父辈与子辈接受高等教育可有效切断贫困的代代相传。对于贫困家庭来说，子辈通过接受高等教育，社会阶层向上流动，个人收入随之增加，使之陷入相对贫困的可能性下降，从而阻断了家庭内贫困代际传递的发生。父辈接受高等教育，对其个人收入产生直接的积极作用，父辈社会地位的提升、收入的增加，会相应增加对其子辈的教育投资，从而阻断贫困代际传递。在家庭中父辈与子辈同时接受过高等教育的情况下，贫困代际传递现象发生概率的下降幅度大于父辈或子辈一方接受高等教育的情况。

3.由上一部分所得结论可知，父辈与子辈最高学历同为高等教育层级时，可有效切断贫困在代际间的传递

运用Logit模型分析高等教育代际传递效应，父辈接受高等教育的家庭中的子辈同样接受高等教育的概率增大，即高等教育代际传递特征明显。对民族地区样本与其他地区样本分别进行分析，得到相同的结论，民族地区样本中代际间同样存在较强的传递性。高等教育在代际间存在明显的继承性，可利用这一特性来改变家庭贫困代际传递的现状，实现家庭中高等教育代际间传递的良性循环，从根本上切断贫困代际传递，保证脱贫成果的可持续性。依据模型估计结果可知，城镇子辈接受高等教育的概率与发生高等教育在代际间传递的概率大于乡村子辈，乡村子辈可能会受到家庭经济状况、教育观念与信息获取渠道等因素的限制，失去了可能会提升自身社会阶层的机会。在子辈不同性别方面，不同样本的模型结果有所不同，依据总体样本与其他地区样本的模型估计结果可知，女性子辈接受高等教育的概率要高于男性子辈，由此可见，女性更能掌握住接受高等教育的机会，高等教育在代际间传递的可能性也更大一些。但民族地区则相反，男性子辈接受高等教育的可能性大于女性子辈，民族地区男性接受高等教育的机会更大一些。民族地区子辈接受高等教育机会与高等教育代际传递性较差于其他地区子辈。通过对民族地区2010—2017年高等院校数量、本专科与研究生招生数量以及教职工数量等相关高等教育发展情况进行比较分析时发现，民族地区在近八年高等教育发展速度较快，发展势头较好，但与其他地区高等教育发展水平，甚至与发达地区相比，民族地区高等教育资源明显不足，高层级的教师团队相对匮乏，而且由于民族地区的地理位置以及经济发展水平，对人才的吸引力不强。民族地区高等教育发展的落后也应是导致民族地区子辈高等教育机会较小，以及贫困代际传递发生的外部因素之一，民族地区贫困家庭难以支撑子辈在外求学的费用与负担，再加上本地高等教育支持力度不够，贫困家庭子辈获得高等教育的机会较小，实现经济独立和社会发展受到限制。

6 结论与政策建议

6.1 主要研究结论

1.高等教育溢价情况仍较为显著，相同受教育程度个体的劳动收入受性别、城乡特征的影响

尽管自1999年实施高等教育扩招政策以来，我国高等教育普及化的进程已有22年，但根据估计结果来看，我国高等教育溢价仍保持在28.57%，即接受高等教育的劳动力个体其劳动收入较仅接受高中教育的劳动力个体高28.57个百分点。这表明个体通过接受高等教育作为自身人力资本的投资积累方式仍然具有较可观的回报。并且从影响因素来看，是否接受高等教育受到个体的性别以及对自身劳动收入的满意度的显著影响。根据估计结果，我国总体拥有相同高等教育水平的个体收入，男性相比女性高29.44%。同时，我国总体劳动者城乡差距对其劳动收入的影响出现显著下降，相同受教育程度下，城镇个体仅比乡村个体的劳动收入高4.75%，并且这一差距在受调查者高等教育层次逐渐走向精英化后，失去显著影响。

2.高等教育溢价在不同层次高等教育中呈现较大差异，从大到小排序依次为：研究生、普通本科、高等职业教育

通过对不同层次高等教育溢价进行横向对比，发现同样作为高等教育，高等职业教育的溢价远低于普通本科及研究生阶段的高等教育溢价的情况，并且普遍表现为负。并且与高等职业教育相比，本科及研究生高等教育的情况波动较大。尤其是高等教育扩招的主体本科层次的变化幅度2010年至2018年为13%，与之相比，高等职业教育2010年至2018年变化幅度为下降5%，研究生层面，高等教育溢价情况下降5.27%。一方面，这与长久以来人们对于高等职业教育的认知存在一定偏差有关，由于我国高等职业教育准入门槛较低、教学质量相对较差，导致高等职业教育学生表现出并未达到市场需求的职业技能程度，而导致其收入略低于仅接受高中教育的劳动力个体。另一方面，由于高等教育扩招带给本科及研究生层面的显著正效应，劳动力市场中，劳动力受教育程度大幅提高，导致仅拥有高等职业教育学历的劳动力很难找到与之专业相匹配的工作，进而致使其转而选择与仅有高中学历的劳动力个体相同的就业岗位。

3.从整体上来看，父辈与子辈的平均收入提高，子辈的收入水平始终高于父辈的相应水平

城镇父辈与子辈的平均收入普遍高于乡村水平，甚至高于总体水平。相对贫困发生率角度，乡村的贫困发生率偏高，高于城镇水平与总体水平，乡村贫困现象较为集中。与2010年相比，2018年乡村贫困发生率下降，城镇稍有提高，城乡之间的差距缩减。乡村子辈的贫困发生率低于父辈，而城镇子辈的贫困发生率稍高于父辈，但差距并不大。关于贫困代际传递，较2010年，2018年存在贫困代际传递的家庭配对样本占比数整体上下降，乡村占比情况仍高于城镇，但城乡之间差距减小，乡村贫困状况得到改善。

4.父辈贫困的家庭中的子辈陷入贫困的概率大于父辈非贫困家庭中的子辈，父辈贫困易导致子辈贫困，贫困代际传递特征凸显

通过对民族地区与其他地区贫困代际传递效应分别进行测算，作用方向与总体一致。乡村子辈、女性子辈与民族地区子辈陷入贫困的概率分别高于城镇子辈、男性子辈与其他地区子辈。乡村、女性子辈与民族地区家庭易产生贫困代际传递现象。乡村子辈由于成长环境的限制，就业信息的获取渠道较少，为提升自身的社会阶层需较城镇子辈付出更多的努力。同时由于就业形势的严峻性，劳动力市场出现供过于求的情况，有些工作的招聘要求具有较强的指向性，女性往往处于不利的位置，但就第5章描述统计结果可知，女性在劳动力市场的处境已经得到了改善。民族地区本土经济发展与教育发展较落后，社会保障水平待继续完善。因此乡村子辈、女性子辈以及民族地区的子辈，尤其是贫困家庭中的子辈陷入贫困的可能性较大，难于摆脱父辈贫困对其产生的不利影响，同样无法阻止贫困在代际间传播。

5.父辈与子辈最高学历同为高等教育层级时，可有效切断贫困在代际间的传递

本研究从定量角度出发，构建Logit模型对高等教育代际传递效应进行测度与分析。总体与分地域两层面结果均显示，父辈若接受过高等教育，则其子辈同样接受高等教育的概率会增大，父辈接受高等教育所产生的观念会影响子辈，即高等教育代际传递特征十分明显。从总体上来看，城镇由于具备更优的教育资源、环境等因素，相较于农村来说接受高等教育的机会更多，而女性子辈相较于男性子辈来说更能抓住高等教育的机会，且由于地域之间存在差异性，通常较发达的地区其高等教育资源也较优，因此，导致民族地区子辈接受高等教育的机会较少。从分地域上来看，民族地区与其他地区同样存在着高等教育代际的传递，城镇子辈高等教育机会大于乡村子辈，但与总体特征不一致的是，民族地区男性子辈所接受高等教育的机会较女性子辈更大。通过构建五等分教育代际流动矩阵，得出其他地区高等教育在代际间的传递性稍高于民族地区。由于高等教育在代际间所存在的明显传递性，故对于改变家庭贫困代际传递的现状有帮助，以实现家庭中高等教育代代间传递的良性循环，从而从根源上阻止贫困的代际传递，保证脱贫成效的长期稳定性。在对比分析民族地区2010—2017年间高等院校数量、本专科与研究生招生数量以及教职工数量等相关高等教育发展情况后发现，民族地区虽在过去八年中发展态势迅猛，但与全国其他地区，尤其是与发达地区相比，其高等教育资源仍处于劣势，师资队伍建设情况也较为薄弱。此外，受地理位置和经济发展水平的影响，民族地区对于人才的吸引力也明显不足。从民族地区现有高等教育资源及水平方面来看，此方面的不足与匮乏也是导致高等教育机会以及贫困代际传递发生的外在因素之一，尤其是在民族地区的贫困家庭中，子辈求学的费用对于其家庭来说也是一大负担，加之当地高等教育资源不足，相关的支持力度也不尽人意，导致贫困家庭的子辈获得高等教育的机会变少，其发展的可能性受到限制。

6.2 政策建议

根据以上结论，为积极促进各个区域高等教育的良好发展，并且实现对人力资本的有效培养，作出以下政策建议：

1.建立健全更加完善的教育经费拨付制度，激发市场在教育经费配置中的作用

中国高等教育经费的拨付模式应该更多地采取多元化、绩效化的方式，可以通过对高校进行差异性评估的方式，倒逼高校在保证育人为本的内涵建设的同时，拥有更加自主的发展方式。在资源配置过程中，应该将相关的权力交由第三部门和大学自身行使，打破单纯由政府进行统筹分配的封闭模式，鼓励大学在办学过程中发挥其自身积极性与自主创新性。要关注高等教育欠发达地区，要补齐中国区域间高等教育发展的短板，就需要政府针对不同区域的教育发展水平制定不同政策，不仅在资金及基础设施建设方面对欠发达地区进行大力支持，还要保证教师水平、教学质量上的同步帮扶。

2.拓宽区域间高等教育人才培养、人力资本积累的途径

中国南、北方的经济发展水平存在较为明显的区域差异，因此在对人力资本进行培养的过程中，应立足于南北方不同的经济发展情况以及当地基础设施建设情况，制定适合地区经济发展需求的高等教育发展的模式，科学合理地丰富对人力资本增值性培养的方式方法。南方地区经济发展速度较快，与国际交流较为频繁，可通过进一步加强国际国内的协作交流，在交流学习中吸收先进教学理念，形成具有中国特色、适合中国发展道路的高等教育发展理念。而北方地区应进一步加强与南方地区各高校间的合作联动，通过组织教师、高校干部积极前往先进学校进行培训，先进教师之间也可以共享教育经验，前往北方地区开展学习讲座等方式，促进区域间的教育资源、理念交流，通过学生交流互换、线上公开讲座等形式，推动区域间教育资源流动。

3.建立健全教育质量的保障、评价机制体系

高校的根本任务是培养人才，提高人才培养质量是提高高等教育质量的关键所在。对于高等教育欠发达地区，更是应该牢牢把握人才培养的核心任务，结合本区域经济社会发展对人才素质的要求，建立相对应的教育质量评价体系，破除高等教育质量评估单一化、刻板化的局面，通过更加灵活、符合实际需求的评价体系，倒逼高校提高教学质量。同时，各地应根据实际发展情况制定、完善高等教育质量保障体系，一方面根据劳动力市场的需求及时调整和改革人才培养方案，同时深化教学改革，强化育人特色，将教学内容适当结合经济社会发展需要，鼓励高校有针对性地加强课程建设，实现高质量人才培养。此外，应完善相应的人才引进、优惠政策，在培养出高质量人才的基础上能留得住人才，才是地区发展的重中之重。

4.鼓励高校办学精准定位，与市场人才需求相匹配

面对国内高校存在的盲目开设专业的情况，各个高校应该根据所在区域的发展特点以及自身发展历程，找准自身的办学定位，以特色专业作为兴校根本，形成以院校特色专业为导向的发展思路，并在此基础上进行配套改革，发扬学校的校风、学风，推动院校的学科建设，从人才培养、师资队伍以及组织管理等方面凸显出拥有院校特色的办学理念。同时高校应积极主动地融入社会，通过自己富有特色的人才培养、科研成果以及科技产业等，服务于所在区域的经济社会建设。

5.增加就业机会，培养并提高专业技能，从而摆脱贫困，阻断贫困代际传递

民族地区致力于发展本土特色产业，挖掘并开发本地的特色资源，提升地区

经济发展水平的同时，设置专门为当地贫困家庭提供的就业岗位与名额，将就业机会落实在每一户贫困家庭中，提高其摆脱贫困的可能性。保证贫困家庭，尤其是乡村贫困家庭、民族地区贫困家庭的医疗保障水平，改善家庭成员社会医疗保险的参保状况，适当提高贫困家庭成员就医时的报销比例与增加报销范围，让贫困家庭看病就医时没有后顾之忧，避免发生"因病返贫""因病致贫"现象。同时改进乡村、民族地区基本医疗卫生设施，提高医疗卫生条件，减少贫困家庭需要到外地就医的成本。政府有关部门可利用当地的教学资源，组织开展一些技术性较强的就业培训课程，帮助贫困家庭成员拥有一技之长，提升其自身的专业技能，增强在劳动力市场中的竞争力，依靠自己的努力摆脱贫困。高校可组织进行一些更加有效的毕业生就业指导与咨询活动，在劳动力市场供过于求的情况下，对待有就业意向的，而且家庭提供资源有限，就业实在存在困难的贫困家庭毕业生可做到一对一帮扶，提供正确的择业观与就业规划指导，同时可借助高校的资源，为贫困家庭毕业生提供实习机会，助力他们顺利完成从学生到职场人的过渡。

6.发挥高等教育对贫困代际传递的阻断作用，需要政府、高校、家庭等多方面的支持

重视发展高等职业教育，尤其是民族地区，增加专项资金支持，加强专业技能培训与应用教学，重视职业教育院校基础设施的建设与专业教师的培训，培养与发展致力于为民族地区经济发展服务的技能型人才。可适当增加招生人数，保证贫困家庭子辈接受高等教育机会，加上助学贷款、贫困助学金、国家励志奖学金等政策的扶持，帮助其顺利完成学业，为贫困家庭减负。在高等院校中增设少数民族预科班，适当增加研究生少数民族骨干计划名额，保证民族地区子辈高等教育公平，提高其接受高等教育的可能性，保证民族地区子辈高等教育机会公平。针对民族地区高等教育发展的情况，适当调整政策扶持力度，加大财政教育经费投入，完善民族地区高等院校教学基础设施建设，培养一批高水平的教师团队，提高科研经费与奖励力度支持高等院校教师开展科研活动，增加相应人才引进优惠政策吸引人才向民族地区流动。"扶贫必扶智"，精神扶贫工作也是十分重要的。宣传积极的教育观念以及高等教育能为家庭带来长久收益的观点，改变贫困家庭父辈的教育观念，尤其是乡村贫困家庭对高等教育持保留态度的观念。贫困家庭教育观念的转变，支持家庭成员接受高等教育，可保证贫困家庭具有消除贫困代际传递的"造血"能力。

7.发挥高等教育代际传递性对贫困代际传递的阻断作用

由本研究的研究结论可知，家庭内父辈接受高等教育对贫困代际传递存在一定的阻断作用，同时父辈与子辈均接受过高等教育对贫困代际传递的阻断作用要大于只有一方接受过高等教育的情况，并且高等教育在两代间又存在传递性。因此在扶贫工作中，可积极宣传高等教育代际传递性，帮助贫困家庭，尤其是民族地区贫困家庭成员认识到利用高等教育在代际间传递的良性循环特征，可有效阻断贫困代际传递，并保证家庭脱贫状态的持续性。在鼓励父辈增加对其子辈的高等教育投资的同时，也应激励父辈，特别是年轻父辈同样接受高等教育，从长远上看，无论是对其自身收入增长还是子辈高等教育获得都具有积极意义，可通过全国统考、自学考试、成人高考等多种途径，选择全日制或非全日制的学习方式，来实现提高自身学历、接受高等教育的目的。

8.优化高等教育经费的配置方式

中国高等教育经费在拨付模式上，应该更多地采取多元化、绩效式的方式进行，通过对高校进行差异性评估以及差异性鼓励等方式，促进高校自主发展，更加关注其内涵建设，坚持育人为本。并且在资源配置中，应该将相关的权力交由第三部门和大学自身行使，打破单纯由政府统筹分配的封闭模式，鼓励大学在办学过程中的积极性，并发挥自主创新性。同时要关注高等教育欠发达地区，补齐中国区域高等教育的短板，政府需要针对不同区域的教育发展水平制定不同政策，面对教育水平低下、经济发展水平落后的地区，需要制定对其更加有力的政策，加大对该地区的教育经费投入，并且要鼓励社会性资本投资，弥补地方财政资金的缺失，加大对该地区教育设施的建设，改善其办学条件。

9.丰富三大区域对人力资本的增值性培养方式

中国东部、中部和西部地区的经济水平呈现明显阶梯递减状态，在对人力资本进行培养时，应基于各自的经济水平以及所具备的条件，制定适合自己区域高等教育发展的模式，进一步丰富对人力资本的增值性培养方式。东部地区经济发展水平良好，"985工程""211工程"高校数量居多，在对人力资本进行培养时，应该在数量和质量上同时加强，并且针对本研究的研究结果显示，"985工程""211工程"高校对劳动个体的增值性培养，相对于整个高等教育而言略显不足，东部地区应进一步加强"一流高校、一流学科"对人力资本的增值性培养。对于中部地区而言，虽然经济发展水平较东部地区落后，但拥有丰富的地矿资源，重工业基础良好，并且第一批"双一流"高校从中部地区产生，因此"985工程""211工程"高校对人力资本的培养方式占绝对优势，但整体人口素质不高，这并不利于整个高等教育的发展，中部地区应该在保持"双一流"高校对人力资本增值性培养的基础上，提升整体的高等教育水平。西部地区的经济水平比较落后，并且"985工程""211工程"高校数量较少，其情况与东部地区正好相反，接受高等教育的人数也较少，对于西部地区，应首先大力推进整个高等教育的发展，在保证更多的人可以接受高等教育的前提下，逐步进行"双一流"高校对人力资本的增值性培养。

10.加强高等教育区域联动

中国的高等教育在东部、中部和西部地区之间发展不均衡，高等教育质量也存在差异，实现高等教育区域间的联动性，对缩小东部、中部及西部地区之间的高等教育质量差异有重要作用，为此，西部地区应积极和东部及中部地区合作，制定相关经费政策，组织教师、高校干部积极前往先进学校进行培训，同时东部、中部地区应发挥先进教育示范引领作用，西部地区借鉴其经验，充分实现区域联动协调发展的有机结合，东部及中部地区的先进教师也可以共享教育经验，前往西部地区开展学习讲座，促进区域间教育交流，通过合作可以实现区域间学生交流互换，丰富学生知识水平，推动区域间教育互动活动。同时也要不断完善区域之间高等教育的利益共享以及合作发展机制，实现共享教育资源，使学生、教师、学校真正成为优质教育资源共享的受益者，进一步缩小东部、中部及西部地区之间高等教育质量的差异，为各区域经济社会的协调发展提供高质量人才支撑。

参考文献

[1] 常玉涵. 扩招背景下的高等教育溢价: 基于 CFPS 数据的异质性检验 [D]. 呼和浩特: 内蒙古财经大学, 2022.

[2] 马磊, 魏天保. 高校扩招后我国大学学历溢价的波动研究: 基于 2003—2013 年 CGSS 数据的分析 [J]. 教育科学, 2017, 33 (1): 59-67.

[3] 彭树宏. 中国大学教育溢价的倒 U 型演化特征: 基于 CHIP1988—2013 的证据 [J]. 南方经济, 2017 (11): 37-56.

[4] 李平, 高敬云, 李蕾蕾. 中国普通高等教育质量对技能溢价的影响: 基于技能偏向型技术进步的视角 [J]. 山东大学学报 (哲学社会科学版), 2014 (4): 10-19.

[5] 刘云杉, 王志明, 杨晓芳. 精英的选拔: 身份、地域与资本的视角: 跨入北京大学的农家子弟 (1978—2005) [J]. 清华大学教育研究, 2009, 30 (5): 42-59.

[6] 左祎琦. 我国高等教育收益率研究 [D]. 北京: 首都经济贸易大学, 2018.

[7] 包文瑾. 民族地区高等教育获得及其影响因素研究 [D]. 呼和浩特: 内蒙古财经大学, 2020.

[8] 保罗·萨缪尔森, 威廉·诺德豪斯. 经济学 [M]. 高鸿业, 译. 北京: 中国发展出版社, 1992, 1252-1253.

[9] 田长生, 王军, 聂应德, 等. 高等教育与区域社会互动发展机制研究 [J]. 社科纵横 (新理论版), 2010, 25 (4): 222-224.

[10] 彭树宏. 中国大学学历溢价及其变动 [J]. 财经科学, 2014 (12): 58-68.

[11] 陈鹏. 连续 9 年"不低于4%", 本轮教育经费投入有何不同 [N]. 光明日报, 2021-12-03 (8).

[12] 彭晓宁. 高等教育"量"、"质"溢价的区域差异研究 [D]. 呼和浩特: 内蒙古财经大学, 2021.

[13] 李慧民, 李温馨. 高等教育扩招与中国经济增长: 来自双重差分法的实证检验 [J]. 黑龙江高教研究, 2020, 38 (4): 50-56.

[14] 李晓华, 黄如艳, 张琼. 从教育扶贫到教育促进乡村振兴: 青藏地区教育脱贫的新路向 [J]. 民族教育研究, 2021, 32 (5): 92-99.

[15] 徐水晶, 周东洋. 教育作为阶层代际传递的中介作用研究 [J]. 社会科学, 2017 (9): 91-100.

[16] 刘军豪，许锋华. 教育扶贫：从"扶教育之贫"到"依靠教育扶贫"[J]. 中国人民大学教育学刊，2016（2）：10.

[17] 方超，黄斌. 资本—技能互补、技能偏态型技术进步与中国大学教育溢价[J]. 广东财经大学学报，2018，33（1）：4-14.

[18] 程志康. 高等教育人力资本对经济高质量发展的影响研究[D]. 呼和浩特：内蒙古财经大学，2022.

[19] 张天壹. 高等教育集聚对经济高质量发展的空间溢出效应研究[D]. 呼和浩特：内蒙古财经大学，2022.

[20] 颜敏. 能力偏误、教育溢价与我国工资收入差异[D]. 大连：东北财经大学，2013.

[21] 卢盛峰，时良彦，金行. 中国代际贫困的传递特征测度及财政治理研究[J]. 财贸研究，2020，31（5）：11.

[22] 赵蕾. 民族地区高等教育的贫困代际传递阻断效应研究[D]. 呼和浩特：内蒙古财经大学，2022.

[23] 颜敏，王维国. 中国技能偏态性技术变迁的实证检验：兼论大学教育溢价[J]. 统计研究，2014，31（10）：55-62.

[24] 亓寿伟. 中国代际收入传递趋势及教育在传递中的作用[J]. 统计研究，2016，33（5）：77-86.

[25] 陈琳. 中国城镇代际收入弹性研究：测量误差的纠正和收入影响的识别[J]. 经济学（季刊），2015，15（4）：33-52.

[26] 陈建宝，丁军军. 分位数回归技术综述[J]. 西安：统计与信息论坛，2008，23（3）：8.

[27] 刘运转. 城乡收入差距对人力资本积累的差异性影响研究[D]. 西安：西北大学，2021.

[28] 张屹山，赵明昊，杨春辉. 收入代际传递机制的权力范式解析[J]. 吉林大学社会科学学报，2020，60（3）：10.

[29] 曾红艳. 应用型高校教育学本科人才培养模式改革探索研究[J]. 现代商贸工业，2023，44（9）：105-107.

[30] 韦进. 高校扩招对劳动力市场及教育收益率影响的研究[J]. 中国高教研究，2008（12）：84-85.

[31] WELCH F. Handbook of the economics of education[M]. North Holland：Elsevier，2006.

[32] 卡诺依. 教育经济学国际百科全书[M]. 2版. 北京：高等教育出版社，2007：471.

[33] 郭孝文, 蔡连玉. "扩招": 你还能走多远?: 关于高校扩招的理性思考 [J]. 教育理论与实践, 2001（6）: 29-32.

[34] 李传瑛, 万秀兰. 美国传统黑人院校的生存和发展 [J]. 世界教育信息, 2008（4）: 23-27.

[35] 张巍巍, 李雪松. 中国高等教育异质性回报的变化: 1992—2009基于MTE方法的实证研究 [J]. 首都经济贸易大学学报, 2014, 16（3）: 63-77.

[36] 谢波, 张丽. 中国高等教育专业结构对技能溢价的影响: 基于CGSS数据的实证研究 [J]. 昆明理工大学学报（社会科学版）, 2019, 19（4）: 81-87.

[37] 杨东平. 高等教育入学机会: 扩大之中的阶层差距 [J]. 清华大学教育研究, 2006（1）: 19-25.

[38] AHMED S, MCGILLIVRAY M. Higher education enrolment in Bangladesh: does the wage premium matter[J]. Applied Economics, 2019, 51（60）: 6497-6516.

[39] ALTONJI J G, DUNN T A. The effects of school and family characteristics on the return to education[J]. The Review of Economics and Statistics, 1996, 78（4）: 692-704.

[40] ASADULLAH M N. Returns to education in Bangladeh[J]. Education Economics, 2006, 14（6）: 453-468.

[41] BISHOP J H, CARTER S D. The worsening shortage of college graduate workers[J]. Educational Evaluation and Policy Analysis, 1991（13）: 221-246.

[42] KAYMAK B. Ability bias and the rising education premium in the United States: a cohort - based analysis[J]. Journal of Human Capital, 2009, 3（3）: 224-267.

[43] FREEMAN, RICHARD B. The over educated American[M]. New York: Academic Press, 1976.

[44] LI H B, MA Y Y, MENG L S, et al. Skill complementarities and returns to higher education: evidence from college enrollment expansion in China[J]. China Economic Review, 2017, 47（C）: 10-26.

[45] HARTOG J, GERRITSEN S. Mincer earnings functions for the Netherlands 1962–2012[J]. Economist Haarlem, 2016（164）: 235-253.

[46] KENAYATHULLA H B. Higher levels of education for higher private returns: new evidence from Malaysia[J]. International Journal of Educational Development, 2013, 33（4）: 380-393.

[47] JAMISON D T, VAN DER GAAG J. Education and earnings in the People's Republic of China[J]. Economics of Education Review, 1987, 6（2）:161-166.

[48] GROGGER J, ERIC E. Changes in college skills and the rise in the college wage Premium[J]. Journal of Human Resources, 1995, 30（2）: 280-310.

[49] Lucía Mateos Romero, María Salinas Jiménez. Skills heterogeneity among graduate workers: real and apparent overeducation in the Spanish labor market[J]. Social Indicators Research, 2015, 132（3）: 1247-1264.

[50] Margaret Maurer-Fazio. Earnings and education in China's transition to a market economy survey evidence from 1989 and 1992[J]. China Economic Review, 1999, 10（1）: 17-40.

[51] KIMENYI M S, MWABU G, MANDA D K. Human capital externalities and private returns to education in Kenya[J]. Eastern Economic Journal, 2006, 32（3）: 493-513.

[52] 田茂茜, 虞克明. 中国城镇居民人力资本收益率性别差异分析：基于贝叶斯分位数回归[J]. 山西财经大学学报, 2013, 35（9）: 1-10.

[53] 方超, 黄斌. 高校扩招、教育质量与城镇劳动力的大学教育回报率：基于倾向得分匹配法的准实验研究[J]. 国家教育行政学院学报, 2018（12）: 25-32.

[54] 王海港, 李实, 刘京军. 城镇居民教育收益率的地区差异及其解释[J]. 经济研究, 2007（8）: 73-81.

[55] 曹黎娟, 颜孝坤. 城乡居民教育收益率的差距：一个分阶段的考察[J]. 复旦教育论坛, 2016, 14（5）: 81-88.

[56] 梁润. 中国城乡教育收益率差异与收入差距[J]. 当代经济科学, 2011, 33（6）: 64-71, 124.

[57] 朱玉福, 伍淑花. 人口较少民族受教育状况转变情况：基于"六普"和"五普"的比较分析[J]. 民族教育研究, 2015, 26（4）: 33-38.

[58] 汪雅霜, 矫怡程. 高等教育入学机会质量获得影响因素研究[J]. 江苏高教, 2016（3）: 31-35.

[59] 叶锦涛, 萧子扬. 我国少数民族高等教育获得研究：基于首都大学生成长追踪调查的实证分析[J]. 民族教育研究, 2019, 30（5）: 98-105.

[60] 贾可卿, 廖琳. 受教育权平等与差别对待[J]. 安徽师范大学学报（人文社会科学版）, 2015, 43（6）: 694-700.

[61] 陈小伟, 谢作栩. 3种资本对不同民族子女高等教育入学机会影响的差异分析[J].

教育与经济，2009（4）：17-21.

[62] 谭敏，谢作栩.家庭背景、族群身份与我国少数民族的高等教育获得[J].高等教育研究，2011，32（10）：50-58.

[63] 杨倩，谭敏.社会阶层与彝族子女的高等教育入学机会[J].当代青年研究，2015（4）：65-69.

[64] 蔡文伯，候立杰.新疆不同社会阶层少数民族的高等教育入学机会差异研究[J].民族教育研究，2017，28（3）：16-24.

[65] KAO G, THOMPSON J S. Racial and ethnic stratification in educational achievement and attainment[J]. Annual review of sociology, 2003, 29（1）：417-442.

[66] 张雯闻.族群的教育成就差异：美国的研究取向和对中国启示[J].教育学术月刊，2013（12）：99-105.

[67] NITARDY C M，DUKE N N，PETTINGELL S L，et al. Racial and ethnic disparities in educational achievement and aspirations：findings from a statewide survey from 1998 to 2010[J]. Maternal & Child Health Journal, 2015, 19（1）：58-66.

[68] WU X, TREIMAN D. The household registration system and social stratification in China, 1955-1996[M]. Demography. 2002.

[69] 王文静.高校扩招、教育收益率与城乡收入阶层分化：基于断点回归的分析[J].税务与经济，2019（1）：34-41.

[70] 姜雪.中国技能溢价的演变及其影响因素研究[D].北京：中央财经大学，2017.

[71] 黄斌，高蒙蒙，查晨婷.中国农村地区教育收益与收入差异[J].中国农村经济，2014（11）：28-38.

[72] 张永丽，李青原，郭世慧.贫困地区农村教育收益率的性别差异：基于PSM模型的计量分析[J].中国农村经济，2018（9）：110-130.

[73] 孙百才.西北少数民族地区农村居民的教育收益率研究[J].西北师大学报（社会科学版），2013，50（1）：65-71.

[74] 杨荣海，张洪.西部少数民族地区教育收益率的分析：以云南少数民族地区为例[J].技术经济与管理研究，2012（10）：95-99.

[75] 陈倩.高校扩招六年的成绩、问题与对策[J].统计与咨询，2006（1）：12-13.

[76] 路晓峰，邓峰，郭建如.高等教育扩招对入学机会均等化的影响[J].北京大学教育评论，2016，14（3）：131-143，192.

[77] 别敦荣."双循环"视角下中国高等教育普及化发展的意义[J].中国高教研究，

2021（5）：22-28，35.

[78] 方超，黄斌.高校扩招政策降低了城镇劳动力的大学教育溢价吗？：基于反事实选择的因果关系推断[J].复旦教育论坛，2020，18（1）：68-75.

[79] 马光荣，纪洋，徐建炜.大学扩招如何影响高等教育溢价？[J].管理世界，2017（8）：52-63.

[80] 李锋亮，吴帆，肖为群.对研究生教育收益率学科和性别差异的实证研究：基于科技工作者的调查数据[J].教育发展研究，2022，42（Z1）：95-106.

[81] 张兵.贫困代际传递理论发展轨迹及其趋向[J].理论学刊，2008（4）：46-49.

[82] 王爱君.女性贫困、代际传递与和谐增长[J].财经科学，2009（6）：47-54.

[83] 韩春，陈元福.关注贫困女性破解贫困代际传递陷阱[J].前沿，2011（12）：13-15.

[84] 王瑾.破解中国贫困代际传递的路径探析[J].社会主义研究，2008（1）：119-122.

[85] 毕璋，高灵芝.城市贫困代际传递的影响因素分析：基于社会流动理论的视角[J].甘肃社会科学，2009（2）：16-19.

[86] 刘成军.贫困代际传递的内生原因与破解路径[J].马克思主义与现实，2018（1）：199-204.

[87] 谢勇，李放.贫困代际间传递的实证研究：以南京市为例[J].贵州财经学院学报，2008（1）：94-97.

[88] 陈文江，杨延娜.西部农村地区贫困代际传递的社会学研究：以甘肃M县四个村为例[J].甘肃社会科学，2010（4）：18-23.

[89] 蓝红星.民族地区慢性贫困问题研究：基于四川大小凉山彝区的实证分析[J].软科学，2013，27（6）：73-78.

[90] 王志章，刘天元.连片特困地区农村贫困代际传递的内生原因与破解路径[J].农村经济，2016（5）：74-79.

[91] 张瑞.教育扶贫：阻断贫困代际传递的根本之策[J].人民论坛，2018（4）：74-75.

[92] 刘航，柳海民.教育精准扶贫：时代循迹、对象确认与主要对策[J].中国教育学刊，2018（4）：29-35.

[93] 徐曼.教育精准扶贫：阻断贫困代际传递的核心举措[J].人民论坛，2018（21）：46-47.

[94] 段义德.教育与农村相对贫困的代际传递：基于工具变量法的检验[J].农村经济，2020（9）：67-75.

[95] 李昕.我国农村贫困代际传递的机制分析[J].郑州轻工业学院学报（社会科

学版), 2011(1): 66-71.

[96] 刘冠秋, 李岚彬, 黄艺丹, 等. 山区贫困县贫困代际传递的特征与机制研究[J]. 福建师范大学学报(自然科学版), 2017, 33(3): 95-101.

[97] 陈杰, 詹鹏, 韦艳利. 我国农村相对贫困的代际传递及影响机制: 基于不同队列的分析[J]. 南京社会科学, 2021(6): 39-47.

[98] 李晓明. 我国山区少数民族农民贫困代际传递的基本特征[J]. 内蒙古社会科学(汉文版), 2005(6): 155-157.

[99] 林闽钢, 张瑞利. 农村贫困家庭代际传递研究: 基于CHNS数据的分析[J]. 农业技术经济, 2012(1): 29-35.

[100] 张立冬. 中国农村贫困代际传递实证研究[J]. 中国人口·资源与环境, 2013, 23(6): 45-50.

[101] 张望. 能力视角下影响家庭贫困及其代际传递的主要因素剖析[J]. 农村经济, 2016(3): 105-110.

[102] 马文武, 杨少垒, 韩文龙. 我国贫困代际传递及动态趋势实证研究[J]. 社会科学文摘, 2018(6): 46-48.

[103] 王守义. 经济发展新阶段与政治经济学新发展: "第七届中国青年政治经济学学者年会"综述[J]. 政治经济学评论, 2017, 8(5): 189-199.

[104] 李兴洲, 邢贞良. 攻坚阶段我国教育扶贫的理论与实践创新[J]. 教育与经济, 2018(1): 42-47, 56.

[105] 尹建锋, 徐文婷. 阻止贫困代际传递: 高等教育公平底线的理论及策略[J]. 学习与实践, 2017(1): 112-117.

[106] 史志乐. 教育扶贫与社会分层: 兼论阻断贫困代际传递的可能性[J]. 教育理论与实践, 2019, 39(4): 16-19.

[107] 李永前. 基于实证分析的云南藏区教育阻断贫困代际传递调查研究: 以德钦县为例[J]. 中国农业资源与区划, 2019, 40(4): 153-160.

[108] 蔡生菊. 西北农村贫困代际传递现状及对策研究: 基于甘肃深度贫困村的调查[J]. 北方民族大学学报(哲学社会科学版), 2019(3): 34-38.

[109] 高培培. 新疆少数民族地区贫困代际传递中的教育因素分析[D]. 石河子: 石河子大学, 2018.

[110] 周加仙, 王丹丹, 章熠. 贫困代际传递的神经机制以及教育阻断策略[J]. 教育发展研究, 2018, 38(2): 71-77.

[111] 刘小鸽，司海平，庞嘉伟.地区代际流动与居民幸福感：基于代际教育流动性的考察[J].世界经济，2018，41（9）：171-192.

[112] 章元，万广华，史清华.暂时性贫困与慢性贫困的度量、分解和决定因素分析[J].经济研究，2013，48（4）：119-129.

[113] 樊丽明，解垩.公共转移支付减少了贫困脆弱性吗?[J].经济研究，2014，49（8）：67-78.

[114] 卢盛峰，潘星宇.中国居民贫困代际传递：空间分布、动态趋势与经验测度[J].经济科学，2016（6）：5-19.

[115] 杜凤莲，石婧，张悦平，等.有其父必有其子吗？中国教育代际传递规模与影响因素分析[J].劳动经济研究，2019，7（1）：32-51.

[116] 王学龙，袁易明.中国社会代际流动性之变迁：趋势与原因[J].经济研究，2015，50（9）：58-71.

[117] 马新.教育公平对切断贫困代际传递的作用[J].现代教育管理，2009（1）：19-22.

[118] 吴秋翔，崔盛.鲤鱼跃龙门：农村学生的大学"逆袭"之路：基于首都大学生成长跟踪调查的实证研究[J].华东师范大学学报（教育科学版），2019，37（1）：124-136，170.

[119] 金子元久，刘文君.教育机会均等的理念和现实[J].清华大学教育研究，2005（5）：8-15.

[120] 刘精明.高等教育扩展与入学机会差异：1978～2003[J].社会，2006（3）：158-179，209.

[121] 吴晓刚.1990—2000年中国的经济转型、学校扩招和教育不平等[J].社会，2009，29（5）：88-113，225-226.

[122] 魏晓艳.大学扩招是否真正推动了高等教育公平：高等教育大众化、扩招与高等教育代际传递[J].教育发展研究，2017，37（11）：26-35.

[123] 邵宜航，徐菁.高等教育扩张与教育机会不平等演变[J].经济学动态，2017（12）：73-85.

[124] 李晓延.教育为何能阻断贫困代际传递[J].人民论坛，2017（30）：78-79.

[125] 向延平.教育贫困代际传递与阻断：教育精准扶贫路径选择[J].当代教育论坛，2018（3）：32-37.

[126] 杨晋，叶晓阳，伍银多，等.高校扩招过程中毕业生初职及薪酬影响因素研究[J].国家教育行政学院学报，2019（5）：70-78，95.

[127] 罗楚亮, 刘晓霞.教育扩张与教育的代际流动性[J].中国社会科学, 2018(2): 121-140, 207.

[128] 靳振忠, 王亮, 严斌剑.高等教育获得的机会不平等: 测度与分解[J].经济评论, 2018(4): 133-145.

[129] 王琳, 宋博, 刘华.高校扩招对农村地区高等教育机会获得的影响研究: 基于断点回归的实证检验[J].重庆高教研究, 2020, 8(1): 27-36.

[130] 王善迈.教育公平的分析框架和评价指标[J].北京师范大学学报(社会科学版), 2008(3): 93-97.

[131] 赵红霞, 高培培.子代教育对中国农村贫困代际传递的影响: 基于CHIP2013的实证分析[J].教育学术月刊, 2017(12): 26-32.

[132] 张琦, 史志乐.我国教育扶贫政策创新及实践研究[J].贵州社会科学, 2017(4): 154-160.

[133] 蒋翠珍, 罗传勇, 余来文.贫困代际传递、人力资本与毕业生就业流动: 基于Box-Cox的分位数回归修正模型分析[J].江西财经大学学报, 2020(3): 38-51.

[134] 段义德.教育与农村相对贫困的代际传递: 基于工具变量法的检验[J].农村经济, 2020(9): 67-75.

[135] 段义德, 郭丛斌.高等教育阻断农村相对贫困代际传递的效应研究[J].中国高教研究, 2021(2): 50-56.

[136] 徐娜, 张莉琴.高校扩招对高等教育机会平等的影响: 基于断点回归设计的经验证据[J].教育科学, 2018, 34(2): 45-52.

[137] 王泓萱.墨西哥土著教育扶持计划的产生、意义及启示[J].外国教育研究, 2009, 36(4): 42-46.

[138] Krill Z E, Geva A, Alonit. The effect of the field of study on the higher education wage premium: evidence from Israel[J]. Labour, 2019(33): 388-423.

[139] 尹建锋, 徐文婷.阻止贫困代际传递: 高等教育公平底线的理论及策略[J].学习与实践, 2017(1): 112-117.

[140] 亚当·斯密.国富论[M].南京: 译林出版社, 2011.

[141] MINCER J. Investment in human capital and personal income distribution[J]. Journal of Political Economy, 1958, 66(4): 281-302.

[142] MINCER J. On-the-job training: costs, returns, and some implications[J]. Journal of Political Economy, 1962, 70: 50-79.

[143] BECKER G S. Human capital: a theoretical and empirical analysis, with special reference to education[M]. Chicago: University Of Chicago Press, 1994.

[144] 加里·贝克尔. 人力资本理论[M]. 郭虹，熊晓琳，王後，等译. 北京：中信出版社，2007（1）：90-91.

[145] 常进雄，项俊夫. 扩招对大学毕业生工资及教育收益率的影响研究[J]. 中国人口科学，2013（3）：104-111，128.

[146] 陈舒，王学. 教育经济学理论研究文献综述[J]. 课程教育研究，2012（24）：9-10.

[147] WALSH J R. Capital concept applied to man[J]. The Quarterly Journal of Economics, 1935, 49（2）: 255-285.

[148] 段艳姣. 四川省财政性三级教育支出结构研究[J]. 知识经济，2012（17）：56.

[149] 岳昌君. 大学生就业选择的行业因素分析[J]. 北京大学教育评论，2004（3）：74-79.

[150] EIER V, SCHIOPU I. Enrollment expansion and quality differentiation across higher education systems[J]. Economic Modelling, 2020（90）: 43-53.

[151] 李子联. 高等教育质量满意度：差异与解释[J]. 深圳大学学报（人文社会科学版），2021，38（3）：19-28.

[152] IFUNA D N. Some reflections on the expansion and quality of higher education in public universities in Kenya[J]. Research in Post-Compulsory Education, 2010（15）: 415-425.

[153] AKALU G A. Higher education in ethiopia: expansion, quality assurance and institutional autonomy[J]. Higher Education Quarterly, 2014（68）: 394-415.

[154] ROMADIYANTI B, KUSUMAWIJAYA D, PURWANTO H, et al. Indonesian HEI quality to reach success in AEC: secondary analysis of higher education expansion number toward productivity and human resources development[J]. KnE Social Sciences, 2018, 3（5）: 109.

[155] 谢安邦. 高等教育学[M]. 北京：高等教育出版社，1999：152.

[156] 周绍森，张阳，罗序斌. 高等教育规模结构与经济发展协调度研究：以江西为例[J]. 江西社会科学，2018，38（1）：74-83.

[157] 姜璐，李玉清，董维春. 我国高等教育结构与产业结构的互动与共变研究：基于系统耦合关系的视角[J]. 教育科学，2018，34（3）：59-66.

[158] 陈春平，胡何琼. 我国高等教育层次结构优化与经济发展的关系研究：基于2000—2019年的数据分析[J]. 当代教育论坛，2021（3）：12-18.

[159] 刘志林．高等教育层次结构与社会经济发展关系分析[J]．高等工程教育研究，
       2019（5）：120-126．

[160] 陈晋玲．教育层次结构对产业结构优化升级的影响研究：基于空间杜宾模型[J]．
       技术经济，2020，39（10）：112-118．

[161] 侯瑜，杨荔茗，杨行健．高等教育回报率的区域及教育层次差异：基于CGSS混
       合截面数据的实证分析[J]．现代教育管理，2019（6）：49-55．

[162] 高文豪，崔盛．普及化阶段高等教育层次结构调整的国际借鉴[J]．大学教育
       科学，2021（1）：111-119．

[163] 成刚，卢嘉琪．省域高等教育层次结构与就业人员受教育程度的适应性研究[J]．
       黑龙江高教研究，2020，38（11）：100-107．

[164] 李宁．社会流动理论视野下的学生管理工作研究[J]．教学与管理，2014（21）：
       89-91．

[165] 衡旭辉．改革开放以来我国硕士研究生招生政策变迁研究[D]．西安：陕西师范
       大学，2011．

[166] 陈磊，杨绍志，吕秀玲，等．四维视角下学位点导师队伍建设与预警体系研究
       [J]．华北理工大学学报（社会科学版），2022，22（6）：92-99．

[167] 潘平．高校教师职业压力与工作绩效关系研究[D]．重庆：西南大学，2019．

[168] 龚锋，李博峰，雷欣．大学扩招提升了社会公平感吗：基于主观公平感的断点
       回归分析[J]．财贸经济，2021，42（3）：111-127．

[169] "数"看党的十八大以来基础教育改革发展成就[J]．人民教育，2022（19）：6-7．

[170] 程卫红，朱丽君，刘文波，等．地方工科院校专利竞争力分析：以武汉工程大
       学为例[J]．湖北第二师范学院学报，2023，40（2）：49-55．

[171] 何蕊．2895个县全部实现义务教育基本均衡[N]．北京日报，2022-09-28（012）．

[172] 杨明，朱林，潘荣锟，等．近20年我国普通高等教育发展状况统计分析[J]．高
       教学刊，2022，8（17）：14-17．

[173] 张明芳．学有所教，让公平优质的教育惠及于民[N]．中国妇女报，2022-10-
       13（02）．

[174] 教育部发展规划司．天翻地覆慨而慷：从数据看我国教育改革发展成就[J]．当
       代教育家，2022（10）：40-43．

[175] 从数据看党的十八大以来我国教育改革发展成效[J]．云南教育（视界时政版），
       2022（10）：6-10．

[176] 赵博宇. 数解中国教育改革这十年[N]. 北京商报, 2022-9-28.

[177] 数说"教育这十年"[J]. 教育与装备研究, 2022, 38（10）: 1.

[178] 杜玉波. 推动高等教育可持续发展携手共建人类命运共同体[J]. 中国高教研究, 2022（12）: 34-36, 44.

[179] 陈莉. 国际比较视野下的高等教育供给优化分析[J]. 中国成人教育, 2018（21）: 41-43.

[180] 王国庆, 孟繁军. "互联网＋"背景下混合式教学模式提升成人高等教育实效性研究: 以北华大学为例[J]. 中国成人教育, 2017（16）: 91-93.

[181] 黄菲, 杨平平. "双师型"教师政策绩效评估指标体系设计研究[J]. 教育观察, 2022, 11（35）: 43-47.

[182] BROWN R. Perspectives: policy and practice in higher education[J]. Higher Education and Inequality, 2018（22）: 37-43.

[183] 段景辉, 陈建宝. 高等教育与收入差距: 信号博弈模型的研究[J]. 统计与决策, 2014（13）: 37-40.

[184] 卢文华. 高等教育资源承载力、人力资本与区域创新能力耦合关系研究[D]. 呼和浩特: 内蒙古财经大学, 2022.

[185] 段从宇, 迟景明. 内涵、指标及测度: 中国区域高等教育资源水平研究[J]. 高等教育研究, 2015, 36（8）: 36-42.

[186] 段从宇, 张雅博. 高等教育资源的内涵阐释、配置过程、本质及实施[J]. 黑龙江高教研究, 2014（9）: 28-30.

[187] 刘灿雷, 高超. 教育、人力资本与创新: 基于"量"与"质"的双重考察[J]. 财贸经济, 2021, 42（5）: 110-126.

[188] 卢德荣. 金融发展水平的测算与影响因素的实证分析[D]. 广州: 广东外语外贸大学, 2020.

[189] 任娟. 多指标面板数据融合聚类分析[J]. 数理统计与管理, 2013, 32（1）: 57-67.

[190] 杜兰英, 张赞. 中国工业化发展态势分析: 1981～2001[J]. 数理统计与管理, 2005（4）: 1-5.

[191] 司秋利. 县域经济发展平衡充分的综合测度及时空演变[J]. 统计与决策, 2021, 37（16）: 71-75.

[192] 钟卫, 姜万军. 我国高校扩招后办学效率和生产率的变化[J]. 统计研究, 2017, 34（1）: 91-101.

[193] 加里·S·贝克尔. 人力资本[M]. 北京：北京大学出版社，1987.

[194] DENISON E F. Measuring the contribution of education to economic growth[M]. London：The Economics of Education. Palgrave Macmillan，1966：202-260.

[195] 陈树德. 雇员股票期权的价值核算及其激励效应研究[D]. 武汉：中南财经政法大学，2020.

[196] 杨滢. 教育资源的均衡配置与政府职责[D]. 苏州：苏州大学，2015.

[197] 常进雄，阮天成，常大伟. 扩招对我国城乡教育平等的影响研究：基于大学教育回报率与大学入学机会的视角[J]. 学术研究，2018（7）：78-86.

[198] ROSENBAUM P R，RUBIN D B. The central role of the propensity score in observational studies for causal effects[J]. The Review Of Economics Studies，1983，70（1）：41-55.

[199] 刘召贤. 我国新型农村社会养老保险实施效果研究[D]. 太原：山西财经大学，2018.

[200] 徐飞虎. 基本养老保险对流动人口消费的影响研究[D]. 杭州：浙江财经大学，2020.

[201] HECKMAN J J，HIDEHIKO I，TODD P E. Matching as an econometric evaluation estimator：evidence from evaluating a Job training programme[J]. The Review of Economic Studies，1997，64（4）：605-654.

[202] 熊海珠. 中国工会的工资溢价效应研究[D]. 南京：南京财经大学，2019.

[203] 周利平，翁贞林. "新农保"对农业经营代际传承的影响研究[J]. 广东财经大学学报，2017，32（5）：58-69.

[204] 付杰. 高管股权激励对大股东掏空的影响机制研究[D]. 大连：大连理工大学，2018.

[205] NEYMAN J，et al. Statistical problem in agricultural experiments[J]. Journal of the Royal Statistical Society，2018，2（2）：107-154.

[206] RUBIN D B. Statistical issues in the estimation of the causal effects of smoking due to the conduct of the tobacco industry[J]. Statistical Science in the Courtroom，2000：321-351.

[207] SHADISH W，COOK T D，CAMPBELL D T. Experimental and qusai-experimental designs for generalized causal inference[M]. Boston：Houghton Mifflin，2002.

[208] 孙颖鹿.河北省燕山—太行山片区财政扶贫支出效率评价研究[D].保定：河北大学，2021.

[209] 史宁玲.农村最低生活保障制度对家庭代际转移的影响效应研究[D].太原：山西财经大学，2021.

[210] 司少丽，程俊.基于双重差分模型的高等教育扶贫定向政策效果评估[J].北京化工大学学报（社会科学版），2023（2）：124-134.

[211] 陈强.计量经济学及Stata应用[M].北京：高等教育出版社，2014：335-339.

[212] 刘欢.社会保障支出是否缩小了老年收入差距？[J].财经论丛，2018（4）：31-39.

[213] 肖秀娟.非正规就业对个人收入的影响及机制研究[D].广州：暨南大学，2021.

[214] 倪艳，秦臻，袁诗涵.外出务工经历、风险承受能力对农民创业绩效的影响研究：基于DEA-Tobit模型的实证分析[J].科技创业月刊，2020，33（6）：128-133.

[215] 杨帅，孙明.家庭背景、专业选择与收入回报：基于中国综合社会调查（CGSS）数据的实证研究[J].西北人口，2020，41（2）：52-66.

[216] 徐晓红.教育、职业对收入差距代际传递影响的实证分析[J].统计与决策，2016（24）：99-102.

[217] 宋旭光，何宗樾.义务教育财政支出对代际收入流动性的影响[J].财政研究，2018（2）：64-76.

[218] 邵洲洲，冯剑锋.家庭纽带与公共教育对代际收入流动性影响的实证[J].统计与决策，2019（13）：93-96.

[219] 王海港.中国居民收入分配的代际流动[J].经济科学，2005（2）：18-25.

[220] LI H. Economic transition and returns to education in China[J]. Economics of Education Review, 2003, 22（3）：317-328.

[221] 姚先国，张海峰.中国教育回报率估计及其城乡差异分析：以浙江、广东、湖南、安徽等省的调查数据为基础[J].财经论丛（浙江财经学院学报），2004（6）：1-7.

[222] 余华义，陈东.高校扩招、毕业生就业难与"人才高消费"[J].社会科学研究，2006（3）：47-52.

[223] 唐可月，张凤林.高校扩招后果的经济学分析：基于劳动市场信号发送理论的研究[J].财经研究，2006（3）：133-145.

[224] 邓峰，孙百才.高校扩招后毕业生就业影响因素的变动趋势研究：2003—2011[J].北京师范大学学报（社会科学版），2014（2）：132-138.

[225] 吴要武, 赵泉. 高校扩招与大学毕业生就业[J]. 经济研究, 2010, 45(9): 93-108.

[226] 孙志军. 高校扩招使得个体就业状况更糟糕吗?[J]. 北京师范大学学报(社会科学版), 2013(2): 108-115.

[227] 沈祖超, 阎凤桥. 社会分层对于高等教育分层的影响: 西安民办高校学生家庭背景的实证分析[J]. 北京大学教育评论, 2006(2): 72-84, 191.

[228] 李永友, 王焱. 优质高等教育享有机会公平性研究: 基于浙江高校的调查分析[J]. 财贸经济, 2016, 37(1): 48-60, 132.

[229] 董美英, 程家福. 谁是高考加分政策的受益者: 基于2012年全国高校抽样调查数据[J]. 高等教育研究, 2016, 37(1): 14-21.

[230] 史秋衡, 矫怡程. 不同类型高校本科生源质量的实证研究: 基于"国家大学生学习情况调查"的数据分析[J]. 复旦教育论坛, 2014, 12(1): 18-23.

[231] 周丽萍, 岳昌君. 从入口到出口: 家庭背景对高等教育公平的影响: 来自2017年全国高校毕业生就业调查的证据[J]. 江苏高教, 2019(8): 47-58.

[232] 杨倩, 马芳. 父母职业类别与蒙古族学生高等教育机会获得的关联: 基于内蒙古3所高校的实证调查[J]. 民族教育研究, 2018, 29(1): 69-75.

[233] 蒋国河. 当前我国高等教育入学机会的城乡差异: 基于对江西、天津高校的实证调查分析[J]. 现代大学教育, 2007(6): 57-62.

[234] 马文武. 高校扩招背景下城乡居民高等教育机会考察: 基于CHNS数据的经验分析[J]. 兰州学刊, 2019(3): 153-166.

[235] 张建华, 万千. 高校扩招与教育代际传递[J]. 世界经济, 2018, 41(4): 168-192.

[236] BRYSON A, DORSETT R, PURDON S. The use of propensity score matching in the evaluation of active labour market policies[J]. Lse Research Online Documents on Economics, 2002.

[237] 廖飞, 颜敏. 高等教育扩张与大学工资溢价: 基于干预—控制框架的分析[J]. 财经问题研究, 2018(6): 114-121.

[238] 刘泽云. 女性教育收益率为何高于男性?: 基于工资性别歧视的分析[J]. 经济科学, 2008(2): 119-128.

[239] 王伟宜, 谢玉姣. 城乡高等教育机会获得的性别不平等及其演变: 基于1982—2015年福建省的实证调查[J]. 东南学术, 2018(5): 236-245.

[240] 杨滢, 汪卫平. 女性教育收益率真的高于男性吗? : 基于CGSS2012—2015的实证检验[J]. 教育与经济, 2020, 36(3): 87-96.

[241] 岳昌君，丁小浩.受高等教育者就业的经济学分析[J].高等教育研究，2003（6）：21-27.

[242] 邢春冰，李实.扩招"大跃进"、教育机会与大学毕业生就业[J].经济学（季刊），2011，10（4）：1187-1208.

[243] 姚先国，方昕，张海峰.高校扩招后教育回报率和就业率的变动研究[J].中国经济问题，2013（2）：3-11.

[244] 文东茅.家庭背景对我国高等教育机会及毕业生就业的影响[J].北京大学教育评论，2005（3）：58-63.

[245] 赖德胜.教育、劳动力市场与收入分配[J].经济研究，1998（5）：43-50.

[246] Sylvie Démurger，Martin Fournier，李实，等.中国经济转型中城镇劳动力市场分割问题：不同部门职工工资收入差距的分析[J].管理世界，2009（3）：55-62，71.

[247] 何亦名.教育扩张下教育收益率变化的实证分析[J].中国人口科学，2009（2）：44-54，111.

[248] 姚先国，黄志岭，苏振华.家庭背景与教育回报率：基于2002年城镇住户调查数据[J].中国劳动经济学，2006，3（4）：19-29.

[249] 郭丛斌，闵维方.家庭经济和文化资本对子女教育机会获得的影响[J].高等教育研究，2006（11）：24-31.

[250] 杨倩.家庭背景对高等教育入学机会的影响[J].现代教育管理，2011（7）：22-24.

[251] 徐伟琴，方芳.谁获得了高等教育：基于户籍身份和家庭背景的双重视角[J].重庆高教研究，2020，8（1）：14-26.

[252] 谭敏，谢作栩.家庭背景、族群身份与我国少数民族的高等教育获得[J].高等教育研究，2011，32（10）：50-58.

[253] 邹薇，马占利.家庭背景、代际传递与教育不平等[J].中国工业经济，2019（2）：80-98.

[254] 王爱君，肖晓荣.家庭贫困与增长：基于代际传递的视角[J].中南财经政法大学学报，2009（4）：24-29.

[255] 林闽钢.缓解城市贫困家庭代际传递的政策体系[J].苏州大学学报（哲学社会科学版），2013，34（3）：15-19.

[256] 阙祥才，舒黎.人力资本视域下的农村家庭贫困代际传递研究：基于武汉市J乡的调查[J].华中农业大学学报（社会科学版），2017（6）：27-34，149.

[257] 王冰.家庭背景对子女受教育程度的影响[J].安庆师范学院学报（社会科

学版），2008（3）：44-47.

[258] KNIGHT J, LI S. Educational attainment and the rural-urban divide in China[J]. Bulletin of Economics & Statistics, 2010, 58（1）：83-117.

[259] PLUG E, VIJVERBERG W. Schooling, family background, and adoption：is it nature or is it nurture[J]. Political Economy, 2003, 111（3）：611-641.

[260] 李实，丁赛.中国城镇教育收益率的长期变动趋势[J].中国社会科学，2003（6）：58-72，206.

[261] 陈纯槿，胡咏梅.中国城镇居民教育收益率的变动趋势[J].北京师范大学学报（社会科学版），2013（5）：54-68.

[262] 李春凯，吴炜.民族身份、城乡分割与高等教育不平等[J].北京社会科学，2017（9）：42-49.

[263] 杨倩.城乡少数民族高等教育机会差异研究：基于云南省五个少数民族的实证调查[J].青年探索，2014（5）：61-67.

[264] 李晓飞.从"凤凰男"到"学二代"：高等教育代际传递的城乡差异及其演变[J].现代大学教育，2019（1）：98-103.

[265] 吴愈晓.中国城乡居民的教育机会不平等及其演变（1978—2008）[J].中国社会科学，2013（3）：4-21，203.

[266] 李春玲.教育不平等的年代变化趋势（1940-2010）：对城乡教育机会不平等的再考察[J].社会学研究，2014，29（2）：65-89，243.

[267] 马宇航，杨东平.城乡学生高等教育机会不平等的演变轨迹与路径分析[J].清华大学教育研究，2015，36（2）：7-13.

[268] 庞圣民.市场转型、教育分流与中国城乡高等教育机会不平等（1977-2008）兼论重点中学制度是否应该为城乡高等教育机会不平等买单[J].社会，2016，36（5）：155-174.

[269] 乔锦忠.高等教育入学机会的城乡差异[J].教育学报，2008（5）：92-96.

[270] 吴炜.新中国成立以来我国高等教育城乡不均衡的最新演变：基于CGSS2015数据的分析[J].中国农业大学学报（社会科学版），2019，36（5）：129-136.

[271] 孟凡强，初帅，李庆海.高等教育规模扩张是否缓解了城乡教育机会不平等?[J].教育与经济，2017（4）：9-16.

[272] 朱健，徐雷，王辉.教育代际传递的城乡差异研究：基于中国综合社会调查数据的验证[J].教育与经济，2018（6）：45-55.

[273] 孙远太.基于阻断贫困代际传递的社会救助政策改革[J].理论月刊，2017（1）：141-146.

[274] 潘星宇，卢盛峰.阻断居民贫困代际传递：基层政府支出政策更有效吗?[J].上海财经大学学报，2018，20（1）：57-71.

[275] 杜嬬.谁家的孩子进入了"985"院校：关于优质高等教育机会分配的纵向研究[J].山东高等教育，2018，6（5）：54-65.

[276] RUBIN D B. Using propensity scores to help design observational studies: application to the tobacco litigation[J]. Health Services and Outcomes Research Methodology, 2001（2）: 169-188.

[277] ROSENBAUM P R, RUBIN R D B. The bias due to incomplete matching[J]. Biometrics, 1985, 41（1）: 103-116.

[278] ABADIE A, IMBENS G W. Imbens. Large sample properties of matching estimators for average treatment effects[J]. Econometrica, 2006, 74（1）: 235-267.

[279] 苏醒.父子代间收入代际流动系数研究[D].成都：西南财经大学，2022.

[280] 杨嘉豪.二孩政策对二孩生育行为及家庭消费的影响[D].上海：上海财经大学，2022.

[281] 李辛格.父代教育在代际收入中的作用研究[D].昆明：云南财经大学，2020.

[282] 李云鹏.对新时代女性高等教育规律的探讨[J].中华女子学院学报，2021，33（2）：78-83.

[283] 胡子祥，雷斌.大学生参与对高等教育服务质量影响的实证研究[J].现代大学教育，2008，111（3）：104-110.

[284] 邓宏亮.新建地方本科高校教育服务质量与学生满意度的结构方程模型分析[J].宜春学院学报，2012，34（9）：119-124.

[285] 谢申祥，范鹏飞，宛圆渊.传统PSM-DID模型的改进与应用[J].统计研究，2021，38（2）：146-160.

[286] 万君康，梅小安.论人力资本积累的机理及方式[J].科技管理研究，2005（3）：103，104-106.

[287] 刘欢，胡天天.家庭人力资本投入、社会网络与农村代际贫困[J].教育与经济，2017（5）：66-72.

[288] 陈宗胜，沈扬扬，周云波.中国农村贫困状况的绝对与相对变动：兼论相对贫困线的设定[J].管理世界，2013（1）：67-75，77，76，187-188.

[289] 李长健，胡月明．城乡贫困代际传递的比较研究[J]．财经问题研究，2017（3）：99-105．

[290] 年翔．中国农村居民贫困代际传递统计研究[D]．蚌埠：安徽财经大学，2015．

[291] 陈春梅．促进或固化：高等教育对社会流动的影响[J]．重庆高教研究，2017，5（5）：95-102．

[292] 林相森，李涓涓．寒门何以出贵子？：教育在阻隔贫困代际传递中的作用[J]．江西财经大学学报，2019（5）：10-21．

[293] 廖红燕．当代中国高等教育对社会代际流动的影响研究[D]．福州：福建师范大学，2017．